«¡DESATAD A ESE HOMBRE... Y DEJADLE IR!»

HOMBRE, ¡ERES LIBRE!

T.D. JAKES

Unilit

Publicado por
Unilit
Medley, FL 33166

© 2019 Unilit
Edición ampliada y revisada: 2019
Primera edición: 1997

© 1995 por T. D. Jakes
Título del original en inglés:
Loose Than man & Let Him Go!
Publicado por *Bethany House Publishers*
Bloomington, Minnesota 55438
Bethany House Publishers, una división de *Baker Publishing Group*
Grand Rapids, Michigan

(Originally published as two books: Loose That Man & Let him Go! *and* Loose That Man & Let Him Go! Workbook*)*

Traducción de la edición revisada y ampliada: *Nancy Pineda*
Diseño de cubierta e interior: *Digitype Services*

Producto: 495936
ISBN: 0-7899-2525-7 / 978-0-7899-2525-1

Categoría: Vida cristiana / Vida práctica / Hombres
Category: *Christian Living / Practical Life / Men*

Impreso en Colombia
Printed in Colombia

Dedicatoria

Este libro está dedicado a la memoria de mi padre, el Rvdo. Ernest L. Jakes sénior; a mi hermano Ernest L. júnior, cuya presencia en este mundo ha hecho la vida más rica y completa para mí; y en especial al destino de mis tres hijos, Jamar, Jermaine y T.D. júnior, cuyas vidas han sido una llama ardiente en mi corazón. Sé que son manuscritos aún por escribir y canciones a la espera de que se canten. Al mundo le digo que se prepare para ellos; se están imprimiendo en este mismo momento y pronto se publicarán. Valdrá la pena leerlos.

Nota para el lector

Mientras lees este libro, dedica el tiempo para responder las preguntas que comienzan en la página 209. Te ayudarán a aprovechar al máximo el material a medida que avanzas.

Algunas de las preguntas buscan una respuesta personal que solo tú puedes proporcionar. No hay respuestas acertadas ni erradas para estas preguntas.

Otras preguntas se refieren a algo que dijo el obispo Jakes en el capítulo. Si no estás seguro de cuál es la respuesta adecuada, puedes buscarla en la «Guía de respuestas» que se encuentra en la página 279.

T.D. JAKES, fundador y pastor principal de la iglesia de *The Potter's House* en Dallas, Texas, es un renombrado conferenciante y autor que cuenta con muchos libros de gran éxito. Su transmisión semanal de televisión se ve en millones de hogares en todo el país. Presentado en la portada de la revista *Time*, es conocido en todo el mundo por su mensaje de libertad que se encuentra en Cristo. _

Contenido

CAPÍTULO UNO

Cuando yo era niño

«Cuando yo era niño, hablaba como niño, pensaba como niño, razonaba como niño; pero cuando llegué a ser hombre, dejé las cosas de niño».

1 CORINTIOS 13:11

Todo hombre, ya sea grande o común, famoso u olvidado, entra a este mundo de manera traumática y comienza a percibir su entorno a través de los ojos de un niño. Durante esos tiernos años es que experimenta los inicios de su masculinidad.

Nuestro desarrollo como hombres lo moldean las cosas que encontramos como niños. Nuestra masculinidad la definen nuestros padres y nuestras relaciones. Las disfunciones en nuestra adultez también se moldearon, o recibieron la influencia, por la presencia, o ausencia, de los hombres que nos antecedieron. ¿Qué recuerdos dolorosos de la infancia acosaron al joven Adolfo Hitler? ¿Quién conmovió la vida de Martin Luther King hijo o de Abraham Lincoln? ¿Qué dolores o sueños de la infancia enmarcaron los pensamientos de Malcolm X y Mahatma Gandhi?

La ausencia de nuestro padre puede plantear una pregunta recurrente en nuestras mentes, un pensamiento inquietante: *Tal vez se debiera a algo que hice o que dejé de hacer lo que causó que se fuera.* Aprendemos el arte de la represión desde temprana edad, sepultando en lo profundo las preguntas dolorosas y la sensibilidad innata que es tan fácil de lastimar. Reprimimos la creatividad natural que brota de una mente investigadora cuando nos encontramos con el dolor de que nos digan a cada momento: «¡Cállate! No tengo tiempo para escucharte». Nuestros padres son nuestra primera definición y demostración de masculinidad. Lo lamentable es que el modelo de nuestros padres ha hecho que muchos equiparemos la masculinidad con el abandono, la irresponsabilidad, el silencio sombrío o la violencia. Todos los frutos de nuestra virilidad están enraizados en nuestra infancia: nuestra autoestima, conciencia interna de quiénes somos, nuestra sexualidad, nuestras preferencias. Todos están plantados de manera profunda en el suelo de nuestros primeros recuerdos, experiencias y definiciones.

Dios planta una mente infinitamente curiosa dentro de cada niño y adolescente. A medida que crecen, muchos niños se inclinan hacia la indiferencia y la ignorancia, mientras que otros se rinden al desprecio y al castigo, y a la larga casi todos sucumbirán a una «educación formal» que apaga su hambre natural de conocimiento.

Las mentes jóvenes nunca dejan de recopilar información a través de sus sentidos, y procesan sin cesar sus percepciones. ¿Qué supones que percibieron los niños de Judea el día en que el joven Rabino, Jesús, reprendió a los hombres que empujaban a los pequeños para alejarlos de Él? ¿Qué pasó por sus mentes cuando los niños lo escucharon decirles: «Dejen que los niños vengan a mí, y no se lo impidan» (Marcos 10:14, NVI®)? ¿Cuántas vidas y destinos cambiaron para siempre ese día con su tierno abrazo y amor incondicional?

Dentro de cada hombre mora el niño que lo precedió. La humanidad está arraigada en la infancia, y muchos de los pensamientos que tú y yo tenemos hoy provienen de nuestras primeras experiencias como niños. Quizá leas estas palabras con tristeza si eres uno de los miles que retroceden de forma involuntaria ante la simple vista de las palabras *padre*, *papá*, *papito* o *papi*. Solo representan dolor y pérdida para ti.

HABLABA COMO NIÑO

Mi madre solía escucharme con atención cuando hablaba. Ahora entiendo que *la atención de mi madre honraba mi opinión*. Sus acciones me confirmaban que yo importaba. Su manera de escuchar cuidadosa (y paciente) enriquecían mi proceso de pensamiento con una autoestima que me hizo creer que mis pensamientos eran importantes. Sin considerar si estaba de acuerdo o no con lo que decía, lo que me entusiasmaba era que me escuchara.

Jesús *hablaba* cuando era niño. De acuerdo con Lucas 2:46-47, entró al templo y pasó cinco días escuchando y hablando con los principales doctores de la Ley, ¡cuando apenas era un adolescente! La Biblia dice que esos eruditos «se maravillaban de su inteligencia y de sus respuestas» (Lucas 2:47, LBD). Si quieres saber quién es alguien, ¡escucha lo que dice! «Porque de la abundancia del corazón habla su boca» (Lucas 6:45). Desde temprano, Jesús comenzó a perfeccionar el arte de la expresión en su vida, e incluso los principales maestros de la época lo escuchaban. ¡Qué estímulo debe haber sido para su autoestima! Hay algo acerca de expresar los pensamientos que renuevan la mente y ordenan los secretos del intelecto.

Mi madre estimuló mi creatividad escuchando la expresión de mis pensamientos. Su atención me dio respeto por mi propia opinión, un respeto que todavía existe en la actualidad. Mi preocupación es que en el ajetreado mundo de nuestros días, *los niños saben que no los escuchamos y que aumenta la presión.*

Lo lamentable es que muchas veces nuestros padres no nos escucharon. Tampoco nosotros hemos escuchado a nuestros hijos ni los unos a los otros. Así hemos criado una generación de jóvenes enojados. Estos, a su vez, han llevado su enojo interno al matrimonio en el que creen que nadie los escucha. ¡Este enojo incontenible brota en forma de violencia, introversión, perversión o autodestrucción absoluta! Su autoestima e integridad están destruidas debido a que se han sentido amordazados toda la vida. Sufren como prisioneros atados y amordazados en un rígido caparazón de indignación y desesperación.

Como padres, pastores y líderes, a menudo parecemos estar demasiado estresados, ¡pero necesitamos escuchar de todos modos! Los hombres que maldicen y juran, o incluso se vuelven violentos, son solo niños pequeños crecidos que tienen una rabieta porque se sienten fuera de control. Están frustrados porque «la vida no está escuchando».

«Cuando yo era niño, hablaba como niño» (1 Corintios 13:11). Todos necesitamos poder comunicar nuestros pensamientos y expresar cómo nos sentimos. Jesús dijo: «Pero lo que sale de la boca proviene del corazón, y eso es lo que contamina al hombre» (Mateo 15:18). Si hay algo peor que la ira, la frustración y las otras cosas negativas que salen de nosotros, ¡son las cosas que no salen! Las heridas supurantes son peligrosas. Un estruendoso volcán es un presagio peligroso, una advertencia seria de una erupción que podría provocar la destrucción de todos los que viven a su sombra.

Muchos hombres pierden su capacidad de comunicarse durante la infancia. En la juventud, se nos dice lo que es «apropiado» hacer (¿o solo es *conveniente*?). «¡Siéntate en el rincón y quédate *quieto*!». Ahora, como adultos, sentimos la oleada de pasiones adultas sin control, frustraciones y enojo que nos recorren por dentro, y no podemos hablar. No podemos comunicarnos. Estamos listos para explotar, ¡pero no nos atrevemos a llorar! Estamos demasiado heridos para reír. ¡La única emoción que podemos expresar es el enojo! (¿Por qué el enojo es la emoción principal que se le atribuye al *género masculino*?).

El niño furioso que toma un martillo y golpea su juguete de manera inconsciente pronto se convierte en el hombre adulto que traspasa con el puño una pared y golpea a su esposa hasta llevarla a una muerte prematura. Muchas veces este tipo de enojo lo alimenta la incapacidad de convertir los pensamientos en palabras. Es crucial que los hombres puedan expresar emociones y frustraciones de manera segura a través de los canales apropiados, ya que cuando no lo hacen, todo se les viene abajo. Nadie gana, salvo el adversario de las almas de los hombres.

RAZONABA COMO NIÑO

Nuestro *razonamiento* es el proceso «digestivo» de la mente. Es la etapa en la que llegamos a una resolución y sacamos conclusiones. Pablo dijo que cuando era un niño, razonaba como niño. Si en la adultez nuestra comprensión es aún elemental e infantil, podemos llegar a conclusiones inmaduras. La sabiduría infantil puede ser la más peligrosa de todas, sobre todo en la mente de un adulto lastimado.

Muchos niños que crecieron en hogares destrozados concluyen en algún momento de su vida que fueron los culpables de la separación de sus padres. Muchos intentan asumir la culpa y la responsabilidad por su educación quebrantada y se vuelven terriblemente marcados por sus conclusiones y razonamientos de la infancia. Atraemos el desastre cuando llevamos percepciones infantiles a las relaciones adultas.

Las percepciones y conclusiones distorsionadas de la infancia suelen ser un caldo de cultivo para los pensamientos paralizantes de insuficiencia. Tales percepciones y conclusiones producen una vida de inseguridad. En este preciso momento, ¡tú y yo seguimos teniendo las heridas profundas que nos infligieron las declaraciones de otros niños que nunca supieron que sus imprudentes palabras de desprecio fueron letales! Incluso, nuestra sexualidad se ve afectada por los primeros encuentros e incidentes. Muchos hombres adultos recrean escenarios de su infancia marcada y retorcida en sus fantasías adultas. Están atrapados por pesadillas interminables de pasiones sórdidas y lujurias insaciables.

A menudo, construimos capas protectoras de negaciones, mentiras e ilusiones alrededor de nuestros dolores secretos (como las perlas, que son solo crecimientos anormales de secreciones en capas alrededor de objetos extraños irritantes en el *corazón* de las ostras) hasta que algo desencadena el problema. Un día, la palanca de circunstancias forzará a abrir el caparazón y mostrará los secretos para que los vean todos.

Nuestras necesidades y preferencias son una combinación de experiencias y encuentros de la primera infancia: un atisbo de carne desnuda robada de forma furtiva a alguien que sale de un baño, un toque tierno, una caricia prohibida, una sensación de placer fugaz. La nostalgia que les da forma a los problemas de los adultos surge de un recuerdo de treinta años sobre una colonia de aroma dulce, el contacto con un cuerpo tibio o la suave caricia del cabello sedoso en la cara. Ya sea que la iglesia quiera lidiar con esto o no, la mayoría de los hombres están involucrados con pensamientos de niños pequeños que escaparon de su infancia y entraron en su adultez como vapor que se escapa de una ducha.

Si la sexualidad se modifica en una etapa temprana de la vida, puede torcerse e influir en gran medida en la percepción de un hombre con todo lo relacionado al sexo y a la personalidad.

«*Razonaba* como niño». ¡Qué declaración tan poderosa! Lo que es normal para un niño puede ser mortal para un hombre que todavía razona como niño. El traje es más grande y el hombre más grande. Tiene más cabellos y bíceps más grandes, pero ya no es un bebé; está haciendo bebés. A pesar de su tamaño, su comprensión infantil lo está *empequeñeciendo*. El «enanismo por depravación» es un concepto psicológico que se utiliza para describir a los niños que no se desarrollan de manera física porque no los alimentaron, tocaron ni abrazaron. Literalmente, la falta de amor y cercanía física causaron su discapacidad física. Millones de hombres son «enanos» en sus emociones y personalidades porque los privaron de amor y afecto en la niñez.

Aunque los hombres tienen «juguetes», muchos los usan para cubrir su dolor y vergüenza. Tienen los juguetes, así como las expresiones artificiales y la fanfarria que los acompañan, pero los juguetes son relativos a la cultura.

Pocas personas en nuestro país entienden la escasa diferencia que hay entre un ejecutivo con traje y corbata que va al restaurante «Joe's Place» para la hora feliz, luego tambaleándose se va a casa medio borracho, y un indigente en una esquina con vaqueros azules sucios y una camiseta desflecada bebiendo de una botella en una bolsa de papel marrón. Es la misma adicción. Solo que un adicto está mejor vestido que el otro. Las diferencias son solo económicas, sociales y culturales. Un hombre juega en un yate, mientras que el otro juega en una cancha de baloncesto. Quizá ambos hombres traten de escapar mediante el uso de juguetes. Uno paga más que el otro por su juguete, pero ambos no logran escapar al final.

Ahora bien, no hay nada malo con los juguetes para adultos, pero necesitamos saber para qué usamos nuestros juguetes. Algunos usamos nuestros juguetes para la identificación o para impresionar a las personas, mientras que otros los usan para escapar de la realidad.

Hay elementos comunes universales de masculinidad; no somos tan diferentes unos de otros. No importa si somos asiáticos, caucásicos, hispanos, nativos estadounidenses o afroamericanos. Ya sea que estemos bien educados o seamos analfabetos, nuestras necesidades básicas son las mismas, y nuestra capacidad para expresarnos es relativa a la «cantidad de canicas que tenemos en la bolsa». Si tienes más canicas, puedes hacer más cosas.

El libro de Proverbios nos advierte con los apasionados escritos de un padre sabio que intenta salvar a su hijo de los peligros de «demasiado, demasiado pronto». Muchos de nosotros no leímos sus palabras a tiempo. No había un padre lo bastante paciente ni lo bastante inteligente como para salvarnos del dolor. Engullimos en exceso. Nuestras cabezas se intoxicaron con los remolinos en espiral de emociones sin control que se ingirieron demasiado pronto y nunca resolvieron los conflictos que nos desbastaban por dentro.

No puedes tener poder de hombre hasta que no tengas poder de chico. ¡Alguien debe salvar a los niños dentro de nosotros y a los niños que engendramos! Los destruyen ante nuestros propios ojos. Mueren en los tribunales de nuestro país y se matan unos a otros en las calles de nuestras ciudades.

¡Nuestra propia infancia quebrantada se ha convertido en la vida de nuestros niños pequeños en historias de horror impensables, generando más crímenes y asesinatos en el pecho de niños de lo que jamás se haya visto en la historia! El apóstol Pablo nos advirtió en Efesios 6:4: «Y vosotros, padres, no provoquéis a ira a vuestros hijos, sino criadlos en la disciplina e instrucción del Señor». ¿Hemos abusado tanto de nuestros hijos que ahora se levantan con ira para matarnos?

PENSABA COMO NIÑO

¡Nunca en la historia hemos tenido tanto miedo de nuestros propios hijos! Los hombres adultos temen caminar entre las multitudes de adolescentes y jóvenes en la ciudad. Los jóvenes se han enfadado tanto que los adultos se sienten intimidados por ellos. ¡Los nietos furiosos asesinan a las abuelas al atarlas en los sótanos y al prenderles fuego! Los medios de comunicación informan sobre atrocidades de adolescentes cada vez más horripilantes que parecen novelas de terror góticas o pesadillas del infierno, pero están sucediendo. Nos sentamos en nuestros sillones y vemos a través de la televisión a los niños de trece años que van a juicio ante un juez y un jurado, y reciben una cadena perpetua sin derramar una lágrima. *Preocupados por nuestro propio dolor, hemos creado monstruos en nuestros hijos.* Esta plaga trasciende las fronteras raciales y sociales. Desde los acomodados muchachos de Menéndez en la rica California hasta los «muchachos con capuchas» del gueto urbano, el espíritu de ira trasciende la cultura. Nos hemos vuelto hombres enojados y frustrados, y hemos engendrado una generación que está más enojada que nosotros.

Se nos ha dado demasiada responsabilidad demasiado rápido. Hemos visto demasiado. Hemos escuchado demasiado. Hemos visto los cuerpos retorcerse en el horario estelar de la televisión y hemos escuchado los ruidos de las habitaciones de nuestros padres en la noche. Hemos desafiado las mentes infantiles con problemas de hombres.

La mente de un niño no debe estresarse con problemas severos como el abuso sexual, el maltrato o la violencia doméstica. ¡Esta cepa produce una hernia mental que es visible en el carácter del joven por el resto de su vida! Muchos jóvenes han seguido los pasos de sus padres hacia la promiscuidad, pensando que es natural definir su masculinidad por la extrema sexualidad. «¿No es eso lo que hacía papá?». Como muchos otros excesos y escapes, es solo una droga que se toma con demasiada frecuencia para un dolor que no desaparecerá. Solo enmascara los síntomas sin curar la fuente del dolor.

Casi todos los problemas de la sociedad se inflaman más por la ira despiadada que está fuera de control dentro de nuestros jóvenes. El racismo está destruyendo debido al enojo de los hombres. La violencia está arrasando en nuestras escuelas, nuestros hogares y nuestros espectáculos de crimen en horario estelar. Incluso, una nueva ola de brutal y enojada sexualidad que explota abiertamente y degrada a los participantes en ambos lados de la línea de género, ha echado a un lado las demandas «políticamente correctas» del movimiento feminista. Cuando los hombres están enojados, buscan a alguien a quien culpar.

Adán estableció el patrón cuando culpó a Eva por hacerle desobedecer el mandato de Dios en el huerto del Edén. (Lee Génesis 3:12). Cada vez que nos sorprenden o nos sentimos atrapados, le echamos la culpa a otra persona. Toda una generación ha quedado prisionera en un pozo de ira y frustración, y alguien tiene que cargar con la culpa.

Las personas de esta generación se miran entre sí y dicen: «¡Por tu culpa estoy estancado!». Los hombres blancos dicen: «¡Los negros están ocupando todos los trabajos y nos obligan al resto de nosotros a marcharnos! Solo porque soy blanco, no puedo conseguir un trabajo con todo este asunto de Acción Afirmativa. Estoy enojado, ¡deberíamos eliminar esos programas estúpidos!». Mientras tanto, los hombres negros enojados dicen: «Por culpa de los blancos no podemos encontrar un trabajo decente. Por culpa de los blancos no podemos ganarnos la vida, pues nos han discriminado todos estos años». Los inmigrantes dicen: «Ninguno de ustedes tiene razón. Aquí está la verdadera razón...». Y así, la discusión, la acusación y los señalamientos infantiles siguen y siguen.

Todos están enojados. Nos lastimamos los unos a los otros en nuestros celosos intercambios de palabras amargas de la infancia. Toda nuestra cultura se ha enfadado porque hemos provocado la ira de nuestros hijos. ¿Cómo puede un niño olvidar la escena que se repite en su mente cada día y cada noche, la imagen de su madre enojada secándose las lágrimas mientras su padre murmura y lanza su vaso a través de la pantalla del televisor? ¿Hizo enojar a su padre esa tarde? ¿Estaba su madre molesta porque no podía complacer al papá lo suficiente como para calmarlo? De seguro que había algo que él podría haber hecho para arreglar lo que estaba mal...

¿Quién puede borrar la vergüenza y la ira ardientes del niño que temía el viaje en autobús a casa desde la escuela? Veinte años después, todavía puede sentir los golpes despiadados, las maldiciones y el enojo implacable en los ojos de sus atacantes, ¿qué hizo para merecer lo que le hicieron? Cualesquiera que sean las razones, este chico, que ahora vive en un cuerpo con más de ciento veinticinco kilos de músculos, huesos y tendones, no puede controlar la furia y el odio que siente cada vez que ve a un miembro de ese género. Solo sabe que quiere

contraatacar una y otra vez hasta que desaparezca su dolor. Por eso
está en la cárcel.

Esos sentimientos reprimidos de dolor de la infancia nunca nos
dejan. Se quedan con nosotros toda la vida, incluso cuando cambian
los papeles. Nos hacemos mayores y aprendemos a esconderlos mejor,
pero por dentro el niño se siente intimidado aún. Todavía nos sentimos
temerosos. Todavía la gente nos intimida y abruma a veces. El niño
que está en nosotros no quiere lidiar con los pensamientos secretos
que nadie más conoce. Sin embargo, a menudo los pensamientos
secretos salen a la superficie y presionan el asunto.

¿Qué motiva a un hombre de cuarenta años que una noche,
mientras yace en la cama, descubra de repente que *necesita que lo
abracen*? Toda su vida ha sido el que «abraza». De pronto, este hombre
macho se vuelve hacia su esposa y le dice: «Solo abrázame». Cuando
el dolor se abre paso, luchamos hasta derribarnos y afrontamos
un hecho inquietante: Un niño herido todavía vive dentro. No
podemos divorciarnos de nuestra necesidad interna. Entonces, ¿cómo
deletreamos alivio?

Sociedad, ¿me darías permiso para ser quien soy sin definir lo
que ves? ¿Debo estar a la altura de alguna imagen que creaste
para que me conformara a ella? ¿Puedes aceptar el hecho
de que soy una combinación de muchos tipos diferentes de
disfunciones unidas dentro de una misma casa?

Todo lo que expreso, hablo y razono está relacionado con mi
infancia. Nunca entenderás al hombre que soy por fuera hasta que
toques al niño dentro de mí. Esposa, ten cuidado. Niños, tengan
cuidado. Pastor, ten cuidado. Jefe, ten cuidado. Si nunca desarrollas
empatía por el niño pequeño que hay en mí, que sostiene una manta
y se chupa el pulgar en la entrada, observando cómo se van todos,
nunca entenderás mi comportamiento errático como hombre en el
trabajo, en la cama o con mis propios hijos e hijas. «Cuando yo era
niño, hablaba como niño, pensaba como niño, razonaba como niño»
(1 Corintios 13:11).

CAPÍTULO DOS

Dejen a los niños

«Dejen a los niños venir a mí, y no los impidan porque de los tales es el reino de Dios. De cierto les digo que cualquiera que no reciba el reino de Dios como un niño jamás entrará en él».

MARCOS 10:14-15, RVR-2015

Muchas veces, ocultos y reprimidos bajo nuestra disfrazada fachada varonil, nuestro miedo proviene de un niño tembloroso, enojado, confundido, cuyas frustraciones e inseguridades están cubiertas de músculos, sudor y cabello. A menudo, debajo de nuestra masculinidad violenta, hay problemas que deben afrontarse.

¿Adónde puede ir el niño pequeño en cada uno de nosotros sino a Dios? Jesús declara que el reino está compuesto de niños pequeños, no solo los jóvenes cronológicamente, sino también los niños pequeños que viven en cuerpos grandes.

«No los impidan porque de los tales es el reino de Dios». Cualquier pastor te dirá que el reino es un gran patio lleno de niños disfuncionales que han encontrado solaz solo en la presencia de Dios. Eso no significa que este reino solo sea una colección de perdedores que no podrían seguir el ritmo de los ganadores; no, *todos los hombres* son perdedores de alguna manera porque estamos incompletos, y nunca sanaremos hasta que vayamos a Dios *como niños*.

No hay lugar en el reino para hombres machos en una lucha de poder para impresionar a los demás con su colección de «juguetes» o «posesiones». No importa si estos juguetes son autos, bíceps, novias, miembros de la iglesia o certificados de depósito. Debemos hacerle frente al niño en nosotros antes de poder disfrutar al hombre.

LO QUE PUDO SER...

«Dijo David: ¿Hay todavía alguno que haya quedado de la casa de Saúl, para que yo le muestre bondad por amor a Jonatán? Y había un siervo de la casa de Saúl que se llamaba Siba, y lo llamaron ante David. Y el rey le dijo: ¿Eres tú Siba? Y él respondió: Tu servidor. Y dijo el rey: ¿No queda aún alguien de la casa de Saúl a quien yo pueda mostrar la bondad de Dios? Y Siba respondió al rey: Aún queda un hijo de Jonatán lisiado de ambos pies. El rey le dijo: ¿Dónde está? Y Siba respondió al rey: He aquí, está en casa de Maquir, hijo de Amiel, en Lodebar. Entonces el rey David mandó traerlo de la casa de Maquir, hijo de Amiel, de Lodebar».

2 Samuel 9:1-5

Mefiboset es uno de mis personajes favoritos en la Biblia. Su nombre es un trabalenguas, pero no es tan retorcido como su vida. La Biblia lo describe como lisiado en ambos pies. ¡Su historia es trágica porque pudo ser, debió ser, rey de Israel! Se trataba del nieto de Saúl, quien fue el primer rey de Israel. Debió ser un líder fuerte, guapo y viril como Jonatán, su padre. En cambio, cuando encontramos a Mefiboset, vemos a una víctima torcida, magullada e incapacitada cuyos tobillos rotos y extremidades torcidas lo llevaron al exilio a un lugar terrible llamado «Lodebar».

Los eruditos rabínicos dicen que *Lodebar*, cuando se traduce literalmente del hebreo, significa «lugar de no comunicación» (*lo* significa «no», y *debar* o *devar* significa «palabra»).

Mefiboset fue un príncipe mutilado y depuesto de una casa de reyes caídos, que lo sacaron de un palacio real para vivir en «un lugar sin comunicación». Este joven herido perdió su derecho de nacimiento sin pronunciar una sola palabra ni hacer una sola acción malvada. ¡No era más que un niño asustado de cinco años cuando lo ocultaron en una tierra de silencio, separado de su padre y de su destino, y se le dejó soñar con lo que pudo ser!

¿Alguna vez has estado en Lodebar?

¿No es sorprendente cómo los fracasos en un campo pueden privarnos del éxito legítimo y encarcelarnos en un valle de arrepentimiento, un lugar silencioso donde nadie puede escuchar nuestro dolor ni aliviar nuestra tristeza?

«Pudo ser... debió ser...». Mefiboset pudo ser rey, pero había un problema en su vida. Pudo ser genial, pero tenía algo en su vida que parecía que estaba fuera de su control. No había nada malo en su mente. Podía ordenarles a sus piernas que caminaran, pero había un problema entre la orden y la función. Tenía la intención de hacerlo, pero no podía ni realizaba lo que quería hacer. Estaba lisiado y discapacitado.

Tal vez tú y yo no podamos relacionarnos con la discapacidad física de Mefiboset, pero cada uno de nosotros tiene cierto grado de disfunción. Podemos darle una orden a nuestra cabeza, pero de nada sirve en nuestra vida. Nuestra disfunción puede dejarnos amordazados, desesperados y solos en Lodebar, cuando pudimos ser, y debimos ser, reyes sentados en un palacio.

Mefiboset era hijo de Jonatán y nieto del rey Saúl. Era el único heredero y descendiente masculino de la primera familia real de Israel. Debieron prepararlo para ser rey de Israel, pero en vez de eso asesinaron a su padre de manera trágica en batalla y lo dejaron viviendo como un recluso derribado en Lodebar, arrancado de su corona y herido de espíritu, un prisionero olvidado hace mucho tiempo de su propia enfermedad. Sin embargo, lo único malo con Mefiboset era que estaba lisiado de ambos pies.

El desdichado Mefiboset es un vívido retrato de ti y de mí, tratando con desesperación de lidiar con nuestras desventajas internas sin dejar que nadie sepa «lo que de veras sucede dentro». Mefiboset terminó allí. La razón por la que los hombres terminan en Lodebar en lugar del palacio es porque ocurrió algo en su vida que los traumatizó tanto que les impidió alcanzar la esperanza de su llamamiento. Nuestras desventajas, cualquiera que sea la forma que puedan tomar, nos impiden alcanzar nuestro potencial o cumplir nuestros sueños. Nos hemos detenido antes de la meta porque un problema oculto en nuestra vida parece frenarnos.

CONDUCIDO AL LLAMADO

«Y Mefiboset, hijo de Jonatán, hijo de Saúl, vino a David, y cayendo sobre su rostro, se postró. Y David dijo: Mefiboset. Y éste respondió: He aquí tu siervo. David le dijo: No temas, porque ciertamente te mostraré bondad por amor a tu padre Jonatán, y te devolveré toda la tierra de tu abuelo Saúl; y tú comerás siempre a mi mesa. Se postró él de nuevo, y dijo: ¿Quién es tu siervo, para que tomes en cuenta a un perro muerto como yo?

»Entonces el rey llamó a Siba, siervo de Saúl, y le dijo: Todo lo que pertenecía a Saúl y a su casa, lo he dado al nieto de tu señor. Y tú, tus hijos y tus siervos cultivaréis la tierra para él, y le llevarás los frutos para que el nieto de tu señor tenga alimento; sin embargo, Mefiboset, nieto de tu señor, comerá siempre a mi mesa. Siba tenía quince hijos y veinte siervos. Respondió Siba al rey: Conforme a todo lo que mi señor el rey mande a su siervo, así hará tu siervo. Y Mefiboset comió a la mesa de David como uno de los hijos del rey. Mefiboset tenía un hijo pequeño que se llamaba Micaía. Todos los que moraban en la casa de Siba eran siervos de Mefiboset; pero Mefiboset moraba en Jerusalén, porque siempre comía a la mesa del rey. Estaba lisiado de ambos pies».

2 SAMUEL 9:6-13

Mefiboset ya no es un niño de cinco años cuando entra en escena en 2 Samuel 9. Es un hombre adulto con un hijo propio.

Todo comenzó cuando David llamó a Siba, un antiguo siervo del rey Saúl, para preguntarle si quedaba alguien de la casa de Saúl con quien David pudiera mostrar bondad. Este hombre le dijo al rey David que solo un descendiente de su viejo amigo, Jonatán, todavía estaba vivo: Mefiboset, el hombre lisiado. Este príncipe mutilado vivía en la casa de otro hombre en *Lodebar*, el lugar de la no comunicación, la tierra del potencial perdido y olvidado. La respuesta de David fue inmediata y contundente: envió mensajeros, o tal vez a Siba mismo, para que lo buscaran. Jonatán y David eran amigos íntimos y hermanos del pacto. La Biblia muestra con claridad que tenían la relación de alianza más íntima que pudieran tener dos hombres como amigos. David tenía la intención de mantener su juramento a su amigo fallecido Jonatán, por lo que su invitación para traer a Mefiboset era genuina y confiable. Lo lamentable es que hubo un problema. Aunque llamaron a Mefiboset, no podía venir solo. Alguien tenía que ir a buscarlo. La verdad del asunto es que a muchos de nosotros nos han llamado, pero no podemos llegar al lugar en el que nos llamaron a permanecer porque estamos muy distraídos y lisiados por nuestro propio quebrantamiento. Escuchamos la voz, pero no podemos levantarnos. David envió al siervo Siba a «buscar» a Mefiboset del «lugar de no comunicación». En esta escena, siento que Siba es un tipo del Espíritu Santo, que viene a sacarnos del valle de opresión y tristezas silenciosas.

Recuerda, cuando Siba viene a buscar a Mefiboset, este es un hombre adulto.

Cuando Mefiboset llega al palacio, Siba debe conducirlo. Literalmente, ¡a este hombre adulto lo llevan como si fuera un niño! Esta es una imagen muy poderosa en mi mente. Si analizo la *presencia* de Mefiboset, quiero dejarlo caminar. Entonces, cuando considero su *problema*, me doy cuenta de que deben llevarlo. Solo puedo ver a Mefiboset venirse abajo, agarrando las ropas reales de David, yaciendo en el piso de un palacio que debió ser suyo, suplicando. Esta es una imagen de la disfunción.

La disfunción consiste en hombres desesperados que se aferran a las relaciones, viven bajo su privilegio, y yacen en el piso de la vida despojados de su autoestima e integridad. Están en el lugar adecuado, pero no están en la posición apropiada. Los violaron y castraron. A algunos los violaron con violencia; a otros los molestaron en secreto. Las drogas han consumido a algunos, y otros se pierden en un mar de alcoholismo que adormece la mente. Estos aspirantes a príncipes se han convertido en mendigos en sus propias casas, tirados en el suelo e incapaces de levantarse para cumplir su destino.

Mientras Mefiboset está tirado en el suelo, David dice algo así: «Ya sabes, te he preparado una mesa...». Mefiboset dice: «Ay, no, mi señor; soy un perro muerto. No valgo para nada, no soy digno de estar en este lugar».

Este joven nació en una familia aristocrática, noble, de buena presencia, rica, atractiva y de gran nivel en Israel. *Quizá fuera* alto como su abuelo, que «de los hombros arriba sobrepasaba» a todos los hombres. (Lee 1 Samuel 9:2). Mefiboset *debió ser* bien parecido como Jonatán, el príncipe real. El padre de Mefiboset hacía que todos se quedaran boquiabiertos a su paso, pues era atractivo y digno de mirar; entonces, ¿por qué su hijo se arrastraba por el suelo del palacio en el que nació? ¿Qué sucedió para que se transformara en un príncipe temeroso, tembloroso, frágil y quebrantado, destrozado y desgarrado, apocado y herido? Nacido con tantas cosas a su favor, ¿cómo podría Mefiboset estar ahora tan empobrecido de manera física, emocional y espiritual?

¡ALGUIEN HIZO QUE CAYERA!

Varias cosas entraron en juego para determinar el destino de Mefiboset. La Biblia describe un evento que estaba destinado a cambiar la vida de Mefiboset para siempre. En el momento en que se llevó a cabo dicho evento, solo tenía cinco años.

Todo comenzó como de costumbre ese día. El joven Mefiboset se levantó de su cama para correr por el palacio y jugar después del desayuno. Su nodriza lo vistió con sumo cuidado, tal vez esperando que ese fuera el día en que el padre del joven príncipe regresara con el rey Saúl para contarles su triunfo en la batalla. Según 2 Samuel 4:4, sin embargo, algo terrible estaba a punto de suceder.

> «[Mefiboset] tenía cinco años cuando de Jezreel llegaron las noticias de la muerte de Saúl y Jonatán, y su nodriza lo tomó y huyó, pero sucedió que en su prisa por huir, él se cayó y quedó cojo. Su nombre era Mefiboset».

La nodriza del príncipe Mefiboset se enteró del asesinato de su padre y de Saúl. Entonces, la Biblia nos dice que el mismo día en que Mefiboset perdió a su padre y a su abuelo, ¡a su nodriza se le cayó y quedó lisiado de por vida! ¡No fue justo! No se lo merecía, pero a pesar de todo, le sucedió. ¡Date cuenta de que *algo le sucedió a este hombre siendo niño* de lo que nunca se recuperó! *Alguien hizo que cayera.* ¿Alguien te hizo caer? «*Tendría que haber sido* más hombre de lo que soy, pero alguien hizo que me cayera. Me disculpo por no ser todo lo que esperas que yo sea, pero *alguien hizo que cayera.* Me doy cuenta de que, para mi edad y mi etapa, *debería haber* hecho más con mi vida, pero antes de que determines el subtotal de todo lo que soy, debes tener en cuenta lo que he vivido, porque me han *dejado caer* en vuelo, en medio del proceso. He estado incapacitado».

Mientras otros niños salían a jugar, Mefiboset no podía moverse. Mientras otros niños trepaban a los árboles, él tenía que quedarse en la casa. ¿Qué daño hizo esta situación a su autoestima, sus emociones, su percepción de sí mismo, su sexualidad? Nadie quería salir con Mefiboset el adolescente. Nadie lo veía tan atractivo. ¡Qué tipo de mentalidad tan extraña y pervertida debe haber empezado a crecer como un hongo en su mente, todo porque el torpe error de una nodriza apresurada lo privó para siempre de experiencias de crecimiento natural!

La Biblia dice que en este contexto de sueños rotos, el rey ordenó que a Mefiboset lo trajeran de Lodebar, «el lugar de la no comunicación», a *Jerusalén*, la «posesión de paz». Se mudó al palacio del rey en la colina suroeste de Jerusalén, llamada Sion, que significa «fortaleza». Entonces, ¿qué sucedió? Ahora que a Mefiboset lo sacaron de Lodebar, parecía que estaba «fuera», ¡pero su mente no lo estaba! Su cuerpo no estaba «fuera». Todavía estaba tan discapacitado como antes. Su problema no estaba «fuera». Todavía no sabía quién era; todavía se había perdido toda una vida de normalidad. Dentro de este hombre sufriente vivía un niño sufriente.

Mefiboset es uno de los pocos personajes de la Biblia *que nunca se sanó*. Le dolió toda la vida. Lo hirieron toda la vida. Creo que le hemos hecho daño a muchos hombres al decirles: «¡Ven al altar, hermano, y todo estará bien! Únete a la iglesia, y todo saldrá bien. Entra al coro, estarás bien. Da tus diezmos. Ya lo verás, todo estará bien». La verdad es que algunas heridas permanecen con nosotros toda la vida. Es posible que siempre estemos más necesitados, seamos más frágiles, más dependientes y más vulnerables que otras personas, porque hemos sufrido heridas graves. Jesús todavía lleva las cicatrices de la cruz, y no somos diferentes de nuestro Maestro.

Si tengo un accidente de auto y me fracturo la pierna, esta puede sanar y puedo moverme, pero cuando ocurren ciertos tipos de condiciones climáticas, lo sufriré de una manera que de cierto modo tú nunca experimentarás. ¿Soy salvo? Sí, soy salvo. ¿Estoy curado? Sí, estoy curado. Sin embargo, aun así, tengo que soportar en mi cuerpo cierto grado de aflicción como resultado de una lesión pasada. Esto es algo en lo que no hemos sido sinceros, y el cristianismo ha sido decepcionante en la mente de los hombres que pensaron que alguien podría ponerles las manos encima y limpiar sus heridas de la infancia para siempre. Algunas cosas no desaparecerán por completo. En realidad, no desaparecerán.

Si hubiera una «sala de juntas ejecutiva» en el reino donde los representantes de cada grupo principal de accionistas se reunieran ante Dios, Mefiboset podría representarnos (es un tipo de otro Hijo con cicatrices que regresó a su trono). Pone en primer plano a un hombre que está sentado a esa mesa con los hijos del rey, aunque no está completo, no es atractivo ni bien parecido. Tiene cicatrices y heridas, y tiene un problema que debe resolverse cuando nadie está mirando. Sin embargo, esta es la buena noticia: ¡*al menos Mefiboset llegó a la mesa!*

PERTENECES A LA MESA

¡Incluso nuestros fracasos son éxitos! ¡Representan el milagro de que sobreviviéramos tú y yo! Teniendo en cuenta con qué tuvimos que trabajar, aunque nos parece un fracaso, sobrevivimos y nuestra supervivencia ha sido nuestro éxito.

No importa qué tan herido estés, no importa qué tan discapacitado te volvieras, no importa qué tan lejos estés de *donde podrías y deberías estar*, ¡todavía puedes ir al palacio y sentarte a la mesa con el resto de los hijos del Rey! Sí, aunque sigues teniendo un «problema» metido debajo del mantel que otras personas no pueden ver, todavía perteneces a la mesa. ¡Es la orden del Rey!

Cuando a Mefiboset por fin lo llevan a la mesa del rey David, comenzó a disfrutar de varias bendiciones que no había experimentado desde que se cayó en la casa real de su familia. Primero, comenzó a recibir alimentos para los que no tenía que trabajar. Hay ayuda para los discapacitados a través del Espíritu Santo. *Dios sabe con exactitud dónde estás, ¡incluso si estás perdido en Lodebar!* En segundo lugar, Mefiboset se veía diferente. Si lo mirabas desde la parte superior de la mesa, Mefiboset era tan «principesco» como Absalón, con su majestuoso cabello suelto, o Amnón, con su actitud principesca, o incluso Salomón, el hijo con su rostro de sabio que al final ascendería al trono de David.

Mefiboset, el lisiado y olvidado príncipe de una casa caída, el lamentable y solitario recluso de la tierra del silencio, ahora se parecía a todos los demás en la mesa real. Fue un príncipe entre los príncipes. Esa era su posición, y oculta bajo la mesa estaba su condición. Su regreso al palacio es una buena noticia: *¡Tu posición puede superar tu condición!*

En la iglesia necesitamos la libertad para decir: «Sí, estoy en esta *posición*, pero todavía tengo esta *condición*. Sí, soy pastor, anciano, diácono, miembro del coro; pero poseo esta *condición* llamada "ser humano". Lo siento, pero sigo con algunas heridas ocultas. Tengo algunos quebrantamientos debajo de esta mesa. Hay algunas cicatrices de la infancia debajo de mi cuello clerical que no ves».

Nunca hemos podido decir eso. La iglesia ha sido hipócrita con respecto a la forma en que ve y trata a sus líderes ¡muy humanos! Los hombres se sienten frustrados porque estamos en posiciones que no nos permiten admitir que tenemos *condiciones* con nuestras esposas, nuestras familias y dentro de nosotros mismos.

Estamos en *posiciones* como esposos que no nos permiten decir: «Sí, estoy casado, pero estoy pasando por una crisis de la mediana edad, ¡y quiero a mi secretaria de veintidós años! Sé que mi hija tiene diecinueve años, mi esposa tiene cuarenta, y yo cuarenta y cinco. Aun así, estoy pasando por esta *condición*. Ayúdame a pararme. Ayúdame a ir de *aquí* para *allá*. El Rey me está llamando a su mesa, pero mis tobillos no funcionan y me estoy debilitando».

Cada vez que tenemos que silenciar nuestras *condiciones* debido a nuestras *posiciones*, nuestras heridas y problemas ocultos comienzan a empeorar. Nos enojamos y tiramos todo lo que tenemos. En la desesperación, tomamos decisiones permanentes sobre circunstancias temporales; circunstancias que a la larga superaríamos si tuviéramos a alguien en quien pudiéramos confiar. «Así es que me siento hoy, hermano. Sé que está mal, y quiero hacerlo bien, pero tengo miedo. Ahí es donde estoy. ¡Ayúdame a *levantarme*, hermano! Mis tobillos me duelen otra vez, ¡pero tengo que llegar a la mesa del Rey!».

CAPÍTULO TRES

Hazle frente al niño en ti

Ya no podemos permitir que nuestro pasado destruya lo que Dios tiene para nosotros en el presente. Debemos admitir los problemas ocultos que amenazan nuestro destino y afrontarlos. Todos tenemos heridas incapacitantes y desventajas escondidas dentro.

Nadie está exento de obstáculos.

Los hombres poco atractivos piensan que los atractivos están exentos de problemas, y los hombres negros piensan: «Si solo fuera un hombre blanco en este país, ¡lo hubiera logrado!». Sin embargo, los hombres blancos también son disfuncionales. Los hombres blancos miran a los hombres negros y dicen: «¡Tienes todos los beneficios en este país! ¡Si yo fuera negro, también podría conseguir un trabajo!».

Sabemos que se nos escapa algo. El «algo» que captamos está fuera de nuestro alcance. Aunque trabajamos mucho para conseguirlo, sigue retrocediendo. Nos culpamos unos a otros, pero aún sabemos que no podemos conseguirlo. La mano negra no la ha alcanzado; la mano blanca no la ha alcanzado. El empresario y el abogado corporativo no lo han alcanzado; esos hombres se están suicidando junto con el drogadicto que está atascado en el *crack*. La única esperanza que cualquiera de nosotros tiene está en Jesús. Solo Jesús puede guiarnos a través de la barrera del tiempo para invadir nuestro pasado. Allí Él puede hacernos sentir cómodos con nuestras partes incómodas, y en paz con nuestras debilidades y quebrantamientos.

Desde el ejecutivo hasta el narcotraficante, desde el diácono hasta el drogadicto, solo tenemos un Dios al que acudir, pero algo se nos interpone en el camino. Estamos en una batalla si queremos liberarnos de eso en realidad.

«Jacob se quedó solo, y un hombre luchó con él hasta rayar el alba».

GÉNESIS 32:24

Si eres predicador, diácono, negro o blanco, bautista, metodista, presbiteriano o uno de los «chicos de la capucha», una verdad te confronta: *Nunca puedes convertirte en lo que quieres ser hasta que puedas dejar caer quien solías ser.*

EL ENEMIGO INTERNO

Si quieres ser libre, debes estar dispuesto a desafiar todas las definiciones de tu masculinidad. Tienes que estar dispuesto a hacerle frente a los problemas de los que huyen otros hombres. La libertad solo se consigue cuando te desafías a ti mismo, cuando te franqueas y te dices cosas que quizá no le hayas admitido a tu esposa, tus amigos o tus padres. Es hora de afrontar los viejos problemas.

Estos asuntos son enemigos de tu alma.

No me preocupan demasiado las brujas, los demonios, la brujería ni la astrología. Por muy malo que sea el crimen, no me preocupan demasiado los atracadores, ladrones, violadores ni estafadores. No quiero ser su víctima, pero no son mi mayor temor. Tampoco sufro de ansiedad pensando en una figura vestida de rojo con un tridente y una cola puntiaguda que mira por la ventana haciéndome malas sugerencias. Si hay algo contra lo que peleo constantemente, y con quien lucho, es *el enemigo en mí*. Ese es el que más me preocupa: ¡el enemigo «en mí»!

Si algo te disuade, será el enemigo interno.

El libro de Romanos pinta una imagen aterradora de hombres que no logran afrontar al enemigo interno:

«Porque habiendo conocido a Dios, no lo glorificaron como a Dios [...] Y como ellos no aprobaron tener en cuenta a

Dios, Dios los entregó a una mente reprobada, para hacer cosas que no convienen».

ROMANOS 1:21, 28, RVR-2015

Estos hombres una vez conocieron al Señor, pero decidieron no glorificarlo como Dios. ¡Su juicio fue *entregarlos* a ellos mismos! Es posible que algunos de nosotros tengamos que entrar a la casa de una bruja o hacerle frente a un brujo o hechicero, o caminar por uno de los barrios de alta criminalidad, pero el mayor peligro, el mayor juicio, que podría afrontar cualquiera de nosotros es que Dios nos haga que demos la vuelta a nosotros mismos. Si Dios alguna vez adopta el eslogan publicitario que dice: «Hazlo a tu manera», ¡tú y yo nos autodestruiremos!

Dejados a nuestros propios recursos, podemos sorprendernos al descubrir cuán corruptos somos en realidad. Tú y yo ocultamos en nosotros muchas cosas de las que no hablamos. Hay cosas ocultas en nosotros por las que menospreciamos a otras personas. Ah, sí, tenemos cuidado de asegurarnos de que nadie sepa lo que está al acecho en los rincones oscuros de nuestro corazón, pero *están ahí*. En circunstancias difíciles, esas debilidades secretas pueden estallar con resultados terribles.

Puede que te sorprenda lo que harías si te presionaran. Si tu enojo oculto se enfureciera lo suficiente, ¿qué harías con ese cuchillo en el cajón de la cocina? Bajo ciertas tensiones, te sorprendería saber quién robaría una tienda. Pastor, diácono, esposo fiel y proveedor, tú mantienes tus pasiones secretas bien ocultas, pero te sentirías consternado al descubrir con quién te acostarías si te presionaran las circunstancias equivocadas. ¿Cuántas minas terrestres morales y emocionales están enterradas en las profundidades de tu alma?

Si te he hecho sentir incómodo, me disculpo, pero como mi hermano me dijo una vez: «Cuando te metes en una pelea, también puedes lanzar el primer golpe».

Te perturbaría lo que acecha en las sombras de tu ser. Es más, te sorprendería saber lo que han hecho tus mejores amigos y familiares, pero sin decírselo a nadie.

Los hombres pueden ser increíblemente hipócritas. Con frecuencia, condenamos de manera enérgica a otros por las cosas en que, casi siempre, somos más culpables nosotros.

El arma más grande y letal con la que el enemigo puede desafiarte eres tú.

Doy gracias a Dios que no me entregó a mí mismo.

> *Gracias por contender conmigo, Señor. Gracias por discutir conmigo, condenándome, luchando conmigo, guerreando conmigo, hablándome y desafiándome. Nunca podría encontrar una salida a mi dolor si no estuvieras allí para señalarme el camino a casa.*

Dios nos desafía de maneras únicas y especiales para ayudarnos a saber quiénes somos, a pesar de nuestras desventajas. Casi todos nosotros sufrimos por la manipulación. Cuando no tenemos objetivos, es fácil para otros imponernos sus ideas de quiénes somos y no somos, y de lo que debemos y no debemos hacer. La manipulación es el resultado de la falta de propósito. Cada vez que no sabemos y no entendemos nuestro propósito, o para lo que nos crearon, nos volvemos vulnerables a la manipulación.

Cualquiera puede asignarte su agenda si no sabes quién eres. A menos que afrontes tus propias debilidades e identifiques tus vulnerabilidades, nunca estarás preparado para los ataques en esas esferas. Cuando no estés preparado, te encontrarás diciendo: «¡Pero nunca pensé que haría eso! ¡Nunca creí que pudiera enfadarme y ser tan hostil! ¡Jamás pensé que tendría una aventura! ¿Cómo podría ser tan débil?».

Miles de hombres alguna vez creyeron que nunca podrían engañar a su impuesto sobre la renta ni a sus esposas, pero lo hicieron. Cuando no evalúes el potencial del pecado interno, no orarás contra estas cosas. De manera inevitable te dejará vulnerable al ataque del enemigo.

TIENES RESERVADO UN ASIENTO

Nuestra salvación radica en el hecho de que Dios puso su mano sobre nosotros. ¡Hizo una inversión tan costosa y personal en cada uno de nosotros que no se desanima con facilidad de lo que dijo sobre nosotros! Puso una silla en medio de los ángeles en la eternidad.

Entonces les dijo:

—Voy a traer a ese hombre para que se siente en este asiento, y él será mío cuando recupere mis joyas. Lo voy a traer aquí mismo.

—Pero Santísimo, el hombre cayó. No está completo —protestaron los ángeles.

—Eso no importa. Lo voy a traer aquí mismo.

—¡Pero él es un mentiroso!

—Despreocúpense. Se los digo, este es su asiento. Grabé su nombre en él.

—¡Ah, pero es un abusador!

—Eso es feo, pero está bien. Voy a traerlo aquí mismo.

—Pero Anciano de Días, me enteré que era un pervertido.

—Aun así, cuando todo esté dicho y hecho, y complete mi enseñanza, predicación y ministerio a través de mis siervos, ¡ese hombre se sentará aquí mismo!

Quizá estés sentado en un asiento que hace diez años nadie creía que te sentarías en este momento. *Subestimaron el poder de Dios para cambiarte.*

Dios «llama a las cosas que no existen, como si existieran» (Romanos 4:17). ¿Por qué? Él sabe que tiene el poder de hacer que se conviertan en lo que dice que serán. Él no teme llamarnos a ti y a mí santos e irreprensibles, incluso cuando todavía estemos confundidos, en problemas y desconcertados. Podemos ser culpables de infligir violencia doméstica o maltrato mental, pero Dios dice: «Cuando termine con él, será diácono en la iglesia. ¡Dale ese asiento!». Quiero agradecerle a Dios por reservarme ese asiento. Quiero agradecerle por reservarlo en mi nombre.

Dios tiene un asiento para ti. No tienes que sentir celos por nadie. Dios tiene un asiento especial, único en su clase, reservado para ti, y «¡nadie se sentará en ese lugar, salvo tú!». Dios tiene un asiento reservado para ti, aunque tus enemigos nunca pensaron que estarías allí. Algunos de tus amigos pensaron que tú tampoco estarías allí. A veces, incluso pensaste que no llegarías a ese lugar a su diestra, y no lo hubieras logrado si no fuera por sus santos brazos. ¡Alabado sea Dios, Él te sacó, incluso cuando no querías venir! A veces pataleabas y gritabas, pero Él te sacó de todos modos. ¡Aleluya!

Dios tiene que prepararte. Necesitas estar listo antes de poder sentarte en ese asiento que Él reservó para ti. Cuando conducías borracho por la carretera, Dios tenía a sus ángeles cuidándote. Cuando abofeteabas a tu esposa y te jactabas de que nunca ibas a la iglesia, Dios te protegió de ti mismo. Sabía que estabas loco. Sabía que tenía que lidiar con tu mente. Sabía con exactitud cómo iba a sacar esa amargura de ti y ponerte de rodillas.

Eres un milagro.

Si Dios te hubiera tratado de acuerdo con tus pecados, estarías muerto. Sin embargo, Dios es misericordioso. Estaba decidido a moverte a un lugar donde pudiera ministrarte. Cuando le perteneces de veras a Dios, Él tomará medidas extremas para *alejarte de las personas*: los grupos y clubes, balnearios y tabernas, la sociedad o cualquier tipo de enredo que te impida escuchar su voz. Entonces, cuando escuchas de veras, cuando te llama Dios, Él dispondrá las cosas en tu vida para poder tenerte para sí por completo.

SOLO CON DIOS

> «Durante la noche, Jacob se levantó y tomó a sus dos esposas, a sus dos mujeres esclavas y a sus once hijos, y cruzó el río Jaboc con ellos. Después de llevarlos a la otra orilla, hizo pasar todas sus pertenencias.
> »Entonces Jacob se quedó solo».
>
> GÉNESIS 32:22-24, NTV

En realidad, Jacob no estaba abandonado; estaba solo. Cuando Dios comienza a llamarte hacia sí mismo, es posible que desees rodearte de personas. A menos que te des cuenta de lo que está sucediendo, reunirás a las personas a tu alrededor para no estar solo. Eso no ayudará. Puedes estar rodeado de personas y aun así estar solo si Dios no te busca. Puedes experimentar relaciones íntimas y aun así estar solo.

¿Quién eres en realidad? ¿Quién eres cuando nadie te observa? Ese es tu verdadero yo. ¿Quién eres cuando desaparece todo el camuflaje, cuando no tienes un ego que defender, cuando no tienes nada que demostrar en la oficina? ¿Quién eres cuando no estás preocupado por quién maneja el mejor auto, quién posee la casa más grande o quién toma las mejores decisiones de negocios? ¿Quién eres aparte de todas las imitaciones de la vida?

Si alguna vez atraviesas una situación real de vida o muerte, o te recuperas de una enfermedad que amenaza tu vida, descubrirás el «verdadero tú». Descubrirás que la mayoría de las cosas que la gente dice que son «importantes» carecen de importancia en realidad.

Estoy solo cada vez que me rodean personas que *no saben quién soy*. Cada vez que estoy en una situación en la que no puedo ser genuino, estoy solo. Cada vez que tengo que poner una fachada o camuflar lo que soy en realidad, estoy solo. Estoy aislado. Veo a la gente a través de un vaso porque no me conocen de veras.

Dios quiere que estés solo porque es cuando Él opera en realidad. Nadie recibe invitados en la sala de operaciones. No me importa cuántos seres queridos tengas a tu alrededor, cuando te preparas para someterte a una operación, los médicos los echan a todos, incluso a tu esposa y tus hijos. Dios puso este libro en tus manos porque Él quiere hacer una operación.

«Jacob se quedó solo» (Génesis 32:24). Jacob no estaba solo, sino que se *quedó* solo. La palabra *quedó* implica que se fue alguien que estaba allí. Alguien de quien creía que podía depender se marchó. Alguien con quien tuvo compañerismo lo abandonó.

«Jacob se quedó *solo*». Dios lo dejó solo, aislado y separado por un propósito divino. «Y un hombre luchó con él hasta rayar el alba» (Génesis 32:24). ¿Estás listo? Dios mismo va a descender a fin de luchar contigo.

¿DIOS VIENE A LUCHAR CONMIGO?

—Pero Señor, este fue un momento difícil en la vida de Jacob. Lo dejaron solo, y parece que debiste haberlo consolado.

—No —dice el Señor—, no vine a *consolar* a Jacob; vine a *confrontarlo*. Vine a desafiarlo, a luchar con él por el dominio de su vida, ¡así como he venido a luchar contigo!

—¡Tú también, Señor, no! Todo el mundo está luchando conmigo. Mi esposa está luchando conmigo; mis hijos están luchando conmigo; mi jefe está luchando conmigo; mi iglesia está luchando conmigo; mi mente está luchando conmigo; ¡y ahora tú!

—Tienes razón, pero no vine a cuidarte. No vine a consolarte, vine a confrontarte. Vine a desafiarte. ¡Vine a luchar para que te sometieras a mi voluntad y propósito para tu vida!

La Biblia dice: «Fieles son las heridas del amigo» (Proverbios 27:6). Si los verdaderos amigos te hieren, lo hacen por una buena razón. Es más, muchas veces esa es la única forma en que puedes distinguir a un buen amigo de verdad de un «amigo en las buenas», uno que solo está a tu lado por los beneficios que le ofreces. Un amigo bueno no está siempre de acuerdo contigo. No importa lo duro y rudo que actúes, ni lo fuerte que grites ni lo fuerte que actúes como macho, un verdadero amigo te mirará a la cara y te dirá: «Te escucho, *pero sigues equivocado*».

No recibirás ninguna ayuda real de los supuestos amigos hasta que encuentres *un verdadero amigo que te ame lo suficiente como para que te haga frente*.

Dios está diciendo: «Vine a hacerte frente. Voy a confrontarte y hacerte sentir incómodo. ¡Vine para alejarte de la mediocridad!».

Muchos somos tan «normales» que es repugnante. En la clase de la vida, no obtenemos F ni A; solo recibimos una C. Solo somos mediocres. El aburrimiento lleva al pecado. Cuando no hay emoción, «vamos a cazar».

Es peligroso para ti, como un «increíble hombre» de Dios, pasar demasiados días en la mediocridad. Si lo haces, descubrirás que te creas tus propios desafíos. Fíjate en el entretenimiento masculino. El hombre estaba destinado a cazar.

Cuando Dios creó a Adán, uno de sus mandatos fue el de ser fructífero y multiplicarse, llenar la tierra y sojuzgarla, y ejercer dominio. *Sojuzgar* significa conquistar, y *ejercer dominio* significa mantener el control sobre lo conquistado. Arraigado en lo profundo de tu naturaleza masculina está la necesidad de someter. Hay un cazador en ti.

Ah, sí, hay un cazador en ti, ya sea que estés al acecho de un contrato, un ciervo o una mujer. Tienes que cazar algo.

No importa si se trata de un negocio, un corredor de bolsa, una permuta de incumplimiento crediticio o una renta vitalicia, a todos los hombres les encanta cazar. Tenemos que capturar algo. Tenemos que perseguirlo y aprehenderlo, incluso si no lo queremos en realidad.

Muchas veces, los pescadores capturan un pez y lo devuelven al agua. Están más interesados en atrapar peces que en comerlos. Dios dice: «He venido a desafiarte antes de que descubras lo que no es bueno. He venido a luchar contigo antes de que gastes toda tu fuerza, juventud y talento, manteniéndote firme en la dirección equivocada. He venido a luchar contigo antes de que desperdicies tus momentos en una vida frívola».

Dios sabe que si no se nos detiene, si no nos salvamos de nosotros mismos, llegaremos al final de la vida y lamentaremos lo que hicimos. Todas nuestras posesiones y conquistas no tendrán sentido. Sentiremos celos de otros hombres que evitaron nuestra insensatez y desearemos haber vivido de manera diferente. Los hombres se vuelven cínicos cuando ven a otras personas que aprovecharon las oportunidades y tuvieron éxito mientras ellos fracasaron.

NO MALGASTES TU VIDA

Dios te ha dado un regalo maravilloso. Él te ha dado la vida. ¿Qué vas a hacer con eso? La vida, la energía, la fuerza, el poder, el pensamiento y la creatividad están surgiendo en tu cuerpo ahora mismo. ¡Adán solo era una vasija de barro hasta que Dios le *sopló* aliento de vida! Dios sopló en ti y te dio vida. Sí, has pasado por muchos problemas, pero Dios sopló en ti y estás vivo.

Dios está dispuesto a confrontarte antes de que pierdas tu bien más preciado: la vida. Dios te dio una oportunidad. Ahora bien, ya sea que lo notes o no, ese regalo, tu oportunidad, se está filtrando como una fuga lenta en un neumático pinchado. Claro, todavía estás rodando, pero estás perdiendo presión todo el tiempo. Estás perdiendo cabello, estás perdiendo dientes, estás perdiendo la vista y... no voy a enumerar todo lo que estás perdiendo, pero estás perdiendo muchas cosas.

Dios luchó con Jacob, un hombre cuyo nombre en realidad significa «suplantador»[1] o tramposo. Cada vez que la gente pronunciaba el nombre de Jacob, lo llamaban estafador. «Oye, Conspirador, la cena está lista. Oye, Tramposo, ¡ven y come! Oye, Estafador, oye Delincuente, ¡ven a la cocina y come algo!». Cada vez que llamaban a Jacob, lo hacían según sus características. ¡Jacob estuvo a la altura de su primer nombre hasta que Dios se lo encontró en la lona!

Señor, ¡te agradezco por no rendirte conmigo!

Dios luchará contigo para mostrarte que estás desperdiciando tu vida. Él luchará contigo para hacerte apreciar la esposa que te dio. Agradece los tiempos de lucha, pues si Dios no lucha contigo, renunciarás a lo más grande por lo más pequeño.

A veces Dios tiene que luchar contigo para hacerte entender lo bendecido que eres. Él luchará contigo para darte la posibilidad de mantener un trabajo, incluso cuando parece que no va a ninguna parte. Él te hará frente y te dirá: «Hijo, dejaste tus últimos tres trabajos. ¿Cuándo vas a detenerte? ¿Cuándo me vas a dejar plantarte para que puedas florecer? Has estado en diez iglesias; ¿cuándo vas a ser firme? ¡Abriste cinco iglesias y dejaste las cinco! ¿Cuándo vas a aguantarte y luchar?».

La manera en que Dios lo dice se parece a esto. Él no pone una venda en tu herida infectada. Exige que el problema se resuelva, no solo que se esconda. Él te dice: «Eres inestable y estás poniendo excusas. Pareces estar aquí, y allí, y en todas partes. Necesitas que te plante».

Dios está esperando para luchar contigo porque sabe que el tiempo se está acabando.

SE ACABA EL TIEMPO

«Jacob se quedó solo, y un hombre luchó con él hasta rayar el alba».

GÉNESIS 32:24

Mucha gente te hará frente, pero después de un tiempo se rendirán. La Biblia dice que Dios luchó con Jacob «hasta rayar el alba». Dios puso su reloj; quería llevar a Jacob al asiento que le tenía reservado. Quería salvar el destino de Jacob antes que se le acabara el tiempo.

Dios no te va a permitir que te las arregles con todas las pequeñas cosas que Él solía pasar por alto; te estás quedando sin tiempo. A menudo te dejaba poner excusas para las pequeñas cosas en las primeras horas de la lucha. Ahora te dice: «Las excusas ya no funcionan; te estás quedando sin tiempo. Debo hacer un trabajo rápido para llevarte a tu asiento reservado. El enemigo te está persiguiendo; estás en la lista de éxitos del infierno, pero estoy decidido a conseguirte primero».

Satanás asignó asesinos para asegurar tu fallecimiento, pero Dios te dice: «Voy a buscarte antes de que pierdas todo lo que te di. Estoy a tu alcance antes de que pierdas tu vida, antes de que pierdas a tu esposa, antes de que pierdas tu nombre, antes de que pierdas tu dignidad, antes de que pierdas a tu hijo, antes de que pierdas tu simiente y de que pierdas tu futuro».

No tenemos tiempo para jugar, holgazanear ni actuar como niños pequeños. Somos demasiado viejos para esa tontería. «Cuando yo era niño, hablaba como niño, pensaba como niño, razonaba como niño; pero cuando llegué a ser hombre». Tenemos que comprometernos con el Señor porque no tenemos tiempo para jugar. No tenemos tiempo de ser «rufianes pentecostales» ni «mujeriegos de la iglesia» que saquean iglesias y se unen al coro para ir a la caza de mujeres atractivas. No tenemos tiempo para un asunto extraconyugal. No tenemos tiempo para pecar, ¡tenemos que llegar a tiempo a nuestro asiento reservado! Tenemos que despedirnos de las distracciones. Tenemos que crecer y aprender a orar por nosotros mismos.

¿Fumo *crack*? No tengo tiempo. ¿Ando con otra mujer? No tengo tiempo; voy a algún lado. Estoy corriendo a algún lado. Estoy cazando a Dios. Tengo que trabajar mientras es de día. No tengo tiempo.

«Y un hombre luchó con él hasta rayar el alba» (Génesis 32:24). Dios luchó con Jacob hasta rayar el alba. Cuando Dios ve que está rayando el alba y el hombre a su alcance se está quedando sin tiempo,

Él intensifica la lucha. Dice: «Haré un trabajo rápido en este hombre...
se está quedando sin tiempo».

Ahora bien, Dios no se queda sin tiempo ni envejece ni pierde
fuerza, pero nosotros sí. Si tú o yo fuéramos Jacob luchando con el
Señor en medio de la noche, quizá digamos algo como esto: «No,
no voy a orar. No, no estoy listo para darme por vencido. No, no
estoy listo para rendirme. Quiero robar algunas cosas. Quiero hacer trampa... Vivo bastante bien por mi ingenio. Después de todo,
mis amigos me llaman Tramposo. No, no quiero tratar mejor a mi
esposa. No, no quiero pasar tiempo con mis hijos. Soy lo bastante
fuerte como para hacerlo por mi cuenta. Me las arreglo contigo,
¿verdad?».

Cuando el Señor vio que estaba rompiendo el alba y que terminó
la fiesta, golpeó a Jacob en su cadera con una precisión que solo
poseía el Médico Experto. Si a nosotros nos hubiera sucedido lo
mismo que a Jacob, el luchador incansable, el estafador astuto, de
pronto estaríamos diciendo: «Ay, Señor, ya no puedo luchar contigo.
¡Estoy tan lastimado que necesito tu ayuda solo para levantarme del
suelo! ¿Puedo apoyarme en ti? ¿Me abrazarías? Me duele. Estoy en
problemas. Si no me ayudas, me temo que voy a perderlo todo. He
estado luchando contra el Único que puede sostenerme. ¡He estado
luchando contra el Único que puede ayudarme!».

LUCHA HASTA QUE LO SEPAS

«Cuando vio que no había prevalecido contra Jacob, lo tocó
en la coyuntura del muslo, y se dislocó la coyuntura del
muslo de Jacob mientras luchaba con él. Entonces el hombre
dijo: Suéltame porque raya el alba. Pero Jacob respondió: No
te soltaré si no me bendices. Y él le dijo: ¿Cómo te llamas? Y
él respondió: Jacob. Y el hombre dijo: Ya no será tu nombre
Jacob, sino Israel, porque has luchado con Dios y con los
hombres, y has prevalecido. Entonces Jacob le preguntó, y
dijo: Dame a conocer ahora tu nombre. Pero él respondió:
¿Para qué preguntas por mi nombre? Y lo bendijo allí. Y

Jacob le puso a aquel lugar el nombre de Peniel, porque dijo: He visto a Dios cara a cara, y ha sido preservada mi vida».

GÉNESIS 32:25-30

Cuando te llevan al lugar de la «soledad», puedes encontrarte luchando contra el Único que puede sanarte y preservarte. Cuando la fuerza de Jacob se quebrantó por el poder de Dios, cambió de un luchador confiado y arrogante a un hombre herido que no daba su brazo a torcer, ¡pues quería la bendición de Dios más que cualquier otra cosa en el mundo! Ahora este Jacob, este estafador, se aferraba al Señor diciendo: «Voy a seguir llamándote *hasta que me bendigas*».

Cuando el ángel le preguntó cuál era su nombre, dijo que era Jacob, el «tramposo», pero el ángel le dio un nuevo nombre, una nueva identidad y un nuevo propósito.

Eso es lo que necesitamos tú y yo. Necesitamos preguntarle al Señor: «¿Por qué no morí en el accidente de auto? ¿Por qué no me dispararon en el club? ¿Por qué no enloquecí? ¿Por qué siempre me has bendecido? ¿Por qué siempre me has guardado? Incluso, cuando no estaba pensando en ti, me dejaste sobrevivir. ¿Por qué? Bendice mi alma y dime quién soy. Dime qué quieres que haga. Dime qué seré. Dime por qué me amas y por qué me has bendecido. ¿Por qué he sobrevivido?».

¿Nunca te has preguntado quién eres, por qué sigues aquí? ¿Por qué lo has superado todo? ¿De verdad crees que es porque eras tan astuto, dotado, inteligente o genial? Podrías haber estado muerto. Podrías haber sido una estadística en un libro. Podrías haber tenido una crisis nerviosa. Podrías haber muerto de una terrible enfermedad. Alguien podría haber disparado. ¡Tu deber es luchar hasta que descubras quién eres!

¿CÓMO TE LLAMAS?

«Y él le dijo: ¿Cómo te llamas? Y él respondió: Jacob. Y el hombre dijo: Ya no será tu nombre Jacob, sino Israel, porque has luchado con Dios y con los hombres, y has prevalecido».

GÉNESIS 32:27-28

No te sorprendas si Dios te hace la misma pregunta que le hizo a Jacob. Cada vez que Dios hace una pregunta, Él está enseñando, porque Él es demasiado omnisciente para necesitar saber algo. Al igual que los maestros antiguos, nos hace preguntas para ver si estamos aprendiendo algo. Él dijo: «Después de todas esas peleas y luchas, y en la última prueba por la que te hice pasar, quiero ver si eres más inteligente que antes. ¿Cuál es tu nombre?».

Esa es la verdadera prueba que todo hombre debe afrontar: «¿Quién soy yo?».

¿QUIÉN ERES TÚ?

Examina tu vida. Mira todo lo que has pasado. *Todavía estas aquí.* Dios te trajo aquí y puso este libro en tus manos para hacerte una pregunta: «¿Cómo te llamas?». Dios comenzó un proceso pensante en la mente de Jacob. Lo hizo detenerse el tiempo suficiente como para que evaluara su identidad. Luchó con Jacob hasta una revelación. (No hay nada como el dolor para producir una revelación).

¿Qué me dices de ti? Dios no te está preguntando acerca de tu pastor; quiere saber si sabes tu nombre. Él no te está preguntando por tu esposa ni por tus padres, pregunta por ti: «¿Cómo te llamas? ¿Quién eres tú? Aparte de otras personas, de tu imagen, tu ropa, auto, casa y todo lo que posees, ¿quién eres tú? ¿Cómo te llamas cuando no hay nadie cerca, cuando estás solo?».

Cuando Dios le preguntó a Jacob quién era él, su respuesta fue lamentable. Dijo: «Soy Jacob». Es triste, porque decía: «Soy quien la gente dice que soy. Supongo que solo soy Jacob, al menos así me llaman todos. ¿No soy quien dicen que soy?».

Toda su vida, Jacob se había definido a sí mismo de acuerdo a lo que le llamaba *otra persona*. Nunca pensó en discutir con su opinión. Dijo: «Soy Jacob. Soy un tramposo, un mentiroso, un ladrón, un estafador; no se puede confiar en mí. Soy un embaucador».

¡Dios me ordenó que te diga que *no eres lo que otros dicen que eres*! Ponlo en tu espíritu. *No eres lo que otros dicen que eres*. Eres más que las opiniones de los demás. ¿Por qué deberían los demás nombrarte, determinar quién eres y establecer los límites de tu éxito? ¿Por qué debería permitírseles a los demás limitar tu potencial para siempre? ¿Por qué has permitido que otras personas te digan quién eres?

¿Cómo te llamas?

Tú no eres lo que otros dicen que eres. Quiero que ese hecho penetre en tu espíritu: *Tú no eres lo que otros dicen que eres.*

Quizá seas uno de los miles de hombres buenos que no pueden hablar o franquearse con los demás. No puedes explicar el dolor que sientes y te da vergüenza revelarlo o desnudar tus emociones. Sé lo que se siente al pensar que tienes que ser un «tipo duro» y mantener una imagen. Sin embargo, quiero decirte algo. Si puedes escucharme de alguna manera detrás de tu máscara y la cubierta protectora que has construido alrededor de ti mismo, quiero que sepas esto: Eres más que tu infancia. Eres más que tu pasado. Eres más que tu cuenta bancaria. Eres más que tus circunstancias. Eres más que tus finanzas.

¡Tú no eres lo que otros dicen que eres!

UN PRÍNCIPE DE DIOS

Dios dice que tu nombre es Israel. En hebreo, Israel significa «él gobernará como Dios»[2] y se deriva de otra palabra hebrea que significa «tener poder (como príncipe)»[3]. Eres un príncipe, ¡y ni siquiera lo sabes! Eres parte de un real sacerdocio y una nación santa. (Lee 1 Pedro 2:9). Eres un vencedor. (Lee 1 Juan 2:13-14). Eres cabeza y no cola; debes vivir por encima y no por debajo. (Lee Deuteronomio 28:13-14). Eres un príncipe, y el diablo lo sabe. Por eso ha estado tratando de asesinarte.

Eres un príncipe, y todo el infierno te tiene miedo. El enemigo sabe lo que puedes ser, y quiere destruirte antes de que te conviertas en lo que Dios dijo que serías. Eres un hijo del Rey, y tu Papá es el Rey de reyes y Señor de señores.

¿Qué estás haciendo en esa confusión? Tu padre es el Rey. Él es el Rey sobre la pobreza, la enfermedad y la aflicción. ¿Sabes quién eres? Eres un príncipe. Has pasado por muchas cosas; el diablo trató de matarte, ¡pero todavía estás aquí! Prepárate. Dios te levantará y te pondrá en un lugar alto.

Comienza a declarar: «No sé de nadie más, pero estoy saliendo de esto. Soy un príncipe de Dios, y estoy luchando ferozmente. Denme mis hijos. ¡Devuélvanme mi matrimonio!». Si afrontas cada debilidad, Dios te librará. Si afrontas tu pasado porque deseas tu futuro, ¡Dios abrirá las ventanas del cielo y te derramará bendiciones!

Es difícil lidiar con la presión y el estrés de ser siempre el héroe de todos, y actuar como un hombre cuando te sientes como un niño pequeño por dentro. Es desconcertante consolar a otras personas cuando deseas que haya alguien que te consuele. Dios sabe que una vez que te golpean «la articulación de la cadera», es difícil seguir adelante. Intentas mantener la fachada. «Me duele, pero no puedo detenerme. Cojeo, pero tengo que seguir adelante. Voy a arrastrar mi dolor. Todo el mundo cuenta conmigo. Soy un hombre, no puedo cansarme y se supone que no deba herir mis sentimientos».

BAJO EL DISFRAZ

Tiene que haber un lugar al que podamos ir donde no hay necesidad de impresionar a nadie, un lugar donde no se espera que seamos «Superman». Me refiero al tipo de lugar «Clark Kent» donde no se permite a ningún superhombre. Este tiene que ser un lugar para hombres comunes y corrientes.

Lo digo en serio. Para muchos hombres, ¡las cosas difícilmente pueden empeorar! Algunos de nosotros hemos perdido un matrimonio. Algunos han perdido un ministerio. Algunos han perdido un hijo y otros han perdido su dignidad. Algunos han perdido su autoestima, y otros han perdido su masculinidad. Millones de nosotros estamos detenidos, ciegos y cojos, ¡y no nos atrevemos a decirle a nadie que la luz se apagó en nuestros ojos!

La primavera desapareció de nuestros pasos, y estamos cansados de nuestros trajes de Superman. Estamos hartos de las botas, estamos hartos de la capa y estamos hartos en especial de todas las impresionantes obras teatrales que se necesitan para *disfrazar nuestra verdadera identidad* (y no es la de Superman). Solo somos hombres. No somos los ángeles de Dios; somos tímidos y estamos cansados de escondernos detrás de una capa. Solo somos hombres que hemos sentido el golpe de Dios. La herida de nuestro Mejor Amigo ha traspasado nuestras almas. Estamos a punto de descubrir quiénes somos de veras debajo de todos los adornos del embaucador. Algunos fuimos víctimas de abuso, algunos sufrieron acoso sexual y otros fueron abusadores. Nos han herido y maltratado; algunos de nosotros hemos cumplido condena en prisión, y muchos somos adúlteros. Estamos deprimidos y desanimados porque nuestros ministerios están destrozados y nuestros matrimonios están muriendo. Algunos reflexionamos sobre nuestras vidas con una tristeza insoportable: «Una vez fuimos amantes que no podían soportar estar separados, ahora solo somos compañeros de habitación dividiendo el espacio. Compartimos la misma casa y las mismas comidas. ¿Adónde se fue la llama? ¿Volveremos a vivir alguna vez?».

¿Me pregunto qué pasaría si oráramos? ¿Qué pasaría si los hombres negros y los hombres blancos, y los hombres bautistas y metodistas, se unieran con los hombres pentecostales y los hombres presbiterianos en oración? ¿Si los hombres ricos y los hombres pobres, hombres educados y hombres analfabetos si todos se reunieran y oraran? ¿Me pregunto si la nación no cambiaría más por la casa de la Iglesia que por la Casa Blanca?

¿Qué pasaría si decidiéramos ayudar a nuestros hermanos a recuperar su dignidad? Es hora de que los hombres oren. Les hemos dejado el trabajo a las mujeres durante demasiado tiempo. Es hora de que vayamos a la guerra como hombres, como príncipes de Dios. Hay manos sosteniendo este libro en este momento que no estarán aquí el año que viene si alguien no ora por ellos. Si no oramos, algunos de los hombres respetables que leyeron este libro y que sirvieron como pastores durante veinticinco años se encontrarán atados en asuntos ilícitos. Algunos de los jóvenes que leen este libro, hombres cuya sangre está limpia hoy, morirán de SIDA si no oramos.

Escribí este libro para que Dios lo use a fin de convocar al poderoso ejército de príncipes para librar la guerra contra el enemigo. Nuestro trabajo es abatirlo con las armas de nuestra guerra hasta que saquemos nuestra dignidad de sus garras. Necesitamos golpearlo a través de la oración hasta que saquemos nuestros hogares de sus dedos, hasta que logremos que nuestras mentes, nuestras emociones, nuestros apetitos y nuestra sexualidad estén fuera de su alcance.

Hermano, hay un demonio en misión que ha venido en tu contra. Lo hicieron a medida para tu destrucción. Evaluó tu infancia y tu pasado, y sabe de qué pie cojeas. Sabe dónde golpearte para derribarte. Está detrás de ti. Si tú, y los que *te conocen de veras*, no oran por ti y fortalecen tus debilidades, no serás capaz de afrontar las artimañas del diablo. Ya sabe dónde te hirieron, y te persigue.

Es hora de que los príncipes de Dios sean auténticos con Él y entre sí. Es hora de aprovechar cada oportunidad para orar por los hombres que quiere matar el diablo. Es hora de orar por nuestros hermanos y hermanas, por nuestros hogares y familias, por nuestras emociones, por nuestra sexualidad. Es hora de orar por los «lugares torcidos» en nuestras vidas, los lugares que siempre quieren cambiar de la manera indebida. Necesitamos orar hasta que hagamos rectos los caminos torcidos.

Ahora mismo estás luchando. Luchas para conocerte a ti mismo. Luchas para conocer tu lugar. Luchas para conocer el poder de Dios. El Espíritu de Dios te está esperando. Dios tiene la justificación para tu arresto. El Espíritu de Dios te desea. Solo la herida de tu Amigo puede librarte del pecado.

Esta noche, lucha hasta rayar el alba...

Notas

1. James Strong, *Nueva Concordancia Strong Exhaustiva*, Editorial Caribe, Inc., Miami, FL, 2002, «Diccionario de palabras hebreas y arameas», p. 54, artículo #3290.
2. Strong, p. 57, artículo #3478.
3. Strong, p. 139, artículo #8280.

CAPÍTULO CUATRO

Cuando llegué a ser hombre

«Cuando yo era niño, hablaba como niño, pensaba como niño, razonaba como niño; pero cuando llegué a ser hombre, dejé las cosas de niño».

1 CORINTIOS 13:11

Cuando el apóstol Pablo usó la frase: *Cuando llegué a ser hombre*, pareció considerarlo un evento (porque lo fue). El «cuando» sugiere que recordaba su propio *bar mitzvá*, la ceremonia judía que marca su reconocimiento público como un «hijo de los mandamientos» adulto. Nosotros también debemos dejar una marca en nuestra vida que declare nuestro «rito de iniciación» hacia la condición de hombre y los propósitos de Dios.

HAGAMOS EL CRUCE

Jesús le dijo a sus discípulos: «Crucemos al otro lado» (Marcos 4:35, NTV). Cuando intentamos cruzar, es que surgen las tormentas. La turbulencia del cambio puede ser abrumadora porque lo único que el enemigo no quiere que hagamos es el cambio. No, a él no le importa si vamos a la iglesia. A él ni siquiera le importa si nos ponemos una túnica y cantamos en el coro. Sin condición alguna, no quiere que cambiemos.

Muchos de nosotros estamos cautivos en nuestros miserables hábitos o estilo de vida porque ya no hacemos una «línea recta para la colmena» en tiempos de cambio. Parece que no podemos encontrar un lugar para cruzar, así que vagamos sin rumbo, desperdiciando nuestro tiempo y energía. Necesitamos experimentar un inequívoco rito de iniciación. Necesitamos un marcador permanente de nuestra virilidad grabada en nuestros recuerdos. En otras palabras, debemos declarar: «Estoy cruzando aquí mismo».

Si haces esto, ¡espera una tormenta justo en medio del cruce! Cuando intentas cambiar es que el enemigo decide aguarte la fiesta. Solo cuenta con las adversidades que surjan para mantenerte en tu antiguo lugar fuera de la gracia. No te sorprendas cuando soplen vientos de tormenta y las lluvias humedezcan tu fervor. Solo hazle frente a la tormenta y mira a Dios darte paz en el proceso. Este tipo de paz solo puede venir a través de la oración. Si vas a tener paz en el proceso de cambio y el estrés de la tormenta, debes proteger tu corazón y mente con la oración.

> «Por nada estéis afanosos; antes bien, en todo, mediante oración y súplica con acción de gracias, sean dadas a conocer vuestras peticiones delante de Dios. Y la paz de Dios, que sobrepasa todo entendimiento, guardará vuestros corazones y vuestras mentes en Cristo Jesús».
>
> FILIPENSES 4:6-7

El cambio no es barato. Te costará una «muerte a lo viejo» a fin de experimentar un «nacimiento a lo nuevo».

No hemos matado al niño en nosotros. Al igual que Abraham ofreció a su pequeño hijo, también debemos ofrecer nuestra propia inmadurez. ¿Por qué? Como Abraham, debemos hacerlo porque lo pidió Dios. Debemos llevar nuestras cosas de niños al altar y levantar un cuchillo para matarlos si queremos pasar al otro lado de una experiencia real con Dios.

Date cuenta de esto: ¡Nadie puede hacerlo por ti! Al altar no pueden llevarte las predicaciones de un pastor ni las oraciones de una esposa y hacer que ofrezcas tus cosas de niño. Solo tú puedes hacer este doloroso sacrificio ante Dios. Es tu oferta personal, y sin ella, no puedes cruzar.

Lo lamentable es que muchos de nosotros estamos atrapados en medio del lago porque surgió una tormenta, y no pudimos ofrecer algunas «cosas de niños» cuando se suponía que debíamos hacerlo. No podíamos, o no conseguiríamos, renunciar a nuestra inmadurez infantil, y ahora nos balanceamos en el barco de la mediocridad cuando podríamos haber cruzado hacia la abundancia interior y exterior. La abundancia interior se refiere a la integridad interna, y su satisfacción y tranquilidad deben ser nuestras. Sin embargo, debido a que no dejamos de lado las «cosas de niños», nuestras vidas son tan tempestuosas como el agua hirviendo en una tetera humeante.

CELEBRA LA MASCULINIDAD

A pesar de la confusión causada por nuestros intentos poco entusiastas de pasar a la verdadera virilidad, nuestras acciones y apariencias parecen demostrar que no disfrutamos de ser hombres. Es más, le damos un mal nombre a la masculinidad al hacerla que se vea aburrida.

Nunca hemos celebrado nuestra propia masculinidad. En cambio, nuestra ropa es aburrida y actuamos aburridos. Somos tan monótonos y sin emociones (excepto durante eventos deportivos o rabietas) que nadie quiere invertir en nuestra ropa. A decir verdad, parece que estamos teniendo un tiempo terrible siendo hombres. En realidad, la hombría se ve tan mal que algunos de nuestros jóvenes la están dejando y se vuelven homosexuales. Hemos hecho de ser hombre una terrible tarea de «ir al trabajo, volver a casa, ir al trabajo» que no es creativa ni atractiva. Si las apariencias cuentan para algo, somos desdichados. Necesitamos celebrar la masculinidad. De alguna manera, tenemos que revisar todo el asunto.

¿Alguna vez te has preguntado por qué las mujeres parecen divertirse tanto siendo mujeres? Su camino no es más fácil que el nuestro. Deben lidiar con increíbles presiones sociales, ciclos menstruales, partos y crianza de sus hijos, y afrontan la menopausia al final de sus años fértiles, ¡pero las mujeres *celebran la feminidad*! ¡Les gusta ser mujeres, y hacen un trabajo maravilloso al hacer que nos guste su feminidad también! Tienen fiestas de cosméticos donde practican la aplicación de los últimos productos de maquillaje con

precisión y cuidado. Van de compra juntas, o solas, buscando la
ropa y los accesorios perfectos al precio justo. Luego, cuentan con
entusiasmo las noticias de su último hallazgo con amigas (y se enojan
si ese «hallazgo» aparece en la misma habitación en otra dama).

Las mujeres, en su mayoría, disfrutan de ser mujeres. Se rodean de
cosas hermosas: flores y encaje, cosas delicadas que ayudan a enmarcar
y realzar la belleza de su feminidad.

Los hombres son diferentes. Fallamos en celebrar nuestra masculinidad. No nos conformamos con nada porque en algún lugar dentro
de nosotros creemos que nuestras necesidades no son importantes.
Algunos de nosotros sobresalimos en «artes masculinas» como eruc-
tos, bebiendo cerveza y persiguiendo a las mujeres, pero nadie está
impresionado. Los animales tontos pueden hacer eso: la virilidad real
requiere mucho más que un gran suministro de hormonas, alcohol y
malos modales.

En cierta ocasión, les compré a todos los hombres de nuestra or-
ganización una suscripción a la revista *GQ* [de moda, estilo y cultura
masculina]. Sé que algunos cristianos pueden tomar ese acto como una
señal de que «perdí mi salvación», pero les compré a esos hombres una
revista para hombres por una razón importante. No le dedicamos tiempo a descubrir nada sobre el hecho de ser hombres, y actuamos como si
no disfrutásemos nuestra masculinidad. Así como no sabemos de veras
nada sobre el cuerpo de las mujeres, ¡tampoco sabemos nada sobre los
nuestros! Cuando nuestros cuerpos comienzan a cambiar con la edad,
¡nos sorprendemos! «¡Por qué me está pasando esto! ¿Quién me puso
aquí este michelín?». No sabemos por qué, pues estamos avergonzados
de nuestro «fracaso». No tenemos idea de lo que debería pasarnos cuando tengamos treinta o cincuenta años, puesto que no nos han educado
acerca de ser hombres.

Tiempo atrás, el día en que una niña experimentaba su ciclo mens-
trual, se sorprendería de encontrarse sangrando a menos que su madre
la hubiera preparado y educado. Se precipitaría a los brazos de su madre
llorando y traería la terrible noticia de que podría morir debido a que
sangraba. Luego, su madre limpiaba con suavidad las lágrimas y le ex-
plicaba a su hija que acababa de entrar en la condición de mujer.

Los hombres son tan ignorantes como desinformados acerca de sus cuerpos y ciclos físicos. No sabemos casi nada acerca de las formas en que nuestros cuerpos reaccionan al envejecimiento. No nos damos cuenta de que nuestro rendimiento físico y sexual, nuestros picos emocionales y toda nuestra mentalidad cambian en ciertas etapas de la vida. No sabemos nada al respecto, por lo que no estamos preparados para esto. Cuando nos golpea, sentimos que nos atropelló un tren de carga.

Los chicos no tienen un rito de iniciación impresionante como la menstruación para marcar su entrada en la madurez física. Es posible que su transformación no sea tan traumática, pero por otro lado, tampoco enfoca las responsabilidades del género. Cuando una joven experimenta su primer ciclo mensual, todo su ser se enfoca en el hecho de que está especialmente equipada y diseñada para traer vida al mundo a través de su cuerpo. Un joven sigue esperando que su voz por fin cambie para que sus compañeros dejen de burlarse de él. La aparición de características sexuales secundarias, como el vello corporal y el cambio de voz, se producen de forma dispersa y casi al azar. Lo lamentable es que esta es la forma en que la mayoría de nosotros entramos en la virilidad y descubrimos nuestra sexualidad.

Más adelante en la vida, nos encontramos con etapas difíciles por igual. Mientras que una mujer debe afrontar las dificultades de la menopausia, nosotros tenemos que afrontar algo que se le ha llamado «crisis de la mediana edad». Me refiero al hombre de unos cuarenta años que puede desarmar una computadora y volver a armarla, pero que no sabe lo suficiente sobre su propia sexualidad para entender por qué su mundo parece que se cae a pedazos. Me refiero al hombre genial de la administración que puede dirigir una oficina corporativa, pero no puede lidiar con la pérdida de una erección. En nuestra ignorancia y aislamiento, clamamos: «Vergüenza, qué vergüenza, oh, ¡ay de mí!».

Necesitamos celebrar nuestra virilidad desde nuestra primera entrada en la adultez hasta el final de nuestra «fase de abuelo». Necesitamos aprender sobre nuestros cuerpos y recibir instrucción sobre nuestras responsabilidades dadas por Dios como hombres. Necesitamos celebrar quiénes somos en el plan de Dios.

Los judíos celebran la entrada de un joven a la edad adulta después de cumplir trece años con una cuidadosa instrucción y preparación para la ceremonia de *bar mitzvá*. Este evento marca la entrada de un joven en la edad adulta y se considera un pasaje espiritual así como un cambio físico. Los judíos requieren que los candidatos del *bar mitzvá* aprendan y se comprometan con los deberes bíblicos de la condición de hombre antes de que se les reconozcan como adultos. Muchos hombres y padres en Estados Unidos parecen pensar que todo lo que se necesita para convertirse en hombre es adquirir un ejemplar de la revista *Playboy* y un paquete de seis cervezas.

EN LA TIERRA PROMETIDA

Entre vagar por el desierto de las «cosas de niños» y el lugar establecido de la virilidad, todos los hombres deben aspirar a que les planten en la tierra prometida.

Para los hombres, la tierra prometida es el lugar de la constancia. Este es el lugar donde cesan las andanzas y comienza el edificio. Allí fue que Israel comenzó a construir casas y tirar tiendas de campaña, y allí es donde las cosas inestables en nosotros se solidifican. Es el lugar donde se comprometen los irresponsables. ¡Mientras que en el desierto, los israelitas no poseían nada, no conquistaban nada y no adquirían nada! Sin embargo, en la tierra prometida, los hombres de Israel se levantaron para hacerle frente a los enemigos, someter territorios enteros y obtener propiedades mediante la conquista.

La tierra prometida es el lugar donde mantenemos las promesas que nos hacemos a nosotros mismos, nuestras esposas y nuestros hijos. Es el lugar donde podemos confiar en nuestras palabras. Es el lugar donde dejamos de vagar en nuestro compromiso matrimonial, ya sea en el secreto de nuestra mente o al hacerlo literalmente al arrastrarnos de manera sigilosa hacia la casa en las últimas horas de la noche. La tierra prometida nos permite cumplir nuestras promesas, mientras que Dios cumple las suyas.

Necesitamos celebrar la adultez masculina aprendiendo lo que significa y lo que se necesita para ser hombres de verdad. ¡Necesitamos «continuar nuestra educación» a través de todos los ritos y experiencias de noviazgo, matrimonio, crianza de los hijos y hasta de abuelos!

Cada etapa importante de nuestra vida trae cambios, ¡y casi nunca estamos preparados para esto! Muchos de nosotros en nuestros cuarenta y tantos años tenemos familias, ¡pero nunca hemos celebrado nuestra virilidad! Si celebramos la virilidad con toda nuestra fuerza y corazón, y honramos a Dios como hombres que aprecian su masculinidad, ¡descubriremos que las mujeres en nuestra vida lo celebrarán también! Dios nos creó para ser hombres. ¡Es hora de aceptar el desafío y estar a la altura del destino varonil que nos otorgó Dios!

El río Jordán es el lugar donde Israel cruzó desde el desierto a la tierra prometida. Hacía frío y estaba alto, pero Dios los ayudó a cruzar. Ese mismo Dios nos ayuda hoy a superar nuestras limitaciones y obtener nuestra tierra prometida. Recuerda, el río Jordán desemboca en el Mar Muerto. Debemos contar las «cosas de niños» como muertas. Nunca debemos intentar llegar a la tierra prometida sin pasar por el río Jordán.

Tu «río Jordán» puede ser un momento de crisis que te haga volver a priorizar tu vida. Puede ser una prueba que te deja en un lugar tan bajo que «tienes que mirar hacia arriba para ver el fondo». Puede implicar que tus secretos infantiles ocultos se descubran y expongan de modo que, avergonzado y turbado, te veas forzado al frío río Jordán. Tu Jordán puede ser solo una cuestión de recibir el ministerio del Espíritu Santo, ya sea a través de la predicación o leyendo este material. Donde sea que se encuentre la motivación, el río Jordán es el lugar donde te alineas con el propósito de Dios. ¡Elimina cada distracción que te mantiene alejado del lugar que Dios designó como tu morada!

EL SEGUNDO «CUANDO»

> *«Cuando yo era niño, hablaba como niño, pensaba como niño, razonaba como niño; pero cuando llegué a ser hombre, dejé las cosas de niño».*
>
> 1 Corintios 13:11

Notarás que hay dos «cuando» en este texto. El primero aborda el «cuando» de la infancia. El segundo aborda el «cuando» de la virilidad. Para el hombre atormentado que lucha contra sus sentimientos y contra sus impulsos, la pregunta apremiante es: «Señor, ¿cuándo puedo llegar al segundo "cuando"?». ¡Es probable que tu esposa se esté haciendo la misma pregunta! «Señor, ¿cuándo?». No hay fecha mágica en el calendario.

Quizá te perdieras la edad en la que crees que cruzaron otros, pero eso no es nada de qué avergonzarse. Muchos hombres viven con un tremendo remordimiento y arrepentimiento porque sienten que «es demasiado tarde». Temen que estén condenados a ser menos que un hombre porque perdieron la oportunidad de cambiar. ¡Eso no es cierto!

Tal vez mucha gente no quiera darte una oportunidad, pero Dios no es como la gente. Cada mañana que abres los ojos y llenas tus pulmones de aire, Dios te da otra oportunidad de cambiar. ¡Todo el mensaje del cristianismo está impregnado de las posibilidades de cambio! En medio de esta sociedad implacable que hemos creado, es bueno saber que Dios nos concedió el don y la gracia para cambiar.

No puedes cambiar el «qué» sucedió más de lo que puedes cambiar el «cómo» sucedió. Sin embargo, el rito de iniciación a la verdadera condición de hombre no es una cuestión de cambiar los «qués» ni los «cómos» de la vida. Este es un cambio del «quién» en la vida, ¡y el «quién» eres tú! Eres el asunto más importante para Dios. Cuando no puedas cambiar lo que sucedió, ¡recuerda que *Dios quiere que cambies*!

Casi todos nosotros entendemos quién va a cambiar, ¡pero nos preguntamos cuándo se puede lograr el cambio! El proceso comienza en el interior, cuando miramos el rostro de Dios y nos transformamos.

UN HOMBRE CONFORME AL CORAZÓN DE DIOS

David celebró la masculinidad. Es una muy buena imagen de lo que debe ser un hombre. Dios lo llamó «un hombre conforme a mi corazón» (Hechos 13:22), y puedo ver por qué. ¡El corazón de David estaba tan en sintonía con Dios y tan libre de las opiniones de los hombres que fue el principal *adorador* de Dios de la Biblia!

¡Adoró y danzó con tanta fuerza y libertad que lo hizo con poca ropa! Rio, lloró y hasta escribió algunas de las prosas más exaltadas de la historia humana. Sin embargo, cuando fue necesario, ¡David fue increíblemente violento! ¡Fue uno de los pocos líderes militares en la historia que nunca perdió una batalla! Y David celebró su virilidad mejor que nadie que yo conozca.

> «Te alabaré, porque asombrosa y maravillosamente he sido hecho; maravillosas son tus obras, y mi alma lo sabe muy bien».
>
> Salmo 139:14

David admiró abiertamente su cuerpo y disfrutó de las profundas pasiones masculinas que Dios le concedió. Le daba gracias a Dios por lo que le dio, e hizo todo lo que pudo con lo que tenía para trabajar. Necesitamos hacer lo mismo.

«Sí, pero ese fue el rey David. No tenía de qué preocuparse. ¡Solo mira mis problemas!».

No es verdad. David fue el hermanito que siempre se quedó fuera de las cosas. No era tan grande como sus hermanos, y no tenía nada que decir en los asuntos familiares porque era el «pequeñito», el último en la basura. A pesar de sus desventajas, David subió a la cima. ¿Cómo? De alguna manera aprendió acerca de la responsabilidad en esos campos mientras estaba solo con Dios.

¿Qué harías si fueras un joven adolescente a kilómetros de distancia de cualquier ayuda y un oso o león viniera a almorzar? Estás armado con una guitarra, un sándwich y tu honda favorita. No sé tú, pero yo estaría pensando: «¿Quizá le guste unas chuletas de cordero hoy, Sr. León? ¡También puede quedarse con el sándwich!». David no.

> «Pero David respondió a Saúl: Tu siervo apacentaba las ovejas de su padre, y cuando un león o un oso venía y se llevaba un cordero del rebaño, yo salía tras él, lo atacaba, y lo rescataba de su boca; y cuando se levantaba contra mí, lo tomaba por la quijada, lo hería y lo mataba».
>
> 1 Samuel 17:34-35

Dios estaba preparando a un muchacho en los campos para
pastorear a su rebaño como un hombre en el palacio. Cuando un oso
y un león tomaban cada uno un cordero del rebaño de David, él no
se sentaba a llorar ni inventaba excusas para contárselo a su padre. Ni
siquiera pensaba en qué hacer. Se entregaba al Espíritu de Dios que
se levantaba en él. Al igual que el Gran Pastor que vendría años más
tarde, este joven pastor dejaba a las «noventa y nueve» para recuperar
al cordero que le arrebataron.

¡Ningún depredador tiene derecho a robar una de nuestras ovejas!

David perseguía de manera despiadada a esos depredadores con
tal velocidad que los atrapaba a medida que huían, mientras los
corderos todavía estaban vivos entre sus dientes. No se detenía a
pensar en el peligro ni a hacer elaborados planes de batalla; tenía
un trabajo que hacer, tenía un cordero que salvar, ¡y esas bestias
iban demasiado lejos! Con la furia y el enojo de un pastor justo, el
joven David golpeaba al oso y al león en la cabeza con tanta fuerza
que los corderos que robaron salían de sus fauces. Sin embargo, no
se detenía allí.

Esos carnívoros habían subestimado la virilidad y la autoridad del
príncipe secreto que se interponía entre ellos y su presa. Se abalanzaron
sobre David, dando por sentado que caería como lo haría cualquier
otro animal. ¡Fue el último error que cometieron las bestias! David no
le disparó al león con un rifle de alta potencia desde la seguridad de
un todoterreno Land Rover. No persiguió al oso desde una distancia
segura con un Winchester y un visor. La Biblia dice que «lo tomaba
por la quijada». En otras palabras, agarraba al león y al oso por los
mechones de pelo debajo de sus mandíbulas y los golpeaba justo entre
los ojos. David no se detenía en su justa ira hasta que mataba a sus
enemigos y terminaba por siempre con su habilidad de destruir su
rebaño. Esa es la hombría al estilo de Dios.

NUESTRA FUENTE DE FORTALEZA

David no tomó clases de kárate ni pasó por un entrenamiento básico
en el ejército. Su fortaleza y entrenamiento vinieron de saber quién
es Dios. ¿De qué estás sacando tu fortaleza? Incluso los soldados más

hábiles de los días de David descubrieron que su entrenamiento no podía ayudarlos con Goliat; era un problema más grande que ellos.

Estamos en la misma situación: ¡afrontamos desafíos que son mucho más grandes que nosotros! Sabemos que no estamos a la altura del trabajo, y estamos lejos de ser perfectos. Entonces, ¿qué hacemos? Hacemos lo mismo que David. Mientras todo el ejército de Israel se acobardaba bajo la enorme presencia de Goliat, el rey Saúl, en su tienda real, le preguntaba a un joven pastor del campo cómo esperaba derrotar al gigante.

> «Entonces Saúl dijo a David: Tú no puedes ir contra este filisteo a pelear con él, porque tú eres un muchacho y él ha sido un guerrero desde su juventud. Pero David respondió a Saúl: Tu siervo apacentaba las ovejas de su padre, y cuando un león o un oso venía y se llevaba un cordero del rebaño [...] Tu siervo ha matado tanto al león como al oso; y este filisteo incircunciso será como uno de ellos, porque ha desafiado a los escuadrones del Dios viviente. Y David añadió: El Señor, que me ha librado de las garras del león y de las garras del oso, me librará de la mano de este filisteo. Y Saúl dijo a David: Ve, y que el Señor sea contigo».
>
> 1 Samuel 17:33-34, 36-37

David no confiaba en su propia fortaleza, habilidad o destreza. No pretendía ser un guerrero poderoso ni un gran táctico. ¡Solo afirmó que servía a un Dios poderoso que estaba enojado! Los hermanos de David pensaron que estaba loco y se avergonzaron de las extravagantes afirmaciones de su hermanito. Pensaron que David solo había estado con el rebaño. Pensaron que este pequeño pastor solo tenía ojos para las ovejas, pero sus ojos estaban en el Hacedor de las ovejas, y se había transformado en un hombre de guerra.

> «Saúl vistió a David con sus ropas militares, le puso un yelmo de bronce en la cabeza y lo cubrió con una armadura. David se ciñó la espada sobre sus ropas militares y trató de caminar, pues no se las había probado antes. Entonces David dijo a

Saúl: No puedo caminar con esto, pues no tengo experiencia con ellas. David se las quitó, y tomando su cayado en la mano, escogió del arroyo cinco piedras lisas y las puso en el saco de pastor que traía, en el zurrón, y con la honda en la mano se acercó al filisteo».

1 Samuel 17:38-40

David no confiaba en las cosas de otro hombre; Dios plantó un tesoro en el corazón de David, y en eso se apoyaba. Confió en las cosas que ejercitó en su propio corazón y en su vida con Dios. Usó los dones que Dios le concedió: los materiales y equipos de un pastor.

Jesús nos liberó a todo el género humano con los equipos de un pastor, no con los de un soldado. Un verdadero pastor en manos de un Dios poderoso puede liberar a cualquier nación, iglesia o familia. Dios creó al hombre para someter y tener dominio, por lo que cada verdadero hombre de Dios es un pastor en su interior. Hay algo en un hombre que lo obliga a dar su vida por las ovejas que Dios le ha dado, ya sea que esas «ovejas» sean su esposa e hijos, su congregación o el círculo de amigos que Dios le concedió para influir en el reino.

David no lo sabía, pero lo cierto es que comenzó a pastorear e inspirar a una nación el día que le hizo frente al gigante. Predicó su primer «sermón» cuando era un adolescente bajo la gran unción de Dios:

«Entonces dijo David al filisteo: Tú vienes a mí con espada, lanza y jabalina, pero yo vengo a ti en el nombre del Señor de los ejércitos, el Dios de los escuadrones de Israel, a quien tú has desafiado [...] y para que sepa toda esta asamblea que el Señor no libra ni con espada ni con lanza; porque la batalla es del Señor y Él os entregará en nuestras manos».

1 Samuel 17:45, 47

¿Tu espíritu dio un vuelco al leer esto? ¡Ese es el hombre en ti respondiendo al Dios en David! ¡Los verdaderos hombres aplauden cuando alguien se atreve a defender lo que es bueno a los ojos de Dios! La valentía de David fue contagiosa. Cuando derribó al enemigo de Dios, el temible ejército de Israel se transformó en una imparable máquina militar que destruyó al mejor ejército que Filistea tenía para ofrecer. Los israelitas no solo les hicieron «sangrar sus narices», ¡sino que persiguieron a los filisteos por todo el camino a sus casas hasta la puerta de su ciudad y los derrotaron de nuevo!

David aprovechó la verdadera fuente de la virilidad. Su fuerza no provino de las hormonas masculinas, las películas machistas ni de su cultura dominada por los hombres. Si las hormonas masculinas fueran la clave, David no habría durado ni un minuto con Goliat. Lo aventajaba en el departamento de las hormonas: ¡Goliat era una experimentada máquina de combate que medía casi tres metros de altura! Su armadura sola pesaba cincuenta y cinco kilos. Por fortuna, la verdadera virilidad no fluye de lo natural; fluye de una fuente sobrenatural. Como David, la única manera en que puedes ser un hombre real es siendo «un hombre conforme al corazón de Dios».

David no llegó a ser hombre desde una infancia perfecta. También tenía desventajas. Isaí, el padre de David, se olvidó de veras de su hijo menor cuando el profeta Samuel vino a ungir al futuro rey de Israel, pero Dios sabía dónde estaba David. El hermano pequeño estaba atrapado en el fin del mundo con las ovejas, mientras que a sus hermanos los enviaron a una gran campaña militar. Sin embargo, nada de eso sucedió por accidente: David tuvo una cita divina con Dios en esos campos desiertos. ¡Dios apartó a David para que Él pudiera operarlo! Para cuando este joven pastor emergió por fin de las colinas, era un guerrero comprobado y un rey en espera. Este príncipe, sin darse cuenta, estaba destinado a la grandeza porque había descubierto dónde vive Dios.

DAVID, EL HOMBRE

Después que David ganó sus batallas contra el oso, el león y el gigante, nunca perdió un encuentro militar. Hubo ocasiones en que evitó la batalla, y hubo ocasiones en que falló fuera del campo de batalla, pero era un verdadero hombre que sabía cómo proteger a los suyos. Era fuerte, contundente y duro, pero su virilidad fue más profunda que eso. Estaba tan seguro de su masculinidad que también era sensible, tierno y cariñoso. Era a la vez poeta y guerrero. David tenía un arpa en una mano y una espada en la otra. Vivió la vida de un hombre en toda su plenitud.

David era un amante de las mujeres. Es más, era tan amante que, en el ocaso de su vida, sus sirvientes le pusieron a una joven en su cama como prueba final para ver si estaba cerca de la muerte. Cuando no se excitó, ¡supieron que ya no estaba! Deben haber dicho: «Ay, ay, necesitamos un nuevo rey. Ahora *sabemos* que el rey está cerca de la muerte». (Lee 1 Reyes 1).

David también amaba a los hombres. Nos mostró la manera adecuada de amar a los verdaderos amigos. Amó de manera incondicional a Jonatán, sin ningún indicio de homosexualidad. Estamos tan tensos que ni siquiera podemos tocarnos, a excepción de una palmada en la parte trasera después de una gran jugada en el campo de fútbol o en la cancha de baloncesto.

David amaba a Jonatán, y se lo demostró. Estaba cómodo con su propia sexualidad. Celebró la masculinidad. Hacemos que el hombre se vea tan mal que nuestros hijos piensan: «No parece que papá la pase bien. ¿Quién quiere crecer para ser así?». Cuando nos vamos a trabajar por la mañana, no tenemos energía ni entusiasmo. Cuando nos arrastramos a casa desde el trabajo en la noche, nos vemos tristes y abatidos. Entonces, cuando le decimos al hijo que es hora de que sea un hombre, dice: «Ah, de ninguna manera. Voy a seguir siendo un niño de por vida. Preferiría morir siendo un niño divertido, que vivir como un adulto aburrido que no la pasa bien en absoluto». Necesitamos ser ejemplo de masculinidad ante nuestros hijos y ayudarlos a celebrar su virilidad en desarrollo. En este aspecto, podemos aprender algunas cosas de David.

David aprendió a ser un hombre al comunicarse con Dios en las colinas, y después inspiró la hombría en todos los lugares a los que iba. Todos los hombres que estuvieron bajo su influencia parecían volverse más varoniles. El primer atisbo de esta influencia viene con la transformación del ejército israelita que tuvo lugar cuando David derrotó a Goliat. Se hizo aún más claro cuando David huía de Saúl.

«David se fue de allí y se refugió en la cueva de Adulam. Cuando sus hermanos y toda la casa de su padre lo supieron,

descendieron a él allá. Todo el que estaba en apuros, todo el
que estaba endeudado y todo el que estaba descontento se
unió a él, y él vino a ser jefe sobre ellos. Y había con él unos
cuatrocientos hombres».

1 SAMUEL 22:1-2

Un milagro sucedió en la cueva de Adulam. La unción de David
transformó esa banda de hombres rechazados en un ejército de élite de
guerreros intrépidos. Los «valientes» de David descritos en 2 Samuel
originalmente pertenecían a este grupo de «vagabundos» que se
reunieron en la cueva. Un verdadero hombre inspira la masculinidad
en los demás. David inspiró la virilidad en una nación entera, ¡y
continúa inspirándonos hoy a través de las Escrituras!

David también tuvo fracasos en su vida. A pesar de su virilidad y ser
conforme al corazón de Dios, David no pudo afrontar sus debilidades
y pecados secretos. No controló su pasión sexual por Betsabé, y falló
en disciplinar como era debido a sus hijos. Si hubiera confiado y se
hubiera apoyado en otros hombres piadosos, estas debilidades podrían
haberse convertido en fortalezas. En cambio, las debilidades secretas
de David lo condujeron a sus mayores fracasos con Betsabé y Absalón,
y contaminaron el futuro de su familia y nación.

Todos sabemos del pecado de David con Betsabé, pero también
fue demasiado indulgente y parcial con Absalón, su hijo. La falta
de respeto y la rebelión de Absalón hacia su padre dieron origen a
una rebelión absoluta y, al final, trajo la muerte a su familia. Todos
los hijos de David sabían cómo hacer la guerra, y eran inteligentes
y bien educados, pero de alguna manera David no les transmitió su
intimidad personal con Dios. Tal vez estuviera demasiado ocupado
con el «ministerio» para atender a sus hijos. Cualquiera que fuera la
razón de su fracaso, podemos aprender de las derrotas personales de
David, así como de sus victorias militares.

La virilidad no solo es una edad cronológica que tratas de alcanzar, es una etapa de tu desarrollo. No necesariamente tiene que
ocurrir a una *edad* en particular; tiene que ocurrir en una *etapa* en
particular.

Cuando te des cuenta de que superaste tus viejos pensamientos y conocimientos anteriores, prepárate para el cambio. Cuando lo que una vez fue sabiduría para ti, ahora parece una tontería, se avecinan cambios. Cuando admites que los juguetes viejos no son tan agradables como antes, es hora de pasar por los ritos de iniciación.

Esta es una celebración que requiere la santificación. Pablo dice: «Cuando llegué a ser hombre, *dejé* las cosas de niño». Parte de la celebración requiere una decisión consciente para dejar a un lado las cosas de niño. Pablo no dijo que ya no había placer en estas cosas, solo dijo que «las dejó».

EL LEÓN Y EL CORDERO

Nuestro mejor modelo de virilidad es Jesucristo. Más que cualquier otro hombre, Jesús demostró un equilibrio perfecto en lo que llamo «la naturaleza doble de un hombre», el patrón perfecto de la masculinidad holística.

Un prerrequisito absoluto para la celebración de la virilidad es que debe haber *un león y un cordero* en cada hombre. David fue poeta y guerrero, pastor y general, sacerdote y rey. Jesucristo fue tanto Dios como hombre, león y cordero. El arte es tener ambos y saber cuándo ser cuál.

Hay algunas cosas que Cristo hizo como león que no pudo hacer como cordero. También hay algunas cosas que hizo como cordero que no pudo hacer como león. Si Jesús hubiera rugido en la cruz como el León de Judá, habría sido débil. Su fuerza en esa situación estaba arraigada en su identidad como el Cordero sacrificial de Dios que debía quitar los pecados del mundo al entregarse a sí mismo a la muerte: el Inocente que carga la culpa de los pecadores.

Sin embargo, cuando Jesús vuelva otra vez, si Él gime como un cordero manso, no cumplirá su destino como el supremo Rey de reyes y Señor de señores, ¡cuyo nombre está sobre todo nombre! ¡El Cordero sacrificial de Dios volverá como el León triunfante de Judá!

Del mismo modo, debe haber una cuerda floja dentro de cada hombre, una dicotomía de dos naturalezas diferentes por completo. Una es tan parecida, vulnerable, frágil y dócil que estamos dispuestos a tumbarnos para que otros nos puedan clavar en una cruz. Al mismo tiempo, hay otra parte de nosotros que ruge como un león, que cobra vida en una pelea, que es poderosa en la batalla. Los verdaderos hombres no pueden avergonzarse de ninguno de los dos lados de su naturaleza. Solo tenemos que mantenerlos en tensión. La verdadera definición de mansedumbre es la fuerza bajo control. Solo podemos celebrar la masculinidad después de reconocer y caminar en esa naturaleza doble dentro de nosotros.

Hombre de Dios, debes caminar por la cuerda floja entre ser un león y un cordero, y solo el Espíritu Santo puede darte un verdadero equilibrio en esa caminata.

He empezado a entender por qué las mujeres se enojan tanto con los hombres. ¡A veces rugimos cuando necesitamos gimotear, y otras veces gemimos cuando deberíamos estar rugiendo! Nuestras esposas se frustran cuando insistimos en rugir y «colgarnos de árboles y enredaderas» en una avalancha hormonal cuando necesitan que seamos corderos cariñosos que les brinden ternura y afecto. También hay ocasiones en que nuestros hijos se acercan al león de sus vidas y piden orientación y protección masculinas, pero en lugar de rugir como protectores o correctores, olfateamos en egoísmo o gemimos en debilidad: «Pregúntale a tu mamá».

David era un «hombre conforme al corazón de Dios», a pesar de que tenía desventajas como tú y yo. La diferencia es que aprendió a ser un hombre en la presencia de Dios y cambió su nación. Tu nación, tu hogar, tu esposa y tus hijos claman por un verdadero hombre en la casa. Es hora de que celebres tu *bar mitzvá*, ¡y te eleves como príncipe y hombre de guerra en la casa de Dios!

CAPÍTULO CINCO

La fiesta está en marcha

¡Lo que corresponde es una celebración! Cada vez que un hombre demuestra su condición, tiene que haber una celebración. Hay un tiempo para plantar, y un tiempo para regar; también hay un tiempo para esperar, ¡pero ahora es el momento de celebrar! ¡Dios nos llamó desde nuestras sombras infantiles a la brillante luz del sol de la virilidad!

Los errores pasados y los lamentables fracasos no tienen lugar a la luz de nuestro llamado divino. El rey está llamando a sus hijos. Es hora de que «demostremos nuestra condición», nos arrepintamos y volvamos a nuestro lugar legítimo con nuestro Padre celestial. Al igual que el hijo pródigo que regresó a casa con su padre, nosotros también debemos apresurarnos para recibir nuestras mejores ropas, nuestros anillos y nuestra virilidad.

> «Y Jesús dijo: Cierto hombre tenía dos hijos; y el menor de ellos le dijo al padre: "Padre, dame la parte de la hacienda que me corresponde". Y él les repartió sus bienes. No muchos días después, el hijo menor, juntándolo todo, partió a un país lejano, y allí malgastó su hacienda viviendo perdidamente. Cuando lo había gastado todo, vino una gran hambre en aquel país, y comenzó a pasar necesidad. Entonces fue y se acercó a uno de los ciudadanos de aquel país, y él lo mandó a sus campos a apacentar cerdos».
>
> Lucas 15:11-15

Este joven quebrantó la lealtad con su padre y se «acercó» a un ciudadano de un país lejano. Los «amigos fantásticos» son peligrosos; nos conducen de manera inevitable a los cerdos de la vida. Tienen valores diferentes y socavarán el propósito de Dios para nuestra vida. Es más, casi siempre nos obligarán a hacer las cosas que más detestamos y despreciamos.

Jesús le contó esta historia del hijo pródigo a una audiencia judía que se había educado para acatar con esmero las leyes dietéticas en los libros de Levítico y Deuteronomio. Los cerdos eran impuros por completo y no debían tocarse por ninguna razón, de modo que ante los ojos de un judío devoto, ¡verse obligado a vivir en una pocilga era un destino peor que la muerte!

¿Alguna vez te han manipulado para que seas algo que «no eras tú»? ¿Alguna vez te has encontrado en una relación que te hizo sentir avergonzado, usado o marginado? ¿Alguna vez has traicionado o menospreciado a otra persona, incluso mientras sentías su dolor? Todos hemos pasado un corto tiempo en la pocilga de una manera u otra.

Es hora de celebrar, pero quizá estés enredado con los recuerdos incapacitantes de tus fallas y excesos. ¿Le has contado partes de tu vida a alguien que no debiste haber hecho? ¿Le comunicaste pensamientos o acciones íntimas a alguien con quien no tienes un pacto? A las mujeres siempre les preocupa que los hombres les seduzcan para tener amoríos, pero estos no comienzan en la carne, sino en la mente. Como un incendio en una tormenta de viento, poco a poco los pensamientos engullen las pasiones y alteran los juicios de sus víctimas.

> «Y deseaba llenarse el estómago de las algarrobas que comían los cerdos, pero nadie le daba nada. Entonces, volviendo en sí, dijo: "¡Cuántos de los trabajadores de mi padre tienen pan de sobra, pero yo aquí perezco de hambre! [...]". Y levantándose, fue a su padre. Y cuando todavía estaba lejos, su padre lo vio y sintió compasión por él, y corrió, se echó sobre su cuello y lo besó. Y el hijo le dijo: "Padre, he pecado contra el cielo y ante ti; ya no soy digno de ser llamado hijo tuyo". Pero el padre dijo a sus siervos: "Pronto; traed la mejor

ropa y vestidlo, y poned un anillo en su mano y sandalias en
los pies; y traed el becerro engordado, matadlo, y comamos
y regocijémonos; porque este hijo mío estaba muerto y
ha vuelto a la vida; estaba perdido y ha sido hallado". Y
comenzaron a regocijarse».

LUCAS 15:16-17, 20-24

La influencia es algo muy poderoso. Cuídate de a quién le permites que influya en ti. En el hijo pródigo influyó un ciudadano de un
país lejano. El Salmo 1:1 nos dice: «¡Cuán bienaventurado es el hombre que no anda en el consejo de los impíos!». Si quieres ser bienaventurado, ten cuidado de a quién le permites que influya en ti. Muchos
hombres se dejan manipular por hombres impíos o por hombres de
Dios que operan con motivos impíos.

Una de las mayores libertades que puedes tener es la libertad de
elección. Tú eliges. Dios ni siquiera te salva contra tu voluntad. El
Dios Todopoderoso del universo habló a través de Josué: «Escoged
hoy a quién habéis de servir» (Josué 24:15). Las influencias erróneas
pueden diluir o contaminar lo que Dios está haciendo en tu vida. No
eres inmune; eres humano.

¡A Sansón lo destruyeron porque permitió la influencia de Dalila!
Al principio se resistió, pero poco a poco esta mujer impía contaminó
su sabiduría. Lo sedujo jugando con sus debilidades secretas y no
abordadas hasta que, en contra de su buen juicio, le contó más de lo
que debía. De inmediato, se selló su condena. ¡Lo último que percibió
este hombre de Dios con sus ojos mortales fue ver a la mujer que
amaba recibir dinero de sus atormentadores por su traición! (Lee
Jueces 16:16-21).

LA DESPEDIDA EN CADA FIESTA

La alabanza a Dios es fuerte en boca de cualquier hombre que
reconozca su propia pocilga. El Espíritu de Dios nos restaura los
sentidos. Ahora podemos ver cómo escapamos en el último instante.
Gracias a nuestro Padre amoroso, el pródigo se vuelve poderoso.
Es hora de darse un festín en la mesa del Padre y deleitarnos con

nuestra recién descubierta virilidad y masculinidad centradas en Dios.
Al mismo tiempo, es importante entender las artimañas del diablo.
Él se asegura de que haya una despedida en cada fiesta. Planta una
excepción en cada recepción. ¡Diluye cada saludo!

> «Para que Satanás no tome ventaja sobre nosotros, pues no
> ignoramos sus ardides».
>
> 2 Corintios 2:11

La celebración comenzó, pero hay nubes oscuras flotando cerca
de nuestro pabellón del gozo. Esta no es una nueva revelación; es
una antigua estrategia del enemigo para desanimar y desalentar a los
hombres piadosos del camino de Dios. Si un hombre tenía el derecho
de regocijarse en el poder de Dios y los propósitos soberanos, era el
rey David. Sin embargo, Satanás levantó una raíz de amargura en
medio de la cosecha de gozo de David.

> «David danzaba con toda su fuerza delante del Señor, y
> estaba vestido con un efod de lino. David y toda la casa
> de Israel hacían subir el arca del Señor con aclamación y
> sonido de trompeta. Sucedió que cuando el arca del Señor
> entraba a la ciudad de David, Mical, hija de Saúl, miró desde
> la ventana y vio al rey David saltando y danzando delante del
> Señor, y lo menospreció en su corazón [...]
>
> Pero al regresar David para bendecir su casa, Mical, hija
> de Saúl, salió al encuentro de David, y le dijo: ¡Cómo se ha
> distinguido hoy el rey de Israel! Se descubrió hoy ante los
> ojos de las criadas de sus siervos, como se descubriría sin
> decoro un insensato».
>
> 2 Samuel 6:14-16, 20

David creció escuchando todas las historias de los «buenos viejos tiempos» cuando el arca del pacto todavía estaba en su lugar en
la tienda o tabernáculo. Su batalla con Goliat fue una extensión
natural de la antigua tensión entre Israel y Filistea, los invasores
que mataron a los hijos de Elí y se llevaron el arca a Asdod. (Lee 1
Samuel 4; 5:1). Ahora el arca estaba a cargo del Obed-edom (lee 2

Samuel 6) y David sabía que era hora de una celebración. Era hora de recoger una cosecha de gozo y devolver a Jerusalén la *shekinah* o gloria del Señor. Para un hombre cuya vida estaba arraigada en la presencia del Señor y la adoración sin precedentes al Altísimo, ¡no podría haber un evento más grande que este!

¡La adoración desenfrenada de David y la alabanza a Dios ante la gente sigue siendo un modelo de verdadera adoración para nosotros hoy! Nunca ha habido una adoración tan libre y sin inhibiciones para el Señor como lo fue ese día. Sin embargo, en medio de esta adoración pura y sin restricciones, surgió una queja calumniosa.

Cuando David volvió a su hogar triunfante para disfrutar el gozo de ver el regreso del arca del pacto a la ciudad de David, su propia esposa lo recibió con una acusación mordaz de conducta lasciva. Lo que es peor, sus palabras las sazonó con el calor fulminante del desprecio femenino por su virilidad. Fue una bofetada que podría aplastar la autoestima de incluso el hombre más seguro entre nosotros, pero David ya había comenzado su celebración. Acababa de regresar de estar en la presencia del Dios vivo. Había cruzado el Jordán, y no había vuelta atrás. Regresó a casa para llevarles a sus esposas y familiares las bendiciones de Dios también, pero aun así cada uno tuvo que tomar una decisión.

Mical soportó una vez el poder y la ira de su propio padre, el rey de Israel, para salvar al amor de su vida, David. Cuando era un fugitivo del rey, Mical escondió a su esposo y mintió para salvarle la vida. A cambio, su padre la sacó de la casa de David y la entregó a otro hombre como esposa.

Cuando David trajo el arca del pacto a Jerusalén, a Mical la llevaron de nuevo y a la fuerza a la casa de David. Había estado bajo la influencia de otro hombre y otra casa, y se notaba. De vuelta a casa, tuvo que compartir a David con otras mujeres que también se habían convertido en sus esposas, según la costumbre de la época. Además, Mical afrontó un cruce, pero decidió sentarse «en la silla de escarnecedores» descrita en el Salmo 1:1. De todas las personas en la casa de David, Mical tenía el mayor poder para infligirle dolor y pena. Fue su primer amor, la novia de su juventud. Sin embargo, en el mayor día de alegría de David, ella eligió amargarse y estar al margen.

NO TODOS DISFRUTAN DE LA FIESTA

¿Alguna vez has sentido el abatimiento del rechazo de tus más antiguos amores y compañeros más cercanos? ¿Has sentido el dolor punzante de la traición de tus confidentes más confiados y los miembros de tu familia más queridos? No todos se regocijarán contigo cuando maten el ternero engordado ni cuando te regocijes al cruzar hacia la tierra prometida. El hijo pródigo también experimentó las emociones agridulces de la eufórica aceptación y el rechazo tardío el día en que regresó a la casa de su padre.

> «Su hijo mayor estaba en el campo. Cuando vino, se acercó a la casa y oyó la música y las danzas. Después de llamar a uno de los criados, le preguntó qué era aquello. Este le dijo: "Tu hermano ha venido, y tu padre ha mandado matar el ternero engordado por haberlo recibido sano y salvo". Entonces él se enojó y no quería entrar.
>
> »Salió, pues, su padre y le rogaba que entrara. Pero respondiendo él dijo a su padre: "He aquí, tantos años te sirvo y jamás he desobedecido tu mandamiento, y nunca me has dado un cabrito para regocijarme con mis amigos. Pero cuando vino este tu hijo que ha consumido tus bienes con prostitutas, has matado para él el ternero engordado". Entonces su padre le dijo: "Hijo, tú siempre estás conmigo y todas mis cosas son tuyas. Pero era necesario alegrarnos y regocijarnos porque este tu hermano estaba muerto y ha vuelto a vivir; estaba perdido y ha sido hallado"».
>
> Lucas 15:25-32, rva-2015

Mientras el hijo menor afrontaba su pecado, se arrepentía de su maldad y se lanzaba a los amorosos brazos de su padre, el hermano mayor se mantuvo terco ante sus «derechos y justicia propia». Se negó a obedecer la petición amorosa de su padre y unirse a la celebración; optó por permanecer en el dolor del aislamiento. Una vez que hizo su elección, ni siquiera escuchó la solemne seguridad de su padre de que «todas mis cosas son tuyas».

El hermano mayor se aferró con desesperación a sus celos, eligiendo lloriquear y quejarse de los males y el dolor. Mientras tanto, ¡una fiesta de restauración recorría la casa que solo era parte de su herencia legítima! Ante la genuina virilidad de su padre, el hijo mayor se aferró a los frutos egoístas de su infancia y no cruzó su Jordán.

Cuando comiences a celebrar tu *bar mitzvá* y marques tu entrada a la verdadera virilidad, no te desanimes si algunos de tus seres queridos y personas en las que confías no se regocijan contigo. No hay garantías de que todos a tu alrededor se alegrarán por ti. Mientras los hombres y las mujeres habiten en casas de carne, los celos esperarán en las alas para ahogar toda causa de gozo o triunfo. Sin embargo, parte del cruce hacia la virilidad es la determinación de seguir la dirección de Dios sin importar lo que cueste. La virilidad requiere liderazgo, y el liderazgo requiere el compromiso de liderar, aunque algunos nunca lo sigan.

Cuando experimentas la liberación y la restauración de la mano del Padre, lo importante es celebrar, ¡incluso si nadie más te acompaña! El hijo pródigo entró en el gozo de su padre y nunca miró atrás. El padre abandonó la celebración para rogarle a su hijo mayor, pero estoy seguro de que regresó en seguida a la celebración y la diversión. Jesús soportó el desprecio de todo un planeta y una separación necesaria del Padre que amaba «por el gozo puesto delante de Él» (Hebreos 12:2).

David, el último modelo humano de santidad imperfecta, a través de la gracia de Dios respondió al desprecio de Mical con una audacia increíble y una declaración que resuena con el poder de la virilidad inspirada:

> «Pero al regresar David para bendecir su casa, Mical, hija de Saúl, salió al encuentro de David, y le dijo: ¡Cómo se ha distinguido hoy el rey de Israel! Se descubrió hoy ante los ojos de las criadas de sus siervos, como se descubriría sin decoro un insensato. Y David dijo a Mical: Eso fue delante

del Señor que me escogió en preferencia a tu padre y a
toda su casa para constituirme por príncipe sobre el pueblo
del Señor, sobre Israel. Por tanto, lo celebraré delante del
Señor. Y aún seré menos estimado que esto, y seré humillado
ante mis propios ojos, pero con las criadas de quienes has
hablado, ante ellas seré honrado. Y Mical, hija de Saúl, no
tuvo hijos hasta el día de su muerte».

2 Samuel 6:20-23

La decisión de Mical de ceder a la influencia equivocada, aferrarse
a decepciones pasadas y amarguras presentes, tuvo consecuencias
terribles para ella y la casa de su padre. Su desprecio desdeñoso hacia
el ungido de Dios produjo una matriz estéril, un matrimonio sin amor
e innumerables tristezas por el resto de sus días. Incluso, a los cinco
sobrinos que crio para su cuñado los asesinaron antiguos enemigos de
la casa de su padre. (Lee 2 Samuel 21:8-9).

MANTENTE FIRME

Muchas veces, los más cercanos a nosotros no están preparados para
los cambios extraordinarios que acompañan nuestro cruce a la tierra
prometida. No están preparados para la pasión que trae consigo.
No pueden percibir la mano invisible que tomó el firme control de
las riendas de nuestros corazones. Todo lo que ven es el «hermano
pequeño» que han relegado a las benignas «colinas de la mediocridad».
Todavía ven al hombre al que le gustaba divertirse con los juguetes de
un niño, la imagen del potencial impotente que pasó las horas en el
cuarto de atrás de sus vidas.

La virilidad significa cambio.

Tú puedes ser uno de los miles de hombres que salieron de la
casa para jugar un día y se encontraron con el Dios vivo en una
colina solitaria. Cuando regresaste como un hombre con un plan
para hacer la guerra, ¡tu primer adversario se presentó ante los ojos
de tu esposa! Quizá volvieras a casa regocijándote por el regreso de
la presencia de Dios a tu vida y a tus sueños, solo para ser recibido
con desprecio y burlas.

¡Anímate, hombre de Dios! ¡Mantente firme en tu decisión de poseer la tierra, y tu hogar se rendirá a la suave persuasión del Espíritu Santo! No gires a la derecha ni a la izquierda, y aprópiate de la antigua promesa que Dios le dio a otro hombre que estaba destinado a guiar a los suyos a través del Jordán desde el desierto hasta la promesa:

> «¿No te lo he ordenado yo? ¡Sé fuerte y valiente! No temas ni te acobardes, porque el SEÑOR tu Dios estará contigo dondequiera que vayas».
>
> JOSUÉ 1:9

Quizá afrontaras el filo cortante de los mismos celos constantes que les hacen frente hombres tales como el hijo pródigo, Abel, Isaac, Israel (Jacob), José, Moisés, Aarón, David, Salomón, Jesucristo y el apóstol Pablo. Todos estos hombres afrontaron emociones hostiles y, a veces, ataques fatales de sus propios hermanos, familiares, esposas, compatriotas o compañeros de trabajo. Sin embargo, no vacilaron en cuanto a su destino de la virilidad en los propósitos de Dios. Su fidelidad te trajo la vida eterna y el gozo para ti hoy. ¿Quién está esperando en las generaciones para probar el fruto de tu obediencia y determinación varoniles hoy?

No te desanimes por los hermanos que están en la puerta y se quejan celosamente de tu regreso tardío al río Jordán y a la casa del Padre. ¡Es hora de celebrar tu virilidad! No permitas que nada te detenga. Tu virilidad traerá nueva salud y bendición a tu vida, a tu hogar, a tu matrimonio y a las generaciones que te siguen.

La iglesia y los niños del mañana claman por hombres que se levanten y hagan la guerra en su nombre. Dios ha convocado a sus hijos para una celebración de la victoria. Es hora de celebrar; es hora de marcar nuestro cruce. Este es el día en el que guardamos nuestras cosas de niños. Este es el día en que entramos en la alabanza masculina sin temor, pensamiento de la crítica ni desaprobación de los demás. Solo nos preocupan las opiniones de Aquel que nos llamó, de Aquel que nos reservó el anillo de hijo y las vestiduras sacerdotales.

¡Es hora de que cada hombre de Dios se levante en su condición de hombre y dance ante el Rey con todas sus fuerzas! Un mundo está a la espera de que los hijos de Dios lo posean y bendigan, niños convertidos en hombres y liberados del pecado.

¡Hombre de Dios, ten mucho ánimo! La fiesta del *bar mitzvá* está en marcha, ¡y tú eres el invitado de honor!

CAPÍTULO SEIS

Cuando el yugo no es fácil

Hay momentos en que los hombres se encuentran luchando por mantener una relación que agoniza, una donde se extinguió la llama de la intensidad y desapareció la emoción. La verdad desnuda es que se vuelve difícil reavivar la vieja llama si estás en el punto donde preferirías «cazar en el patio que en la casa».

Como muchos hombres, puedes desanimarte con facilidad cuando sientes rechazo o apatía en tu pareja. Puedes resentirte por tener que perseguir de manera creativa y activa los afectos de tu esposa. Es probable que el cazador y el conquistador en ti aprovechen la oportunidad de explorar cualquier aspiración que aún no hayas conquistado. Sin embargo, quizá tu entusiasmo se disipe cuando se requiere atención y esfuerzo para mantener algo que sientes que ya atrapaste o lograste.

Quizá quieras creer que una vez que enciendas la llama del amor de tu esposa, puedes sentarte junto a ese fuego durante muchos años, pero eso no es cierto. Los vientos fríos de la vida a menudo asfixian las llamas que antes bailaban en sus ojos, dejando atrás solo brasas ardientes que apenas se parecen a la relación emocionante que una vez compartiste. Dios conoce tu naturaleza. Él quiere que a menudo cortejes y ganes el corazón de tu esposa, así como Él continuamente corteja a su Novia. La búsqueda continua del premio es lo que aviva las llamas del amor conyugal.

Nuestro desafío como hombres es superar nuestra reputación de no poder o no querer reconocer problemas en nuestras relaciones. Entonces, tenemos que superar nuestra tendencia a dejar para después las cosas, una vez que sabemos que existe un problema. Es doloroso en especial para ambas personas en un matrimonio cuando un esposo realiza de veras cambios positivos, pero los hace demasiado tarde.

Debajo de nuestros prominentes bíceps y abultados vientres se encuentra una sensibilidad que la mayoría de las mujeres no se dan cuenta y que muy pocos de nosotros los hombres admitirán que existe. La simple verdad es que a la mayoría de los hombres se les hiere los sentimientos cuando perciben que han cambiado, pero la mujer no acepta el cambio en su vida. Me doy cuenta de que muchas mujeres tienen buenas razones para ser escépticas, pero una vez que una mujer desconfía de las acciones o los motivos de su esposo, se necesita un movimiento sobrenatural del Espíritu de Dios para que cambie de opinión.

EL ABISMO DEL TIEMPO

Cuando David mandó a buscar a Mical en 2 Samuel 3:13, todavía la veía como la esposa de su juventud, su primer amor. Aunque habían pasado más de siete años, David aún veía a Mical enmarcada en los recuerdos teñidos de rosa de su adolescencia. No percibía el dolor que ella había soportado cuando él huyó de su vida para evitar a los soldados de Saúl. No sabía que había cicatrices ocultas debajo de su sonrisa, feos recuerdos de las profundas heridas sufridas cuando su vengativo padre el rey la rechazó por completo y la «había dado» a otro hombre.

El primer año que Mical pasó como una esposa no dispuesta en la casa de un hombre extraño, es probable que esperara en secreto que David apareciera en la puerta con su espada en la mano para liberarla y reclamarla como suya. Sin embargo, él no vino. Mical no podía saber la desesperación a la que se enfrentaba David mientras huía por su vida de los ejércitos de Saúl, viviendo en una cueva inhóspita con una banda de inadaptados, de amargados rechazados y todos sus parientes, escondidos en una hostil ciudad filistea. La Mical que recibió fue diferente de la Mical que dejó, ella había cambiado, y él también.

David se encontraba ahora en la cima de su carrera, y ganaba terreno. Actuaba por completo bajo la unción de Dios y había vencido por fin a sus enemigos. Las enriquecedoras palabras que lo afirmaron en los años oscuros y los brazos amorosos que lo rodearon en esa cueva no eran los de Mical. Los recién casados que alguna vez fueron devotos no se tomaron el tiempo para reconectarse y construir puentes a través del abismo de casi una década que pasaron separados.

El chico/hombre que Mical conoció y amó una vez murió en una cueva años antes. Miles de encuentros con la muerte; cientos de oraciones a través de noches solitarias y llenas de tensión; ¡y la muerte de miles de enemigos en sangrientas batallas habían convertido al joven amante de sus recuerdos en un marcado visionario, pero ungido, que comandaba un ejército con un cuarto de millón de valientes!

Ahora, David era el esposo de otras seis mujeres además de Mical, mujeres hermosas que cada una había logrado algo que nunca hizo Mical: ¡dieron a luz hijos de David! El escenario estaba listo para la confrontación entre David y Mical. El crisol del cambio estaba a punto de iluminar y revelar el contenido del interior de sus corazones, y las cosas que sembraron en secreto durante sus años de dolor estaban a punto de producir una amarga cosecha.

DANZA SOLITARIA

«Sucedió que cuando el arca del Señor entraba a la ciudad de David, Mical, hija de Saúl, miró desde la ventana y vio al rey David saltando y danzando delante del Señor, y lo menospreció en su corazón [...]

»Pero al regresar David para bendecir su casa, Mical, hija de Saúl, salió al encuentro de David, y le dijo: ¡Cómo se ha distinguido hoy el rey de Israel! Se descubrió hoy ante los ojos de las criadas de sus siervos, como se descubriría sin decoro un insensato».

2 Samuel 6:16, 20

Cuando el rey David danzó a la vista de Mical, lo hizo solo. El alegre y devoto compañero de su juventud ahora era cínico, crítico y frío.

¿Alguna vez te has sentido como si estuvieras bailando solo? Muchos de nosotros regresamos a nuestros hogares todos los días, llenos de entusiasmo y júbilo por una gran victoria o éxito en nuestras carreras, solo para descubrir que nuestras esposas, como Mical, no están impresionadas ni interesadas. Su gran desprecio por nuestra nueva alegría nos puede robar todos los meses y años de trabajo que invertimos en nuestra victoria. Las llamas de nuestro gozo y felicidad pueden neutralizarse y consumirse al instante por alud de amargo desprecio que aplaca el alma. ¡El mayor triunfo en la vida de cualquier hombre puede reducirse a un simple monumento del amargo rechazo recibido a través de un comentario desdeñoso o una mirada gélida de una esposa celosa!

Muchas veces nuestras relaciones llegan a su desaparición porque no podemos discernir los problemas antes de que se conviertan en emergencias. Si tu esposa comienza a sentir que tu carrera o ministerio le ha robado tu atención, tu afecto o tu tiempo, reaccionará como una mujer rechazada y una esposa traicionada.

El cielo no tiene la rabia del amor transformado en odio, ni el infierno la furia de una mujer rechazada[4].

¿De veras esperas que tu esposa se siente sola en una torre de marfil y sea feliz mientras recorres el campo en busca de aventuras privadas? De acuerdo, no puede disfrutar de vagar por el bosque en busca del dinero perfecto ni luchar contra el genio corporativo de la compañía X para el cliente del siglo. Es posible que su corazón no salte ante la idea de predicar el evangelio en la esquina más céntrica de la ciudad, pero al menos debes tratar de mantenerla involucrada en las cosas más importantes que haces sin ella. Tu esposa apreciará el liderazgo y la unción que manifiestas en otros lugares, ¡si muestras liderazgo y amor por ella en casa!

Debes darte cuenta de que tu aventura quizá no sea su idea del éxito. Por eso es importante que *descubras* lo que significa el éxito para ella. Su idea del éxito puede ser que te calmes lo bastante como para sentarte junto al fuego y escuchar música suave mientras te cuenta las pruebas y las alegrías *de su vida*.

Hermano, a menos que ambos desarrollen algún interés en el compromiso para que puedan armonizar, quizá te encuentres danzando solo. Tu buena disposición para llegar a un acuerdo, y revisar tu comportamiento y percepciones le brinda un rico barómetro de tu sistema de valores personales y un criterio preciso de cuánto aprecias a tu esposa. (Por supuesto, hay algunas cosas que no se pueden comprometer, como tu devoción personal y obediencia al Señor).

Si tú y tu esposa no logran unir los campos de sus esfuerzos y alegrías con amor y cuidado común, serás como un bailarín en primer plano que baila el tango solo. Te verás ridículo, puesto que no está la mejilla de tu compañera, tu barbilla solitaria se encuentra iluminada por completo contra la oscuridad vacía y tu brazo musculoso solo rodea el vacío.

La separación y el distanciamiento no solo ocurren cuando llevas a tu esposa a un cambio repentino, sino que también estarás condenado a bailar solo si no maduran juntos. Si a tu esposa la motiva una cosa y a ti te motiva otra, es hora de construir un puente sobre la base de otro gozo común o interés compartido. Sin ese puente, ¡sus intereses separados pueden alejarlos en lugar de unirlos!

Ten en cuenta que tus necesidades son diferentes y cambian constantemente. ¡Lo que era importante para ti a los veinte años puede que ya no sea importante a los cincuenta! Es normal esperar que tus prioridades y necesidades cambien con el tiempo y la madurez, pero si no mantienes a tu esposa al tanto de los cambios dentro de ti, no te sorprendas ni te molestes si ella continúa dándote lo que solías necesitar, ni te preguntes por qué ya no da resultado. En este punto es en el que parece que ustedes dos encuentran placer en lugares opuestos. ¡En este punto es que se aflige el corazón del hombre!

Esta es la aflicción que causa el desencanto por la manera en que se encuentran las cosas. Esto puede provocar la enajenación y la depresión capaces de arruinar una relación matrimonial. De esta triste danza viene un frío silencio mortal, y en sus garras, en algún lugar del matrimonio, cuando nadie escucha, se detiene la música.

Cuando la música se detiene entre dos personas que una vez estuvieron unidas por el corazón, hay una sensación de distanciamiento poco natural. Una sensación inconexa de pérdida y desapego asume el control de sus emociones y voluntad. Se encuentran mirando con fijeza y en silencio a través de una habitación a alguien que *ya no están seguros de que les guste.*

EN AMARGURA...

> «Sucedió que cuando el arca del Señor entraba a la ciudad de David, Mical, hija de Saúl, miró desde la ventana y vio al rey David saltando y danzando delante del Señor, y lo menospreció en su corazón [...]
>
> »Pero al regresar David para bendecir su casa, Mical, hija de Saúl, salió al encuentro de David, y le dijo: ¡Cómo se ha distinguido hoy el rey de Israel! Se descubrió hoy ante los ojos de las criadas de sus siervos, como se descubriría sin decoro un insensato».
>
> 2 Samuel 6:16, 20

El hebreo original implica que Mical salió para hacerle frente de manera agresiva a David. Sus palabras parecen probar el punto. Mical optó por amargarse en lugar de ser mejor, y quería «poner a su esposo en su lugar». Lo lamentable es que no se dio cuenta de que su esposo estaba en el lugar donde *Dios quería que estuviera.*

En su amargura, Mical adoptó tres actitudes y pecados mortales con resultados muy desagradables.

En primer lugar, eligió ver sola, de pie y con *apatía* el triunfante regreso de su esposo. Observó el regreso del más grande símbolo de Israel del liderazgo de Dios para su nación desde la oscuridad de su habitación, mirando a las multitudes jubilosas en un aislamiento distante. Era una espectadora sin gozo, no una participante apasionada. (En realidad, ¡los hombres son culpables de este pecado con más frecuencia que las mujeres!).

¡Mical también se entregó a unos *celos* incontenibles y egocéntricos que tenían sus raíces en casi todas las partes de su personalidad y recuerdos! Menospreció a David por su alabanza desinhibida a Dios en público. Eso significa que para «complacerla», habría tenido que robarle a Dios la debida alabanza y adoración. Mical quería poseer a su esposo, ¡incluso si eso significaba robarle su corazón a Dios y despojar a Jehová de sus alabanzas! Su padre, el rey Saúl, hizo lo mismo años antes, cuando decidió codiciar las alabanzas de los hombres en lugar de la aprobación de Dios. Quería agradar primero a los hombres y pedirle perdón a Dios más tarde. Debido a que se atrevió a codiciar lo que solo le pertenecía a Dios, ¡la matriz vacía de Mical quedó condenada a permanecer estéril por el resto de sus días!

Tercero, Mical se llenó de *desprecio*. Se sentó «en la silla de los escarnecedores» descrita en el Salmo 1:1 y ridiculizó en público a su esposo por tres razones.

En primer lugar, lo despreció porque no se veía ni actuaba como un rey, lo que significaba que David no se comportaba como el padre de Mical, Saúl. David era un plebeyo que se había abierto paso hacia la «cima» a través de la obediencia y la devoción a Dios. El hecho es que si Dios hubiera querido otro rey como Saúl, habría instalado un rey así. No lo hizo porque eligió con sumo cuidado a David, un hombre conforme a su propio corazón. No ayudó que David acabara de sustituir al hermano de Mical en el trono de Israel, cumpliendo la promesa de Dios de sacar a Saúl y sus descendientes del trono en favor de David. El último vínculo de sangre de Mical con la «vida de la realeza» desapareció. Su única comprensión de su estado especial era a través del hombre con el que se casó y que despreciaba ahora.

En segundo lugar, Mical fue desdeñosa en especial, pues sintió que su esposo se avergonzaba a sí mismo (y a ella) frente a las esclavas de sus siervos. David adoraba a Dios bajo la unción del Espíritu Santo, y todas las inhibiciones desaparecieron de su persona. Cumplía el gran mandamiento cuando adoró al Señor con toda su fuerza y todo su poder. (De alguna manera, ¡no creo que David estuviera contento de sentarse en un banco, cantar himnos sin vida y doblar sus manos durante un seco sermón!). Mical debía saberlo mejor. Su propio padre también se había convertido en una leyenda en todo Israel, porque cuando el Espíritu de Dios descendió sobre él, profetizó ante Samuel,

se quitó toda su ropa y se echó desnudo ante Dios durante todo el día
y la noche. (Lee 1 Samuel 19:24).

Por último, ¡Mical comparó al rey David con un hombre vano
y sin valor porque se atrevió a adorar a Dios con libertad! Él estaba
adorando, saltando y danzando solo para agradar a Dios, pero Mical
extrajo de los pozos amargos de su propio corazón y lo acusó de
exhibirse para ganar los corazones e inflamar las lujurias de las esclavas.
Mical llamaba a lo bueno malo y a lo malo bueno. Dio por sentado
que apagar el Espíritu de Dios, frenar el gozo del Señor, contener el
torrente de alabanzas en el regreso triunfal de la *shekinah* o la gloria
visible de Dios a Israel sería «bueno». El culto desinhibido de David y
la relación íntima con Dios fue la fuerza impulsora detrás de todo lo
que despreciaba Mical.

LLEGAR AL CORAZÓN

Debajo de la enojada posición de la culpa y la desesperada presión
de las excusas llenas de lágrimas, el problema subyacente es simple.
Desafía el tratamiento intelectual porque es una cuestión del corazón. David había cambiado, pero su motivación de conducirse
seguía siendo la misma que cuando le hizo frente a Goliat. Amaba a
Dios y quería honrarlo.

Mical también había cambiado, pero su cambio involucraba las
motivaciones más profundas y los impulsos de su corazón. Ambos
cónyuges resultaron heridos, pero mientras David optaba por desafiar las circunstancias y mejorar, Mical cedía a las circunstancias y se
amargó. ¡La misma mujer que salvó a David en su angustia se burló
de él en su triunfo!

El problema es el siguiente: «Toqué mi música y perdiste la entrada». El epílogo tácito es: «¿Qué te pasó?».

La tragedia llega a nuestros matrimonios cuando no *analizamos*
nuestro desaliento en lugar de hablar de la culpa. Casi siempre, llegamos a este punto con tanto equipaje cargado de emociones y angustia
que nos lanzamos a una discusión acalorada, no a conversaciones
y conciliaciones. Hay una diferencia entre análisis y discusión. Un

análisis ventila los problemas, pero una discusión *formula cargos y señala culpas.*

Para nosotros es difícil lidiar con la culpa si hay razones subyacentes para la resistencia de nuestras esposas por no escucharlas. Por ejemplo, tu esposa puede estar diciendo: «Me perdí la pista porque *cambiaste las canciones* en medio de la danza. Cambiaste de una melodía romántica de ritmo lento a una canción de marcha grotesca y me dejaste sola en el suelo mientras tú dabas saltos a mi alrededor en círculos, ¡ajeno a mi vergonzoso abandono! Cambiaste de objetivos y directivas. Cuando comenzamos, nuestro plan era ir aquí, ¡pero ahora vas hacia allí! ¿Por qué me dejaste fuera? Cambiaste sin aviso ni comunicación. ¡No me diste una señal y tu giro brusco me dejó sola y apartada!».

Un visionario tiene que ser capaz de comunicarse, ¡pero la mayoría de las veces los hombres son las especies menos comunicativas de este planeta! Dios siempre ha querido que vayamos más allá de los gruñidos y gestos que algunos dicen que heredamos de los simios. Nos graduamos en esa etapa alrededor de los dos años de edad, ¡pero parece que volvemos a entrar en nuestra infancia el día en que nos casamos! No sé de dónde sacamos ese gutural y casi no verbal sistema de comunicación. Debo confesar que a menudo también he pensado en directivas e ideas que *deberían haberse expresado*, y luego me preguntaba por qué no había reacción de la novia de mi juventud. La respuesta era simple. ¡Ella no podía «escuchar» mi mente!

Nota

1. William Congreve, «*The Mourning Bride*».

CAPÍTULO SIETE

Matrimonio:
¿Misioneros u hombres?

Muchas veces el miedo al rechazo cierra los corazones de los hombres porque están traumatizados y paralizados por su dolor. Quizá seamos hombretones, ¡pero nuestros prominentes bíceps, espaldas fuertes y voces graves solo son decoraciones externas que adornan (y ocultan) nuestros frágiles corazones y los temblorosos niños encerrados bajo las paredes sagradas de nuestros caparazones masculinos! Nos rodeamos de imágenes de éxito para ocultar nuestros temores secretos.

Desconfiando de lo lujoso y moderno, nos aislamos detrás de nuestras fachadas y nos escondemos debajo de las hojas de higuera de nuestros elaborados esfuerzos para impresionar. La simple verdad es que casi todos los hombres tienen inseguridades. «Si me entrego a ti, ¿tú lo harás también? Si derribo mis defensas, ¿bajarás las tuyas? Si fracaso, ¿te reirás? Si me olvido, ¿te irás?». Estas preguntas rondan los pasillos de los corazones de los hombres a quienes se les ha enseñado a tener rendimiento toda su vida.

Desde los campos de fútbol y las oficinas corporativas hasta el banco de la iglesia y el dormitorio, los hombres luchan contra la demanda del *rendimiento*. A decir verdad, el teatro escénico nos está desgastando. A medida que las orillas de nuestra personalidad se erosionan constantemente bajo la creciente presión del remolino de la inundación, nos convertimos cada vez más en actores que representan una parte. La tragedia es que debajo de los accesorios, las máscaras y las luces estresantes del escenario, solo somos hombres. Si nos despojaran de todo decoro y simulación, el niño pequeño de cada uno de nosotros quedaría temblando al lado de nuestro elaborado disfraz, ahora amontonado en el suelo. Ese niño pequeño dentro se pregunta en voz baja: «¿Soy suficiente?».

MISIONEROS DEL MATRIMONIO

El miedo genera mecanismos de defensa, y casi todos nuestros mecanismos de defensa son más peligrosos y extraños que las inseguridades que evitamos. Los mayores problemas surgen en nuestros matrimonios cuando decidimos convertirnos en «misioneros matrimoniales». ¡Un misionero del matrimonio es un hombre que piensa que tiene el llamado a cambiar a su esposa en lugar de entenderla! En secreto, ¡el hombre inseguro se considera a sí mismo como un gran misionero con un mensaje, mientras que ve a su esposa como una nativa de mente simple que necesita educación y dirección!

Estamos tan convencidos de que «nuestro camino es el adecuado», que no nos damos cuenta de que en la relación matrimonial entre dos adultos individuales, a menudo no hay un camino adecuado ni uno equivocado, solo perspectivas diferentes.

¿Alguna vez has pensado en la consecuencia de tu confianza en «tu camino»? ¿Qué tipo de desastre tendrías en tus manos si de veras tuvieras éxito en «evangelizar» y convertir a tu esposa a tu manera de hacer las cosas? ¿Y si ella comenzó a pensar y actuar como tú? Créeme, hagas lo que hagas, ¡mantente fuera de la posición misionera!

A Dios no le gusta cuando empiezas a cambiar sus creaciones. Además, estás mostrando una simple arrogancia egocéntrica si siempre intentas transformar a los demás sin comprobar si hay «cosas de niños» en ti que podrían estar guardadas. La verdad es que el niño pequeño en ti intenta apilar los bloques a tu alrededor para crear un «lugar seguro» en medio de tus temores.

Los muchachos juguetones y los hombres temerosos procuran controlar sus entornos. Los hombres seguros no obligan a los que los rodean a cumplir con alguna norma artificial. Son lo suficientemente fuertes como para compartir su mundo con otros que son diferentes.

Si Dios hubiera querido una uniformidad insípida, ¡de seguro que Él no habría dividido a la especie humana en los géneros masculino y femenino!

Además, ¡la filosofía y la sensibilidad femeninas de tu esposa fueron al mismo tiempo una característica y un activo en lugar de una mancha o responsabilidad! Si hubiera sido «igual que tú» cuando buscabas a una compañera, ¡es probable que habrías reñido de inmediato o no te interesaría!

En resumen, la única mujer con la que te casaste nunca se concibió ni diseñó para que fuera un «producto» que con arrogancia podrías «cambiar a tu imagen». Solo hay una imagen lo suficientemente digna para que todos nos conformemos, y esa es la imagen de Jesucristo.

Si aún no lo has notado, despierta: ¡tu esposa es una mujer! (Ese solo hecho debería ser suficiente advertencia para ti). ¡Se supone que ella no es como tú! Si no puedes aceptar esa verdad, espero que estés preparado para ser desdichado y estar agobiado con preocupaciones por el resto de tus días. ¡Recuerda que las personas que insisten en golpearse la cabeza contra una pared no tienen derecho a quejarse de dolores de cabeza crónicos!

A veces luchamos contra el fracaso porque tenemos una definición distorsionada de la palabra «éxito». Cada vez que te involucras en la vida con una pareja que sientes que necesitas cambiar y modificar en lo personal a fin de conformarla a tus propios estándares «superiores», tienes garantizados el fracaso y la frustración (y es probable que te lo merezcas). A tu esposa se le garantiza convertirse prácticamente en una mujer frustrada, porque incluso si realiza los cambios que le pides, ¡es casi seguro que *cambies tus requisitos* con el paso del tiempo!

¿Es de extrañar que nuestras esposas se sientan resentidas? Las tenemos atrapadas en una situación de «no ganar». ¡Es difícil tener intimidad con alguien que te hace sentir que deberías estar usando una falda de paja y un hueso en la nariz!

Los ciudadanos de todas las naciones del mundo se resienten mucho con cualquier misionero extranjero que sea tan tonto como para ignorar o despreciar la cultura y la etnicidad locales. Sin embargo, persistimos de manera ciega en nuestros esfuerzos por «reformar y rehacer» a nuestras esposas a nuestra propia imagen, ¡aunque sepamos que lo resentirán!

Hermano, no puedes prever el éxito en tu vida sobre tu éxito en rehacer a tu pareja. La triste realidad es que si su naturaleza es tan importante para ti, deberías haberle hecho un favor y casarte con una persona que ya tenía la personalidad básica que «necesitabas». Puesto que no es así, depende de ti aprender a apreciar la diferencia. ¡Puede que te sorprendas cuando Dios revele el hecho de que Él plantó algunas cosas en tu esposa a las que necesitas conformarte con urgencia!

A veces, tratamos de reorganizar a los demás como una forma de ocultar nuestro propio descontento. El espíritu de culpa se apodera, y comenzamos a decir y creer: «¡Tú eres la razón por la que no soy feliz!». Algunos hombres son desdichados porque no encuentran satisfacción en sus relaciones. Muchos de los hombres que buscan múltiples relaciones todavía son infelices; su infidelidad solo es para enmascarar su vacío y miedo a la soledad con la ilusión de la excitación. Sin embargo, cuando se disipa la delgada capa de excitación, permanece el vacío.

¿BUEY O ASNO?

> «No ararás con buey y asno juntos».
>
> Deuteronomio 22:10

Para nosotros es importante tener madurez en las decisiones que tomamos, sobre todo en nuestra elección de pareja. No podemos permitirnos que nos impulse la lujuria o que elijamos una pareja solo basados en algún atributo externo. (Te sorprenderías de lo rápido que cambian los atributos externos).

Una vez que termine la luna de miel, y una vez que retires la envoltura exterior, tendrás que vivir con el ser humano que está dentro. Es triste que muchos hombres se distraigan tanto por la acometida hormonal provocada por las atracciones externas de una mujer durante el noviazgo, que nunca examinen de veras a la mujer que está dentro. En resumen, ¡estaban tan impresionados con el paquete que nunca notaron el contenido! La tragedia es que realmente nos casamos con el contenido, no con las envolturas.

Deuteronomio 22:10 nos advierte que es contraproducente juntar un buey con un asno. Asegúrate de asociarte con la misma «especie». Los polos opuestos se atraen e interactúan de manera eficaz, pero cuando se trata de las motivaciones y los impulsos más profundos del corazón, debe haber compatibilidad. El apóstol Pablo advirtió: «No estéis unidos en yugo desigual con los incrédulos, pues ¿qué asociación tienen la justicia y la iniquidad? ¿O qué comunión la luz con las tinieblas?» (2 Corintios 6:14).

No te enyugues con una «asna» y trates de convertirla en «buey».

La elección es una gran libertad que los hombres no parecen apreciar a plenitud. Los hombres cristianos parecen especialmente propensos a tomar decisiones apresuradas, y creo que gran parte de esto se debe al hecho de que muchos tratan de superar la lujuria con la fornicación. ¡Se comprometen en seguida y, luego, a menudo se arrepienten de su decisión porque no se dejaron controlar por sus cerebros!

Siempre me sorprenden los hombres que rebotan a ciegas de una relación rota a otro compromiso condenado. ¡El hermano Hormona está aplastado por un divorcio, pero diez meses después de llorar y perder la mitad de sus ingresos en manutención infantil, aquí viene de nuevo con la hermana Maribella Bienvenida en su brazo! Dice: «¡Pastor, estoy listo para casarme!». ¡Me dan ganas de comprometerlo para una evaluación psicológica! ¡Yo habría estado huyendo de ese dolor como el correcaminos en un dibujo animado! Sin embargo, aquí tienes al hermano Hormona, listo para entrar de nuevo en la relación matrimonial sin tomar una decisión racional y consciente.

Muchos hombres caen en este patrón peligroso porque luchan en contra de la soledad o la lujuria. Algunos hombres nunca han vivido un momento en sus vidas sin compartirla con otra persona y les aterroriza estar solos. Las preguntas que el hermano Hormona debería hacerse son: «¿Estoy enamorado de Maribella Bienvenida, o estoy enamorado de la idea de estar casado? ¿Pienso que puedo vivir a su lado o es verdad que no puedo concebir vivir el resto de mi vida sin ella?».

Si de manera tonta te permites enyugarte con un asno y sientes en tu corazón que eres un buey, los dos tirarán uno contra el otro por el resto de sus vidas. Verás, el asno quiere jugar y divertirse, mientras que el buey quiere trabajar y progresar. ¡No hay absolutamente nada peor en este mundo que tirar de tu propia carga, y luego tener que dar la vuelta y tirar tanto de tu esposa como de su carga! No es de extrañar que tantos hombres buenos sucumban a temprana edad. Los hombres buenos no se mueren de ataques al corazón, ¡se mueren de malas decisiones!

Si eres soltero o divorciado, ora por estos problemas y sé sincero con tu corazón y tu intención. ¡Nunca te metas en el yugo con alguien solo por el bien del yugo, el sexo, la imagen, la sociedad, el negocio, el ministerio o el dinero! ¡Serás desdichado! ¡Dios sabe que el yugo no será fácil, incluso si eliges a la compañera adecuada! ¿Por qué? Dios usa el yugo del pacto matrimonial para obrar cosas en nosotros que tal vez no se logren hacer de otra manera. ¡Es un trabajo duro vivir en amor, intimidad, sinceridad y armonía con otro ser humano durante medio siglo! A decir verdad, el matrimonio quizá sea el cuadro de un jardín de milagros más rico de Dios en el corazón humano.

En este momento, sé que he dejado a un joven deprimido y angustiado porque siente que, sin darse cuenta, se casó con la persona equivocada. Si eso es lo que sientes, no te preocupes, no eres el único. Casi todos nosotros experimentamos tales dudas en un momento u otro en nuestra vida matrimonial.

¿Qué puede hacer el buey si siente que se casó fuera de su especie? ¡Puede orar! Sí, sé que tal vez no sea la solución que prefieras, ¿pero alguna vez has comenzado a orar de veras por tu matrimonio? Ah, no me refiero a una de esas oraciones de «Señor, enderézala». Estoy hablando de esas oraciones introspectivas y sinceras que dicen: «Dios, quizá me permitieras entrar en esta situación para ayudarme a ser más como tú. ¿Qué debo hacer para amar a mi esposa como se debe? Confieso que no me he portado bien amándola; no la he amado de manera incondicional como me amas tú. Señor, ya sabes que, en realidad, no tuve ningún modelo a seguir en mi propia infancia para guiarme hacia la integridad del matrimonio. En cambio, Señor, si me enseñas, ¡yo aprenderé!».

AMA COMO JESÚS

«Esposos, amen a sus esposas así como también Cristo amó
a la iglesia y se entregó a sí mismo por ella».

Efesios 5:25

¡Qué mandamiento tan desafiante para un hombre! Dios nos ordena que imitemos a su Hijo, el Amante supremo. Debemos construir
nuestro amor de acuerdo con su patrón, el patrón de sacrificio propio
y sumisión absoluta a la voluntad de Dios.

¿Cuántos de nosotros podemos decir que amamos a nuestras esposas como Cristo amó a la Iglesia y se entregó a sí mismo por ella?
No muchos, si es que los hay.

Casi puedo oírte decir: «¡No sabe lo mala que es mi esposa! Soy
desdichado. Esa mujer me pelea y menosprecia todo lo que trato de
hacer. ¡Soy un buey casado con una asna! Lo siento, pero no deseo
amarla, ¡quiero dejarla!».

Escucho tu protesta y comprendo tu frustración, pero necesitas
una buena dosis de la verdad: *Dejarás tu mejor oportunidad para convertir una prueba en un testimonio.* Además, hombre de Dios, ¿cómo
puedes dejar a tu esposa cuando no has leído las instrucciones para la
«solución de problemas» en el manual (la Biblia)? ¿O ya los leíste, pero
a diferencia de Jesús, no has podido obedecerlos? En cualquier caso,
todavía eres inexcusable.

La parte más desafiante de Efesios 5:25 para la mayoría de los
hombres no solo es amar, sino dar. Los hombres son expertos en dar
cosas. Damos consejos, damos provisión y damos sexo. Sin embargo,
¡tenemos grandes problemas cuando nos piden que nos demos a *nosotros mismos*! Cristo se dio a sí mismo. Él nos dio su atención, su afecto
y su seguridad. Estos regalos a menudo faltan debajo del árbol cada
Navidad. Puedes ser un experto en dar cosas, pero la verdad es que tu
esposa no necesita más cosas, ¡te necesita a *ti*!

A menudo, las mujeres se preguntan qué pensamientos están encerrados detrás de los ojos cansados de sus hombres cuando sus conversaciones caen en el silencio. Se han preguntado de manera callada y para

sí mismas: «¿Adónde van los hombres cuando caen en el silencio y se alejan?». El silencio envuelve a un hombre como una manta, aislándolo de los insultos fríos del rechazo. El silencio hace dentro del hombre callado lo que hacen las bromas para el comediante. Lo protege del riesgo de rechazo y le da un cristal para que se pare detrás y mire a través del mismo mientras se sitúa en un lugar seguro de introspección.

Retumbando bajo el silencio, los chistes, las bromas o lo que sea el camuflaje, hierve la tempestuosa oleada de fricción y frustración. Si salimos del caparazón y sacrificamos nuestra protección, sentimos que nos aplaudirán o abuchearán desde el escenario. Así que trazamos un curso más seguro y extendemos nuestras manos como las tortugas de su caparazón y damos *lo que podemos permitirnos perder*. Damos lo que podemos arriesgarnos a dejar caer, ¡damos cosas!

Sé que hacemos todo lo posible para fanfarronear y fingir que somos realmente los machistas que nos mostramos por fuera. Sin embargo, creo que a la mayoría de los hombres les resulta difícil darse a sí mismos porque a menudo tienen miedo de sí mismos. Tenemos miedo de estar expuestos a lo que somos de veras, y tenemos miedo de reconocer que somos vulnerables. Dios está dispuesto a desnudarnos hasta nuestro corazón. Sin importar cuán válidas sean nuestras bases, cuán traumáticas sean nuestras apariencias ni cuán desesperadamente deseemos evitarlas, debemos afrontar nuestros temores. Si no los arreglamos, ¡al menos hagámosle frente! Nuestra inversión en el matrimonio debe ir más allá de las «cosas». Debe moverse a través del Jordán; debe subir el monte hasta la cruz donde, al igual que Jesús, nos ofreceremos a *nosotros mismos*.

Hermano, es maravilloso dar objetos. Dios nos dio el sol, la luna y las estrellas. Nos dio el día, la noche y las increíbles estaciones del año. Incluso, nos dio cascadas y playas bañadas por el sol. Sin embargo, ¡ninguna de estas cosas salvó nuestra relación con Él! Al final, se cansó de darnos leyes, mandamientos y rituales. Se cansó de darnos profetas, sacerdotes y reyes. Él decidió darse a sí mismo, y cuando lo hizo, ¡salvó a un mundo agonizante!

No importa cuánto le hayas dado a tu esposa y familia en otras esferas, debes darte a *ti mismo*. Sí, puedes marcar la diferencia. ¡Solo tú! ¡Tu atención personal, tu afecto amoroso y tu gentil seguridad pueden despertar la redención de una relación desahuciada! Si no le has dado estas cosas a tu esposa, observa tu matrimonio desde su perspectiva. Puede que te sorprendas al darte cuenta de que, desde su punto de vista, ¡ella es el buey y tú eres el asno!

NO ES FÁCIL, PERO ES POSIBLE

Quiero confesar que no es fácil abarcar todas las cosas que Dios ha puesto en mi corazón por ti. No obstante, si crees en la soberanía de Dios como yo, sabes que Dios puede hacer que una mala decisión resulte buena. Él puede hacer un milagro de un error.

También sé que el yugo del matrimonio no es fácil ni perfecto. El matrimonio solo es la unión de dos personas imperfectas que tratan de construir una vida perfecta en Cristo. De seguro que nos encontraremos tropezando y cayendo en el camino. Sin embargo, el milagro del matrimonio no se encuentra en los tropiezos; podemos lidiar con todo eso por nuestra cuenta. ¡El milagro aparece en el ascenso, en el renacimiento del amor, en el reavivamiento de la llama, en la capacidad de perdonar que se extiende desde la cruz del Calvario hasta las arrugadas sábanas del lecho matrimonial!

Date cuenta de que soy tan humano como tú. No soy ni perfecto ni un modelo; solo soy un hermano que se ha levantado en el cuerpo de Cristo para ayudar a combatir la plaga del dolor. Esa plaga quizá apagara tus ojos y atacara tu corazón, pero por la gracia y la misericordia de Dios, estoy aquí para orar por ti. Estoy orando por tus temores e inhibiciones. Estoy orando por tus frustraciones y limitaciones. Quiero que tu casa sea un hogar. Quiero que tu esposa sea tu amiga. Cuando te acuestes por la noche y envuelvas tu cuerpo cansado en las suaves sábanas de tu relación matrimonial, quiero que descanses.

Mi oración es para que disminuya tu dolor y aumente tu confianza. Para que Dios te dé la gracia de dejar tus problemas en la oficina al final del día y que te lleves a *ti mismo* a casa por la noche. Cuando tu cabeza golpea la almohada y tus brazos buscan amor y comprensión, pueden estar tan abiertos para dar como para recibir. Dios te ha dado vida, y estás vivo. Comparte esa vida con la persona que Él te dio... para amar.

No tienes que ser misionero de tu esposa. No tienes que ser un intérprete perfecto. Ni siquiera tienes que ser un «diez». Solo tienes que ser un hombre. Tu novia no tiene que ser una «convertida» a tu imagen, ni tampoco tiene que ser una intérprete perfecta ni un «diez». Solo tiene que ser una mujer, una genuina mujer de Dios. Fuerte y débil. Sabia y necia. Acertada y equivocada. A pesar de todo, ustedes todavía están sobreviviendo... ¡descansen en paz!

CAPÍTULO OCHO

Hasta los hombres fuertes necesitan descanso

¡Vivimos como si estuviéramos casi en el lado perdedor en una zona de guerra! Los jóvenes están cansados y los viejos están agotados. ¿Qué pasó con nuestra alegría y fuerza, nuestro celo por la vida misma? Estamos demasiado cansados para luchar contra la injusticia, y estamos demasiado cansados para superar nuestra fatiga.

¿Qué pasó entre los brazos de nuestras madres y las garras de la vida? ¿Qué ha producido nuestras rabietas de enojo? Somos parte de una generación de hombres cansados, ¡cuya fatiga se ejemplifica en los temperamentos furiosos y la violencia doméstica salvaje! En nuestros días, los hombres buscan con desesperación un lugar, cualquier lugar, refrescante. Buscamos un oasis de las responsabilidades secas que consumen de manera infinita las horas restantes de nuestras vidas. Buscamos algún lugar intermedio, algún refugio de reposo sanador. ¡La negación continua de nuestra necesidad de descanso nos está llevando al límite! Necesitamos vacaciones del estrés y la coacción de la actividad cotidiana.

CONDÚCEME A LA ROCA

«Cuando mi corazón desmaya. Condúceme a la roca que es más alta que yo. Porque tú has sido refugio para mí, torre fuerte frente al enemigo».

Salmo 61:2-3

El corazón de David desmayaba cuando escribió el Salmo 61. Al igual que David, nuestro estrés y tensión nos hacen gritar de dolor, y nos persiguen los fracasos y nos atormentan las tentaciones. Nuestros errores nos roban las mismas comodidades que nos ha brindado la vida. El arrepentimiento nos da sed de segundas oportunidades. «Si solo pudiera hacerlo de nuevo, pasaría más tiempo con mi hijo... Pasaría más tiempo con mi esposa... ¿cómo puedo recuperar lo que perdí?».

Nunca podemos reavivar el calor maternal del útero que incubó nuestra masculinidad, ni recordar y revivir los días en que nuestro padre nos formó y nos ayudó a entrenarnos. El dulce sabor de la infancia, una vez saboreado, se disipa para siempre, y nos dejan ser estables y responsables.

Cada niño que afronta la prueba e intenta ser un hombre, de inmediato se da cuenta de que *la necesidad es mayor que la provisión*. ¡A él es a quien debemos entregarle este mensaje urgente! No hay nada de malo en el cansancio. Hasta Cristo se cansó.

Sin embargo, ¡sentimos que llevamos el mundo entero sobre nuestros hombros! Nuestras rodillas se doblan bajo el peso insoportable de las expectativas de quienes nos rodean. ¿Qué anda mal en nosotros? El problema no solo es que necesitamos un descanso. Debemos identificar y definir *quiénes somos de veras a fin de dirigirnos en busca de alivio*.

Hermano, debes ir más allá de ser un creyente. Déjate enseñar de modo que sepas dónde puedes encontrar descanso en forma segura. ¡No es prudente descansar en cualquier lugar con cualquiera! En algún lugar, en este mismo momento, un hombre cansado está tratando de descansar en las rocas irregulares de una relación pecaminosa. ¡Está coqueteando con el peligro y jugando con la muerte!

EL CANSANCIO FATAL DE SANSÓN

Al igual que Sansón en la Biblia, la mayoría de nosotros puede resistir ataques, peligros, angustias y críticas. Podemos sobrevivir matrimonios fallidos y padres ancianos. Incluso, podemos sobrevivir a la debilidad moral, a la decadencia y al conflicto. ¡El *cansancio* es lo que amenaza con socavarnos!

¿Te das cuenta de que Dalila no mató a Sansón? Es cierto. ¡Sansón murió de cansancio! Podría haber controlado a Dalila si no hubiera estado tan cansado. Sin embargo, el pecado de Sansón no estaba en «estar cansado». Cayó en pecado porque fue al lugar equivocado para descansar.

Mi amigo, ¡mantén tu cabeza fuera del regazo de Dalila!

¡Pobre del «Sansón de hoy»! Tiene fortaleza y fuerza, poder y potencial. Su carrera, su talento, su ministerio o su «lo que sea» tienen un potencial provocador que encuentra gratificante. Puede mover puertas inamovibles y resistir circunstancias insoportables para sacar provecho o ganar enfrentamientos. El Sansón moderno posee una increíble fuerza y habilidad para sobrevivir bajo presión. Si lo arrojas desnudo al desierto, ¡al año lo verás salir de las dunas de arena con un traje nuevo y un par de zapatos de cocodrilo.

Bendecidos con éxito mientras maldecidos con ambición, a los Sansones de nuestra época nunca los derrotan, pero a menudo se desinflan. ¡Estos son los hombres que se atreven a construir un imperio con una moneda y un clavo! Los necesitamos con urgencia, pero están casi desaparecidos. Son una especie en extinción, porque en parte tienden a la autodestrucción y porque en parte fracasan en ser guías de sus preciosos dones en la próxima generación. ¡O bien su delicadeza se ha destruido por sus impulsos cancerosos o están tan ocupados teniendo éxito que no se dan cuenta de que «el éxito no tiene éxito sin un sucesor»!

¡TRANSMÍTELO!

«¡Cómo han caído los valientes, y perecido las armas de guerra!».

2 SAMUEL 1:27

¿Cómo puedes morir sin hijos? ¡El poder de los hombres está en crisis! La historia de este país es un relato que da vueltas en torno a personas heridas y maltratadas que tomaron el poder, ¡solo para criar hijos que perpetúan las tristezas de sus padres en los demás!

En nuestro trauma, intentamos construir una nación con Dios al mando, pero nos olvidamos de contarles a nuestros hijos al respecto.

Hemos arraigado nuestro sueño en la libertad religiosa, en el ejercicio libre de nuestra fe en Dios, ¡un Dios que ahora se burla de los hijos de los mismos antepasados que murieron para ganar esa libertad!

Las familias pioneras que fundaron la nación se sentaron a las mesas de banquetes para dar gracias en la primera cena de Acción de Gracias están viendo ahora cómo las familias se desintegran por el divorcio, el asesinato y las clínicas de aborto. Necesitamos volver a Dios, ¡pero será necesario un resurgimiento de padres luchadores cuya valentía similar a la de Sansón no la destruyeran la fatiga ni el fracaso moral!

¡ATRAPADO EN EL REGAZO DE DALILA!

La seductora Dalila está reservada para el hombre poderoso; es la asesina del éxito. Sus recursos no son sus caderas, labios ni las puntas de los dedos. Sus recursos son su cansancio, adormecimiento y vacío interior. No tiene que esforzarse mucho porque sabe que una vez que la cabeza de Sansón esté sobre sus rodillas, él comenzará a revelarle su corazón.

Si no tiene cuidado, la ramera se convierte en la esposa del empresario. La mujer con la que vive se convierte en su compañera de cuarto. Entonces, ¡él no viene a ella tanto para violar y acariciar, sino para encontrar un lugar de descanso y recuperación! En la casa de la ramera, el hombre poderoso se convierte en el hombre indefenso.

La descripción bíblica de Sansón y Dalila en Jueces 16 no dice casi nada sobre sábanas retorcidas y jadeos. ¡Vemos a un hombre solitario y vacío que es tan vulnerable al afecto que un gobierno hostil contrata a una ramera para seducirlo! Cargado de fatiga y soledad, Sansón no quiso columpiarse de las vides y jugar a Tarzán. Quería acurrucarse en el calor de los brazos femeninos que le recordaban el amoroso abrazo de su madre. Sansón buscó descanso en la cama de Dalila. Entonces, el hombre poderoso se durmió cuando la ramera lo acarició y le susurró con suavidad al oído.

> «Dalila se dio cuenta de que por fin Sansón le había dicho la verdad, y mandó llamar a los gobernantes filisteos. «Vuelvan una vez más —les dijo—, porque al fin me reveló su secreto».

Entonces los gobernantes filisteos volvieron con el dinero en las manos. Dalila arrulló a Sansón hasta dormirlo con la cabeza sobre su regazo, y luego hizo entrar a un hombre para que le afeitara las siete trenzas del cabello. De esa forma, ella comenzó a debilitarlo, y la fuerza lo abandonó».

JUECES 16:18-19, NTV

¡No es extraño! ¡Sansón sabía que Dalila trataba de matarlo, pero comprometió su seguridad por el «descanso» que le proporcionó!

Dalila había creado un refugio para Sansón. Este hombre tuvo una carrera exitosa, pero un matrimonio fracasado. Tenía mucho para dar, pero no tenía nadie a quien dárselo. Lo motivaron y, de repente, en medio de su vida, el poderoso hombre se dio cuenta de que estaba cansado. El hombre buscaba unas vacaciones. Buscaba descanso. Buscaba un lugar para recostar su cabeza.

«Y Jesús le dijo: Las zorras tienen madrigueras y las aves del cielo nidos, pero el Hijo del Hombre no tiene dónde recostar la cabeza».

LUCAS 9:58

HUYE DE LA LLAMA DE LA PROSTITUTA

Un hombre cansado es un hombre vulnerable. Cuando estás cansado, haces «cosas a lo Sansón». Te recuestas demasiado tiempo y hablas mucho. Sansón sabía que Dalila trabajaba para su enemigo. ¡Había intentado matarlo varias veces! Pensó tontamente: ¡*Puedo encargarme de esto!* ¡Creo que Dalila fue el oponente más aterrador en toda la vida de Sansón, pues *usó su propia sed en su contra*! Estaba tan desesperado por la soledad y el consuelo que, como una polilla atraída por la llama, ¡voló hacia lo que debió huir!

Hermano, ¿estás cansado? ¿Te sientes vacío y solo en este momento? ¡No corras hacia lo que debes huir! Muchos hombres poderosos han caído presa de algo que sabían que les envió el enemigo, porque eran demasiado orgullosos para reconocer su peligro. ¡Nunca te expongas al asesino del enemigo!

¡Tu «Dalila» puede ser *cualquier cosa que venga a tu vida para agotar tus fuerzas*! Puede ser tu carrera, una relación o un hábito. Los brazos de Dalila pueden ser el lugar prohibido al que vas cuando ya tuviste lo suficiente. «Ella» proporcionará un refugio, un escape o las vacaciones de tus sueños, pero no te dejes engañar. La ramera no quiere encantarte, ¡solo quiere destruirte! ¡Levántate mientras puedas! ¡A veces una buena carrera es mejor que una mala resistencia!

> *Padre*:
> *Te ruego por cada Sansón, por cada hombre poderoso cuya fuerza y lucha lo han dejado cansado y vulnerable. Te suplico, querido Dios, que tu fortaleza renueve la fuerza de este hombre. ¡Te pido que el plan de Dalila sea abortado y que él no vuele hacia el calor abrasador del fuego debido a que está distraído por la belleza única de la llama! En el nombre de Jesús, ¡amén!*

EL CÁNCER SILENCIOSO

Los hombres ocupados no «programan» el cansancio, pero se les presenta cuando menos lo esperan. La fatiga es el cáncer silencioso de nuestro juicio y nuestras emociones. Nos roba la creatividad y en secreto nos despoja de nuestra potencia y discernimiento. Cuando estamos cansados, tendemos a ser más vulnerables y menos cuidadosos. Nuestros nervios se ponen de punta, nuestros ánimos se caldean, ¡y hasta nuestros problemas simples parecen insuperables!

Muchos hombres toman decisiones permanentes basadas en el estrés de las circunstancias temporales cuando la fatiga les roba su buen juicio. Los hombres creativos se sienten culpables porque están cansados, y huyen del temor de que sus dones se acaben un día y ya no podrán *lograrlo*. A menudo, los hombres muy exitosos son difíciles para trabajar y amar. A estos hombres no los guían, los conducen... ¡al agotamiento total!

¡Una noche de sueño normal no puede curar mucho más el agotamiento de un Sansón que una curita puede curar un cáncer invasivo! Los Sansones de hoy en día son zombis ambulantes que se alimentan de su dolor como lo hace un drogadicto de sus drogas. El éxito es su adicción y aflicción, pero debajo de todo, necesitan desesperadamente descansar. Incluso, las cosas buenas son peligrosas si se «pierde el equilibrio». Lo que es más importante, ¿de qué sirve la bendición sin el Bendecidor? ¿De qué sirve la provisión si pierdes al Proveedor? ¿De qué sirve la mujer si pierdes la esposa? ¡Estas son preguntas válidas que merecen una respuesta sincera!

Hay un tiempo y una hora para todas las cosas. (Lee Eclesiastés 3:1). Incluso, el suelo se agota si trata de producir año tras año sin un descanso. El frío invernal detiene el crecimiento, pero también da tiempo para su reutilización. Necesitamos tiempo para renovar y reevaluar, necesitamos equilibrio. La mayoría de los que trabajamos mucho y jugamos poco somos hombres que *hemos visto al lobo del fracaso de los tiempos difíciles y de la pobreza*. Algunos huimos de nuestro terror al fracaso, ¡olvidando que el miedo es lo opuesto a la fe! El miedo puede sentirse como el combustible de la fe, pero su alimentación ácida solo le produce úlceras al cuerpo y enojo al corazón.

Tú y yo podemos presionar sin control en la batalla debido a una necesidad interna de establecer nuestro valor. La tragedia de nuestra compulsión es que nuestros críticos pocas veces cambian.

Nunca corras para ganarte el favor de los críticos ni para silenciar sus interminables críticas. Los falsos estándares de los burladores se alimentan de un ilimitado y cómodo cinismo. No se requiere esfuerzo, preparación, inteligencia ni habilidad para criticar. Por eso es el pasatiempo favorito de los niños sin educación y los adultos mediocres.

La peor parte en que nos «conduzcan» es que la enfermedad es contagiosa; nuestra desesperación tácita amenaza con dejar atrás a cualquiera que no mantenga el ritmo. Parece que estamos decididos a dirigir a nuestros seres queridos, así como a nosotros mismos. ¿Nunca nos daremos cuenta de que Dios envía diferentes tipos de personas a nuestra vida para *equilibrarnos*?

DESCANSA EN LOS BRAZOS DE DIOS

«Así que todavía hay un descanso especial en espera para el pueblo de Dios».

Hebreos 4:9, ntv

Quiero que entiendas que *el descanso sí existe*. Es algo más que dormir; es paz y tranquilidad. Es la respiración tranquila de un bebé no amenazado, seguro en los brazos de quien lo dio a luz. En tu nacimiento natural, naciste de tu madre. En tu nacimiento espiritual, naciste del Espíritu. ¡Necesitas volver a los brazos del Espíritu que te dio a luz, y encontrar descanso en su presencia y paz en sus brazos!

El río de refrigerio de Dios está diseñado para quienes tropiezan, no para los estrictos. Los estables se mantienen durante un tiempo por su propia agilidad, pero el hombre que tropieza está desesperado por su refrigerio.

> «Él fortalece al cansado y acrecienta las fuerzas del débil. Aun los jóvenes se cansan, se fatigan, y los muchachos tropiezan y caen; pero los que confían en el Señor renovarán sus fuerzas; volarán como las águilas: correrán y no se fatigarán, caminarán y no se cansarán».
>
> Isaías 40:29-31, nvi®

¡Siempre fallaremos si no nos volvemos a Dios y solo buscamos su apoyo! ¡En palabras del himnólogo: «Por ser su nombre dulce y fiel, en mi Jesús descansaré»!

Todo hombre necesita descanso. Si niegas esa necesidad, ¡a la larga hará que caigas en los brazos de Dalila! Necesitas descansar, y el único lugar donde puedes descansar de forma segura es *en la voluntad de Dios*. No importa cuán difícil quizá sea su voluntad, ¡hay un seguro consuelo que proviene de comprender y cumplir su propósito!

Todos temblamos ante la fría realidad del regazo de Dalila, tan atractiva cuando estamos cansados. Sus brazos siempre parecen estar abiertos de forma conveniente mientras grita: «Ven a mí». La buena noticia es que nuestra vulnerabilidad puede prender la llama de una gran oración y dar origen a los primeros y frágiles intentos de un corazón sincero que procura descansar en el lugar adecuado y no en el equivocado. ¡Ni el alcohol ni la codicia, ni la lujuria ni ninguna otra cosa pueden calmar a la bestia salvaje en nuestras almas como un buen momento en la presencia de Dios!

¡Oh Dios, no permitas que nos volvamos tan religiosos que no logremos atraer a los hombres a tu presencia sanadora!

En nuestra adoración y en nuestros cultos necesitamos la clase de unción que atrae a los hombres mortales (y a los cansados Sansones) a la presencia de Dios. Nada menos lo hará. Ya sea que se lo admitamos a nuestras esposas, nuestros amigos o cualquier otra persona, sabemos que sin la dirección continua de Dios, cualquiera de nosotros podría encontrarse descansando en el lugar equivocado, sin importar cuán ungidos podamos estar.

Sansón fue ungido, pero no llevó sus problemas al Señor. ¡Tómate un tiempo para apartarte y renovarte en la presencia del Señor! ¡Solo Él puede sanar tus heridas! Cualquier otro tipo de descanso solo camuflará otro ataque. Solo Dios puede concederte un lugar seguro para recostar tu cabeza. Hazlo... te necesitamos. Tu esposa te necesita. ¡Tus hijos e hijas te necesitan! Debemos tener otra generación de hombres poderosos. Ten a tus hijos, alcanza tus estrellas. Entonces, en el silencio de la noche, envuélvete en la amorosa presencia de Dios. Cuando lo hagas, con un suave murmullo, un corazón en quietud y un santuario interno de solaz, Él dirá: «Descansa en paz».

> «Y la paz de Dios, que sobrepasa todo entendimiento, guardará vuestros corazones y vuestras mentes en Cristo Jesús».
>
> FILIPENSES 4:7

CAPÍTULO NUEVE

¡Todavía eres mi hijo!

«E irá delante de Él [...] para hacer volver los corazones de los padres a los hijos, y a los desobedientes a la actitud de los justos».

LUCAS 1:17

Está lleno de mi sangre, y se pone de pie con mis huesos. Sus ojos están húmedos con mi rocío, y se parece a mí. Es mi billete a la siguiente generación, mi nave espacial a la tierra de los jóvenes. Es mi oportunidad de brindar apoyo, fortaleza y solidaridad a una parte de mi destino. Me ofrece mi única oportunidad de ser todo lo que quería que otra persona fuera para mí.

Sanarlo es lo mismo que sanarme. Amarlo es amarme. El proceso de evitar que cometa mis errores de alguna manera le da sentido a mi dolor más profundo. Soportaré lo que sea necesario para ayudarlo a alcanzar una estrella. Es como arcilla caliente que espera transformarse en hombre. Es mi yo, mi amigo, mi camarada. ¡Él es mi hijo!

Elegido por mi corazón o engendrado por mis entrañas, es todo lo que invierto en él hoy para los desafíos del mañana. Dios me conceda gracia para la paternidad y sabiduría para su crianza. Sin la dirección de Dios ayudándome y preparándome, no puedo criar a mi hijo como debería.

QUERIDO PAPÁ

La paternidad se ejemplificó en la voz atronadora de Dios cuando atravesó las nubes y habló en el río Jordán. Apoyó en público a un

Hijo que muchos vieron como polémico. Dijo lo que todo hijo anhela escuchar decir a su padre: «Este es mi Hijo amado, ¡en quien tengo complacencia!».

Es la aprobación paterna la que hace que el más pequeño de las Ligas Menores corra más fuerte que el resto. Hace que los tímidos niños pequeños le hagan frente a los extraños ruidos nocturnos y a los insectos que pican por la noche en los campamentos de Niños Exploradores solo para escucharles a sus padres decir: «Bien hecho, hijo». ¡La sonrisa de un padre complacido es más dulce que los caramelos y más rica que los diamantes para su hijo!

¿Qué sucedió? Nuestros héroes han cambiado de nuestros padres a una cadena interminable de actores enloquecidos por las drogas, y atletas hastiados e ingratos. Cuando era niño, ¡creía que mi padre era el hombre más fuerte del mundo! Sin embargo, esa apariencia saludable se ha esfumado. Los tiempos han cambiado, y las películas han cambiado. A la paternidad la empujaron al estante trasero con las reediciones polvorientas de la serie televisiva de la tribu Brady. ¿Alguien lo ha notado? ¡Las necesidades de nuestros hijos *no* han cambiado!

LA AFLICCIÓN POR LA PATERNIDAD

Uno de los mayores engaños en nuestra sociedad es la idea de que los hombres sufren por las mujeres. Hay excepciones, pero descubrirás que no sufrimos por nuestras madres ni esposas. No, extrañamos a nuestros padres. De ellos es que más a menudo sacamos nuestra fuerza, nuestra debilidad, nuestro placer y nuestro dolor insoportable. Alguien nos robó a nuestros héroes.

Los padres ausentes y perezosos han plagado a esta nación con hijos confundidos y esposos enojados. Millones de hombres jóvenes amargados y abandonados se están convirtiendo en hombres sin mentores. ¿Cómo podemos esperar que se refieran a heridas y necesidades de otros como verdaderos hombres cuando sus propias heridas profundas nunca se han sanado? Este vacío de anhelo y quebrantamiento en los hombres de esta generación ha generado un torrente de conflictos, promiscuidad, perversión y violencia doméstica. Los hijos quebrantados y heridos les piden a sus padres un depósito de verdadera virilidad, pero sus padres están en bancarrota, ¡nadie ha hecho un depósito auténtico en ellos!

Es doloroso admirar a alguien ausente. Una historia de amor de un solo lado nunca es satisfactoria. Los brazos vacíos no ofrecen un abrazo consolador y reconfortante. Los brazos vacíos solo reflejan la carencia de un hijo que se arriesgó a ser sincero, solo para que le rechazaran y desecharan en el desolado portal de un hogar roto.

Nuestros jóvenes se han cansado de practicar deportes ante las gradas vacías. Cuando eran niños pequeños, coloreaban con esmero las fotos y las traían con orgullo a casa, pero papá no estaba allí para admirar su trabajo y recompensarlos con la inestimable alabanza de un padre. Ahora, al final de su esperanza y su infancia, tiraron sus libros de colorear. Perforaron con enojo sus balones y compraron armas. Se cansaron de bailar solos la inquietante melodía de la virilidad.

LLENEMOS LOS VACÍOS

Nuestros jóvenes se están muriendo de ira y dolor, y se preguntan: «¿Qué hice para ahuyentar a mi papá?». Un padre es una imagen del destino de un joven, un testimonio viviente de lo que puede pasar con el tiempo. Papá es nuestra primera definición de masculinidad. Su ausencia nos deja buscando desesperados a otra persona para que «llene el vacío». Si la iglesia no lo hace, lo hará la comunidad gay. Si la iglesia no lo hace, lo harán las pandillas y los narcotraficantes. Si la iglesia no lo hace, lo harán los pornógrafos. Los hijos vacíos siempre buscarán a alguien que llene el espacio que deja el padre ausente.

Los trajes oscuros bien confeccionados y las corbatas de seda brillantes no pueden cubrir los espacios de los enormes vacíos en los corazones quebrantados de los hombres. Ni siquiera las intensas mujeres voluptuosas y vestidas de encajes pueden consolar la angustia de las bloqueadas lágrimas masculinas ni sus gritos ahogados. Los hombres quebrantados intentan enmascarar sus heridas detrás de los emblemas vacíos del éxito, pero ocultos detrás de esas fachadas frágiles están gritando los corazones atados en un silencio forzado. Todos poseen un elemento común de necesidad desesperada, un vacío familiar que rastrea sus lugares maltrechos y los lacerantes dolores de hombres prácticamente humillados.

Un río carmesí gotea sin control de los corazones heridos y los lugares ocultos de los hombres modernos. Nos escondemos detrás de nuestras máscaras e intentamos actos de caballeros, para luego, como niños pequeños, jactarnos del sexo, aunque nunca hayamos conocido el verdadero amor. Anhelamos un toque tierno, pero le tememos a la ternura. Queremos ser lo bastante fuertes como para servir de apoyo, pero lo bastante tiernos como para relacionarnos con el dolor de los demás. ¿Pueden los heridos sanar al lastimado?

LLOROSO Y RESUCITADO

> «Jesús lloró. Por eso los judíos decían: Mirad, cómo lo amaba
> [...] Entonces quitaron la piedra. Jesús alzó los ojos a lo alto, y
> dijo: Padre, te doy gracias porque me has oído [...] Habiendo
> dicho esto, gritó con fuerte voz: ¡Lázaro, ven fuera!».
>
> JUAN 11:35-36, 41, 43

Mi idea de un héroe es un hombre que es lo bastante tierno como para llorar en el funeral de su amigo, ¡pero lo bastante fuerte como para llamarlo desde la tumba! Jesús fue lo bastante tierno para respetar las vulnerabilidades de las mujeres que amaba, ¡pero luego se secó las lágrimas y asumió la responsabilidad de cambiar las circunstancias que crearon el dolor!

Espero que no sepultaras tu trauma pensando que no se podía sanar. Recuerda, ¡tu Dios resucita a los muertos! Si de veras quieres resucitar una situación muerta, deja de llorar. ¡Levántate y ordena que se levante! ¡Ve a buscar a tu hijo en una tumba de drogas! ¡Levanta a tu padre borracho de la cuneta de una calle de la ciudad! Tal vez debas abordar de nuevo el dolor frío e impersonal de la mirada indiferente de tu padre. No importa lo que los mató o separó, si quieres que tu padre o tu hijo regresen, ¡debes levantarlos!

¡Jesús lloró! Sin embargo, cuando terminó de llorar, comenzó a resucitar. La tragedia de María fue que pensó que era demasiado tarde. No cometas el error de María. La evidencia puede parecer mala, y ahora quizá hieda la situación. En cambio, si lo quieres, levántalo de todos modos, a pesar de tu decepción. Atraviesa la brecha y elige amar de todos modos. Si quieres que sane tu relación con tu hijo, esposa, hija o padre, ¡«quita la piedra» e involúcrate! (Incluso si hiede, ¡valdrá la pena ver una resurrección!).

«Ven a mí», le dijo el padre al hijo pródigo. Si todavía estamos vivos, si todavía tenemos aliento, nos decepcionaremos los unos a los otros. Es parte de ser humanos. Si nuestro amor no puede superar la decepción, moriremos solos, amargados y rebeldes.

Los padres que están enojados y decepcionados con el resultado de sus hijos a menudo tratan de instruir o dirigir a sus hijos adultos como si fueran niños. Ese día terminó. Tu hijo nunca volverá a ser un niño pequeño, así que quita las ruedas de entrenamiento y pon los largos sermones en el armario. Solo lo están alejando. Si alguna vez se resucita a Lázaro, debes llamarlo hacia ti, no echarlo de ti. Jesús dijo: «¡Lázaro, ven fuera!».

DESAPARECIDO EN COMBATE

Hijo enojado, ¡cuidado con tu actitud crítica!

A los dieciséis años de edad, escuché el lento crujido de las poleas que bajaban el cuerpo frío de mi padre en la arcilla roja del Misisipi, y aprendí que los hombres muertos no pueden hablar ni escuchar. Me quedé allí con mil problemas sin resolver en mi corazón. Lágrimas ardientes corrían por mi cara mientras lloraba por mi padre. Lloré por las preguntas que no pude hacerle. Lloré por los nietos que nunca vería. Lloré por el brillo que nunca observaría en sus ojos envejecidos. Lloré por mi madre, que nunca más se casó.

A pesar de las fallas de mi padre, lloré por sus intentos de proveernos, amarnos y protegernos, y por sus tragedias. Sobre todo, lloré por mí mismo. Papá se fue como una ráfaga de viento. Se deslizó entre mis dedos como arena. Apreté con fuerza la mano, pero cuando la abrí, estaba vacía. Se había deslizado a través de las grietas, y me pregunté: «¿Cómo pudo marcharse sin una despedida?».

Supongo que siento un poco de envidia de los hombres de mi edad cuyos padres todavía están vivos y pueden estar a su lado. Siempre me siento atraído por los equipos de padres e hijos. Me encantan esos hombres de cabello gris cuyos suéteres son demasiado grandes y cuyas espaldas comienzan a doblarse. Conoces a los hombres de los que estoy hablando, los hombres mayores cuyos dientes son demasiado prominentes y que están llenos de historias que ya escuchaste. Cuando los veo echar hacia atrás sus correosas mandíbulas y sonríen hasta que sus ojos brillan al mirar a sus hijos, siempre trato de decirles a esos hijos: «Son bendecidos». No importa cuánto haya hecho o no tu padre, si sus arrugadas orejas pueden escucharte y sus ojos vidriosos pueden verte, ¡puedes resolverlo!

El definitivo padre ausente es el que está muerto. No hay discusiones que tener ni problemas que resolver. Se marchó, como una brisa que sopla por tu cara. La sientes, la tocas y luego se va. No importa qué tan mal esté deteriorada tu relación con tu padre, si todavía está vivo, ¡encuentra una manera de reconciliarte! Han pasado veintidós años desde la muerte de mi padre, y durante todos esos años de vivir, amar y criar a mis propios hijos, nunca más lo volví a ver. Sin embargo, todavía anhelo ver esa sonrisa conocida en su rostro y escuchar su voz tranquilizadora.

Estoy agradecido por los recuerdos de la mano de mi padre... la suave mano que me rozó la frente y la mano juguetona que me frotó el vientre cuando era niño. Estoy agradecido por los ruidos que hacía mientras soplaba en mi estómago hasta que me reía como un niño pequeño. Al menos tengo un recuerdo y un momento con mi padre. Sé que hay muchos que nunca han sentido el toque de su padre, han luchado en el suelo ni han sido empujados en un columpio. Todavía me pregunto cómo sería sentarme en un portal hoy y escuchar a mi padre contarme algunas de esas historias absurdas sobre personas que ni siquiera logro recordar. Solo puedo imaginar la sonrisa radiante que iluminaría su rostro si pudiera sostener en brazos a uno de sus revoltosos nietos hoy.

Más que nada, sentí el dolor de la ausencia de mi padre mientras actuaba en los campos de fútbol de la vida. He hecho una anotación tras otra, y he escuchado el estruendo de grandes multitudes, pero siempre faltaba una cara en las gradas. Anhelaba escuchar una voz especial sobre el rugido de la multitud... ¡pero desapareció en combate!

LLENA EL VACÍO

> «Entonces Jonatán le dijo: Mañana es luna nueva y serás echado de menos, porque tu asiento estará vacío».
>
> 1 SAMUEL 20:18

Si puedes llenar el asiento vacío de tu vida con un cuerpo, hazlo. Si tienes que poner sobrio a tu padre solo para hablar con él, ¡búscalo y tócalo! En un abrir y cerrar de ojos, se habrá marchado. En un momento, se desvanecerá. Su sabiduría puede parecer anticuada y sus consejos quizá no se soliciten, pero solo escucha su voz antes de que desaparezca.

Si tu padre está vivo, búscalo. Si tu padre falleció, comunícate con tus hijos y sé un padre para ellos. Si no puedes tener un padre, sé uno. Supera tu pérdida o falta convirtiéndote en lo que te gustaría tener. ¡Dales a tus hijos lo que perdiste! Supera todos los obstáculos para amar y restaurar lo que falta. Libera el dolor de tu divorcio, abuso y temor a Dios, y ábrele tus brazos a tu hijo. Si es el presidente de un banco o está muriendo de sida, ¡todavía es tu hijo!

Cuando el hijo pródigo se apartó de los fangosos comederos de la pocilga y se dirigió a su casa, no lo recibieron con desprecio, tampoco con un «Te lo dije», ni siquiera con una advertencia. Su viejo padre artrítico entrecerró los ojos para contemplar el camino, como había hecho todas las mañanas desde que se marchó su hijo menor. Cuando vio a su hijo cubierto de lodo por el camino, ¡no necesitó bastón ni andador! Ese anciano saltó de ese portal y corrió por el camino polvoriento para encontrarse con su hijo perdido. El pródigo había perdido todo lo que tenía; fue un lamentable fracaso y una desgracia para todos los demás, *¡pero no para su padre!* Su padre lo recibió con los brazos abiertos en amor incondicional y aceptación.

Es hora de que abras tus brazos, hombre de Dios. Ábrele tus brazos cansados a tu esposa. ¡Recibe a tus hijos e hijas, a pesar de sus fallas o las tuyas! Si vamos a tener familias, debemos dejar que el amor nos lleve más allá de las heridas que nos separan. Es hora de perdonar y ser perdonados.

¡BIENVENIDO A CASA!

> «Me levantaré e iré a mi padre, y le diré: "Padre, he pecado contra el cielo y ante ti [...]". Y levantándose, fue a su padre. Y cuando todavía estaba lejos, su padre lo vio y sintió compasión por él, y corrió, se echó sobre su cuello y lo besó [...] Pero el padre dijo a sus siervos: "Pronto; traed la mejor ropa y vestidlo, y poned un anillo en su mano y sandalias en los pies; y traed el becerro engordado, matadlo, y comamos y regocijémonos; porque este hijo mío estaba muerto y ha vuelto a la vida; estaba perdido y ha sido hallado". Y comenzaron a regocijarse».
>
> Lucas 15:18, 20, 22-24

El fugitivo cuyo corazón está lleno de miedo no tiene trofeos para llenar su manto. Viene sin méritos ni elogios. Solo tiene cicatrices, heridas y laceraciones que marcan su viaje desde la locura hasta el fracaso. ¿En realidad importa si eres el padre o el hijo? Hemos levantado una generación que ha perdido su camino. Los padres han desaparecido y los jóvenes preguntan: «¿Puedo volver a casa?».

¿Qué sabía el padre del hijo pródigo que le hizo evitar el discurso de «Te lo dije»? Sé lo que era. A pesar del cabello sucio y el olor putrefacto del hijo, y a pesar de su bancarrota moral y sus errores rebeldes del pasado, ¡su padre agradecido se echó sobre el cuello de su hijo y lo besó porque sabía que *cuando tocaba a su hijo, se tocaba a sí mismo*!

Tu hijo quizá sea un discapacitado en su moralidad o un retorcido en su sexualidad. Tal vez sea irresponsable e inestable, y a lo mejor necesite horas de amor y tranquilidad antes de aceptar al Dios de su padre. Su único vislumbre del Dios a quien sirves puede llegar en el momento en que sienta tus brazos paternales a su alrededor. No importa cuán oscura sea la noche y no importa cuán ardientes sean las lágrimas, abraza a tu hijo pródigo y declara: *«¡Todavía eres mi hijo!»*.

Si eres un hijo perdido y no tienes un padre terrenal ni un lugar al que llamar hogar, te declaro en este momento: *«Tú eres un hijo escogido, precioso. Aunque estabas perdido, ¡hoy te he hallado! ¡Bienvenido a casa, hijo mío, en quien estoy muy complacido!*

CAPÍTULO DIEZ

Padres sustitutos

¿Cómo podemos restaurar lo que nunca fue? ¿Qué número podemos marcar cuando no hay lugares al cual llamar? ¿Dónde podemos ir cuando no hay direcciones que encontrar? Para millones de hombres y mujeres, la oportunidad de una verdadera relación padre-hijo se les robó en su concepción debido a los asuntos secretos y las aventuras de una noche de niños que participaban en juegos de adultos. ¡Dejaron atrás a los bebés condenados a un futuro lleno de rechazo y un destino maldecido por la confusión!

Los hombres sin padre recorren nuestras calles con un dolor interminable, escudriñando las tumbas de su herencia perdida, gritando: «¿Quién es mi padre?». Algunos aprenden la verdad solo para desear no haber hecho nunca la pregunta. Esto solo aumentaba el dolor de su soledad. Y a otros, como a mí, nos arrebataron con crueldad de los brazos de crianza de sus padres por los dedos helados de la enfermedad, el padecimiento y la muerte.

¿Qué se debe hacer con esos de nosotros que nos dejaron atrás y nos quedamos solos? Al igual que un rompecabezas cuyas piezas se perdieron, nunca podemos crear una imagen completa de nuestra identidad. Parece que siempre falta una parte de nosotros. ¿No hay manera de recuperar las piezas faltantes?

RECUERDOS INCONFESABLES

A algunos de nosotros nos han maltratado, golpeado y herido. A algunos hasta los violaron y maltrataron de manera brutal, aunque

el silencio sobre el abuso sexual masculino es ensordecedoramente
silencioso. (¿Qué hombre se apresura al frente de una habitación y
admite ante sus amigos que fue víctima de abuso sexual?). ¿Cuántos
de nosotros evolucionamos a la masculinidad disfuncional de los
recuerdos de niños pequeños que tiemblan en un rincón tratando
de proteger a la madre de un hombre al que llamamos padre? ¿Qué
confusión surge cuando el protector y proveedor se tambalea borracho
en casa y golpea a su familia?

   ¿Cómo puede un simple niño defenderse u oponerse a su
padre, cuyas manos abofetearon a su madre una y otra vez en la
noche? Innumerables ojos amoratados, extremidades rotas, espaldas
golpeadas y piernas ensangrentadas han dejado cicatrices en los
cuerpos y heridas en las mentes de los niños hechos hombres,
hombres que recuerdan mucho más de lo que sus madres nunca
permitirían que se hablara.

> *«Chis, escuché la puerta de un auto. Ay, Dios, ¿será él? No*
> *dejes que se emborrache esta noche... por favor, ¡tengo que ir a*
> *la escuela! Yo podría matarlo. ¿Por qué siempre actúa así? ¿No*
> *nos ama? ¿Qué nos pasa? No, ¿qué me pasa? ¿Qué hace que me*
> *odie tanto? ¿Por qué otra cosa arruinaría mi vida, abofetearía*
> *a mi madre y me atacaría? A veces es maravilloso, y luego creo*
> *que lo amo, excepto cuando vuelve a casa así...».* Una vez más,
> *la puerta se cierra de golpe y comienzan las maldiciones.*

   Estos recuerdos plagan legiones de hombres. No, estos no son los
delicados escenarios de los personajes «Ozzie y Harriet» representados
en la televisión. Estos dramas oscuros están llenos de ambulancias,
pisos de cocina ensangrentados y mentiras terribles, los elementos
básicos para un ciclo interminable de desdichas en muchos hogares
disfuncionales.

   La tragedia ocurre cuando quien admiras hace algo que detestas.
¿Cómo te sentirías con respecto a un hombre que ama a tu madre
en un minuto y la golpea hasta dejarla sin sentido al siguiente? En
un momento estás en el parque, y al siguiente momento estás en la
sala de urgencias. ¿Cuántas veces puede un niño pequeño mentir y

decir: «Me caí por las escaleras», cuando la casa de su familia no tiene escaleras? Todo lo que de veras tienen es una casa llena de dolor.

Mientras que la mayoría de los hombres recuerdan las cañas de pescar y los juegos de las Ligas Menores, otros solo pueden recordar las infancias salpicadas de sangre, contaminadas con violaciones y selladas con silencio. Estas son las aflicciones secretas detrás de su dolor, los problemas candentes que hacen que los borrachos beban. Estos son los fuegos del tormento que llevan a los hombres adultos a jugar perversamente con niños inocentes. ¡En algún lugar profundo del hombre atormentado hay un niño atormentado que se siente condenado a atormentar a los demás!

> «Y vosotros, padres, no os provoquéis a vuestros hijos, sino en la disciplina e instrucción del Señor».
>
> EFESIOS 6:4

La rabia ha infectado nuestra virilidad como una enfermedad contagiosa. ¡Ha robado nuestro desarrollo normal porque a muchos hombres nunca se les permitió disfrutar primero de la inocencia y la libertad de la niñez! ¿Quién provocó tanta rabia en sus almas y les enseñó a actuar con tanta ira? ¿Quién los guio con una furia tan incontrolable?

DESATEN AL HOMBRE

Sé que quieres respuestas, pero las respuestas varían de casa en casa y de hombre a hombre. Detrás de cada disfunción encontrarás deshonra, deslealtad o, al menos, desorden. El amor de Cristo aún saca a los hombres quebrantados de sus tumbas de dolor hoy en día, tal como sacó a Lázaro hace siglos. Responden de inmediato al llamado de la esperanza, pero cuando emergen, todavía están atados, atrapados y envueltos en el mal olor de la descomposición.

¿Nos atreveremos a obedecer el mandato que Jesús les dio a sus discípulos conmocionados en la tumba de Lázaro? ¿Arriesgaremos la contaminación para «desatarlos y dejarlos ir»? (Lee Juan 11:44). Desatar los nudos de los problemas complicados de los hombres de la vida real nos obligará a involucrarnos personalmente en casos malolientes que ni siquiera nos gustaría tratar, ¡y mucho menos desenredarlos con nuestras manos cuidadas con esmero! ¿Qué sucedió con el simple canto de himnos e inofensiva banca que hemos llegado a amar? La alabanza dio a luz una resurrección, y hay un cautivo para liberar. Los bancos se han apartado; ¡el Maestro nos llama al frente para ayudarlo a desatar al hombre!

Cuando llamamos a estos hombres de sus mazmorras de desesperación (y vienen por miles), ¿quiénes estarán esperando dentro de la cripta para desatarlos y dejarlos ir? Si a estos hombres recién resucitados se les debe desatar, ¡los hombres maduros tendrán que hacerlo! Es un proceso laborioso, pero *necesitamos hombres que desaten a los hombres*. Necesitamos hombres desinteresados que pongan sus propias manos en las vendas putrefactas de sus hermanos y digan: «Tira a tira vamos a desentrañar las pesadillas. Vamos a desentrañar tus actitudes, ira y temperamento. ¡Nos negamos a dejarte volver a la tumba!».

> «Habiendo dicho esto, gritó con fuerte voz: ¡Lázaro, ven fuera! Y el que había muerto salió, los pies y las manos atados con vendas, y el rostro envuelto en un sudario. Jesús les dijo: Desatadlo, y dejadlo ir».
>
> JUAN 11:43-44

Muchos de nosotros estamos sujetos y atados con los problemas paralizantes del pasado. Nos hemos movido hacia la luz del Dios que nos llama, pero no podemos ir más lejos; estamos atados de pies y manos con el sudario de nuestro dolor.

Cuando los llamados de Dios permanecen atados, a menudo se vuelven cínicos, enojados y tempestuosos. ¿Te imaginas cómo sería despertarte y descubrir que estabas bien atado en una sábana, sin esperanza de escapar? ¿Ahora entiendes por qué tenemos el llamado a robar las tumbas de la sociedad para llegar a personalidades en decadencia como Lázaro a quienes han atrapado, envuelto y enrollado en una tumba? También tenemos el llamado a ayudar a hombres como el apóstol Pablo, quien confesó sin rodeos que su éxito no fue completo. Seguía buscando la perfección, pero al menos se había apartado de su pasado.

«Hermanos, yo mismo no considero haberlo ya alcanzado;
pero una cosa hago: olvidando lo que queda atrás y exten-
diéndome a lo que está delante, prosigo hacia la meta para
obtener el premio del supremo llamamiento de Dios en
Cristo Jesús».

FILIPENSES 3:13-14

El miedo al fracaso puede paralizar al corredor e inmovilizar su búsqueda de integridad. Algunos hombres están aterrorizados de no poder
salir a la luz ni sobrevivir en medio de todos. ¡Han vivido en el confinamiento de sus calabozos durante tanto tiempo que están aterrorizados
por completo! Se quejan de la iglesia, del pastor, y de esto y lo otro, pero
el problema real es que Lázaro no cree que pueda hacerlo.

¡Lázaro tiene razón! No puede hacerlo a menos que alguien esté
dispuesto a acercarse lo suficiente para oler la descomposición y, aun así,
opte por quedarse para perder sus vendajes sucios. Si podemos encontrar hombres que nos desenreden, somos bendecidos. Estos hombres se
vuelven como padres para nosotros. Sus lazos no pueden analizarse en
pruebas microscópicas porque son nuestros padres en espíritu, no de
sangre. Estos padres sustitutos nos devuelven lo que nos quitó la vida.

LA BÚSQUEDA DE UN PADRE ESPIRITUAL

Una vez que escapemos de nuestras tumbas, descubriremos que las
piezas faltantes se rellenan y los lugares dañados se reparan a través
de nuestras relaciones con nuestros padres espirituales. Si queremos
tocar a los hombres, debemos aprender a «adoptarnos» unos a otros.
Algunos hombres necesitan con urgencia que los adopten, pues
les hace falta experimentar una relación que nunca tuvieron en su
infancia. Están buscando un padre y un mentor.

Creo que esto es lo que causó que David soportara tanto a Saúl.
Cuando David llegó al palacio de Saúl, «acababa de separarse de padres
y hermanos». Cuando llegó el profeta Samuel, el padre y los hermanos
de David «olvidaron» mencionarlo como posible candidato al trono.
Era obvio que no era el hijo preferido de su padre. Si Samuel no
hubiera insistido, a David nunca lo hubieran llamado ni su padre ni

sus hermanos. Quizá sepas lo que se siente al excluirte de los elegidos y al tildarte de inadaptado. ¡Anímate, porque a Dios le encanta ungir a los inadaptados para cumplir su propósito y destino divinos!

A David lo honraron cuando el rey Saúl le pidió que se uniera a su casa real. Parecía una gran oportunidad, pero Saúl era el hombre equivocado. Nunca elijas a un padre que esté celoso de tu éxito, porque solo te molestará. Hablando en sentido figurado, solo se relacionará contigo por su propio placer o ganancia. Muchos de nosotros que nunca hemos sido víctimas de abuso sexual sabemos cómo se siente el abuso emocional a manos de personas que solo se relacionaron con nosotros por su beneficio corrupto. En ambos casos, el resultado es el mismo: le tememos a confiar. Nos encerramos y no tenemos la posibilidad de sanar de situaciones más profundas.

No permitas que Saúl gane en tu vida. Si tuviste una mala experiencia en tu búsqueda de un mentor piadoso, inténtalo de nuevo. Dios te proveerá un padre sustituto confiable.

> «Elías pasó adonde él [Eliseo] estaba y le echó su manto encima. Dejando él los bueyes, corrió tras Elías, y dijo: Permíteme besar a mi padre y a mi madre, entonces te seguiré. Y él le dijo: Ve, vuélvete, pues, ¿qué te he hecho yo?».
>
> 1 REYES 19:19-20

Entre Eliseo y Elías se forjó un vínculo ese día. Nació de su necesidad mutua de relación de pacto. Las mejores relaciones están aseguradas por la necesidad mutua: el seguro que desafía la traición. La necesidad mutua de la vid y la rama crea una relación que puede ser fructífera y productiva. Este es el vínculo que Dios envía a las vidas de los hombres que necesitan un padre para completar su entrenamiento. La mayoría de los hombres necesitan la aprobación de un padre y, por esta razón, un padre sustituto debe ser alguien que respetes, o su aprobación no significará nada para ti.

¡NO ABUSES, MENTOR!

Una de las cosas maravillosas de la iglesia es que reproduce un sentido de familia. Esto es cierto en especial para los hombres que nunca disfrutaron del amor de un padre ni de su aprobación en sus vidas. Los pastores deben recordar que solo una palmadita o una sonrisa suya tranquilizarán incluso a los hombres más fieles. Les da a los hombres un sentido de orgullo y afirmación que solo rivaliza con los elogios de un respetado entrenador cuya atención personal le da a un jugador de fútbol un afectuoso sentimiento de logro.

Como pastor, admito que es fácil estar ocupado y olvidar lo importante que es mi atención personalizada para el nivel de rendimiento y el bienestar de las personas con quienes trabajo, en especial los hombres asociados conmigo.

«Porque aunque tengáis innumerables maestros en Cristo, sin embargo no tenéis muchos padres; pues en Cristo Jesús yo os engendré por medio del evangelio».

1 Corintios 4:15

Muchos hombres que entran por las puertas de la iglesia están sangrando por las heridas profundas infligidas por padres naturales que los golpearon y maltrataron durante su infancia. Dios está indignado cuando sus hijos heridos encuentran a un padre sustituto en la iglesia que ejerce de manera injusta su autoridad y se van por la tangente de dominación espiritual, ¡infligiendo nuevos abusos a hombres que ya están abatidos!

Necesitamos padres que sean sensibles al hecho de que son mentores y padres de hombres que han pasado por traumas y abusos que tambalearían la mente. ¡Demasiados líderes infligen más de los mismos abusos que sus protegidos ya sufrieron en lo natural! Estos líderes son dictatoriales, abusivos e insensibles, todo en el nombre de Cristo Jesús. ¡Hay una gran diferencia entre ser «fuerte y categórico» y ser «dictatorial y abusivo»!

Muchos hombres que llenan nuestros púlpitos tienen tantos problemas sin resolver como sus miembros. Nadie es perfecto, pero si estos pastores no le permiten a Dios revelar, confrontar y sanar sus propios problemas, perpetuarán un círculo vicioso de maldiciones generacionales. Así el dolor pasa de padre a hijo. ¡Este dolor debe parar!

¡Hoy, aquí y ahora, reprendo la maldición y el dolor que ha cerrado las entrañas de nuestra compasión y nos ha dejado fríos e indiferentes! Antes de que este hombre arruine a todos los que lo respetan, libéralo para amar a su esposa y que sea padre para sus hijos, tanto naturales como espirituales. Libéralo de ser frío, indiferente y abusivo. Está sufriendo y encarcelado por su propio punto de referencia. En el nombre de Jesús, declaro: «¡Deja ir a ese hombre!».

¡El vínculo entre Elías y Eliseo era tan poderoso que Eliseo se alejó de sus padres naturales y de la posición en la familia para seguir a Elías! Eliseo quemó el duodécimo yugo de bueyes que conducía y abandonó los campos para siempre porque había encontrado a un padre sustituto y un mentor espiritual. Esta es una prueba de que la adopción sustituta no siempre significa que el padre natural de un hombre fuera abusivo. La relación sustituta de Eliseo tuvo más que ver con su necesidad interna de cumplir y despertar el don espiritual y el llamado que tenía dentro.

VIERTE AGUA EN SUS MANOS

Si quieres escalar de lo mediocre a lo sobrenatural, encuentra a alguien que esté haciendo lo que quieres hacer. La gente nunca puede darte lo que no ha recibido. Cuando encuentres a una persona así, no permitas que el egoísmo y la manipulación dominen tu vida. No le robes ni le destruyas con tu codicia o necesidad. Vierte agua en sus manos, ¡eso significa *servirlo*!

> «Dad, y os será dado; medida buena, apretada, remecida y rebosante, vaciarán en vuestro regazo. Porque con la medida con que midáis, se os volverá a medir».
>
> Lucas 6:38

¡La mayor inversión que puedes hacer es invertir en las personas! Eso es lo que hizo Dios. Él invirtió a su Hijo en la humanidad, y recogió la cosecha de la iglesia. Haz una inversión; paga lo que debes. ¡Da, y aprende el arte de ser bendecido! Los hombres grandes de veras son los que sirven. Los hombres grandes de veras se lavan los pies los unos a los otros. ¡Nunca estarás completo a menos que aprendas a servir a alguien que no seas tú mismo!

Si me muestras a un Lot que sobrevivió a Sodoma, te mostraré a un Abraham que hizo una inversión en Lot. Si me muestras a un Eliseo que hizo el doble de milagros que su predecesor, te mostraré a un Elías que se quedó despierto hasta tarde en la noche educando a su sucesor. Si me muestras a un Timoteo que dejó asombrada a su generación y se convirtió en un gran líder, te mostraré a un apóstol Pablo que siguió escribiéndole a su hijo sustituto, incluso mientras le hacía frente a la sonrisa burlona de la muerte.

Si has alcanzado algún nivel de éxito, ¡viértelo en otra persona! ¡El éxito no es éxito sin un sucesor! Pablo le contó sus recuerdos espirituales a Timoteo mientras se paraba en los bancos del tiempo y miraba a través de la ventana de la muerte a las espectaculares vistas de la eternidad. Ya le había enseñado cómo predicar y cómo orar. Ahora le enseñaba a Timoteo cómo morir:

> «Mantente despierto, vigilante. No temas sufrir por el Señor. Gana almas para Cristo. Cumple con tus deberes.
>
> »Ya pronto no podré ayudarte. No me queda mucho tiempo».
>
> 2 Timoteo 4:5-6, lbd

TOMA EL MANTO

De vez en cuando, en medio de pomposos actores y famosos orgullosos, aparece alguien que tiene la capacidad de influir para siempre en tu vida. Entra a tu existencia con humildad, a través de una puerta lateral, y solo es un invitado por unos momentos. Sin embargo, tiene una habilidad única para mostrarte tus propias fortalezas. Cuando brilla, puedes ver mejor tus propias habilidades. Con una simple sonrisa, puede sanar las cicatrices de tu infancia. Con una palabra, puede reconstruir las paredes rotas de tu autoestima. Su atención paternal dignifica tu existencia, y floreces en su presencia como rosas al sol y trigo maduro en un campo floreciente.

Se los advierto a ti y a cada miembro de esta generación: el tipo de hombres del que estoy hablando entra por una puerta y sale por la otra. Son extraños que pasan por los días de nuestras vidas. Son fantasmas en la noche, enviados por Dios a los indigentes. Estos hombres son como los ángeles disfrazados. Ni perfectos ni intachables, aun así son agentes poderosos y eficientes de Dios encargados de salir con los que tocan un manto dado de excelencia y poder.

Si Dios te da la oportunidad de caminar en presencia de un padre sustituto, lo sabrás sin pedir la opinión de otro. Cuando cuelgues el teléfono, su voz tranquilizadora y sus palabras sabias te renovarán. Cuando salgas de la habitación con él, ¡descubrirás que estás «henchido» de expectación! Aprecia el momento y saborea el intercambio, ya que en un instante desaparecerá de tu vista.

> «Y aconteció que mientras ellos iban andando y hablando, he aquí, apareció un carro de fuego y caballos de fuego que separó a los dos. Y Elías subió al cielo en un torbellino. Lo vio Eliseo y clamó: Padre mío, padre mío, los carros de Israel y su gente de a caballo. Y no lo vio más. Entonces tomó sus vestidos y los rasgó en dos pedazos».
>
> 2 Reyes 2:11-12

El viento se los lleva con rapidez, ocultándolos de la vista en una nube. Llevados como una muleta de una pierna sanada, su repentina partida nos deja tambaleándonos cuando nos vemos obligados a quedarnos solos. Lo que sea que les darían para honrarlos y apreciarlos en ese momento, háganlo ahora. Si intervinieron cuando los padres naturales los abandonaron, si dieron un método a la locura y al propósito de su dolor, hablen rápido, ámenlos de manera intensa y denles gracias. Entonces, «¡pum!», se marcharon.

¡El mayor cumplido que puedes darle a un padre es tomar lo que te dio y seguir adelante! No podemos adorar en el santuario del éxito de otro hombre; debemos tomar lo que nos da y seguir en seguida. En un solo evento de torbellino, Eliseo perdió su muleta, su mentor, su maestro y su amigo. Este extraño que no era su padre se había convertido en su padre sustituto. Para cuando Elías partió, Eliseo no solo deseaba tener *lo que* tenía su mentor; gritó de añoranza por el hombre mismo: ¡el padre y el don se habían convertido en uno! En una explosión de dolor en un momento desgarrador, se dio cuenta de que Dios le había dado un *padre* sustituto, y gritó de angustia: «¡Padre mío, padre mío...!». De repente, ese padre se marchó.

Si sientes que superaste tu necesidad de un padre, ¡al menos sé un padre! En algún lugar hay un joven desesperado cuyos lazos naturales están rotos. Necesita que repares la brecha y las asperezas de su corazón quebrantado. ¡Átalo y prepáralo, enséñale y vierte en él todas las cosas que quieras decirle a la próxima generación! Es tu nave espacial para el futuro; embárcalo de inmediato y súrtelo bien. Cuando llegue el momento de tu partida, antes de que parta el barco de la costa, deja un manto de bendición y unción detrás de ti. ¡Deja algo para que podamos tomar!

Me alegro de ser un padre para los jóvenes, y me alegro de ser un hijo para mis preciosos padres mayores. ¡Mi condición de hijo y mi paternidad no siempre son de sangre, sino que están siempre por vínculo! Estamos envueltos, atados e involucrados juntos en el cumplimiento divino de las necesidades ordenadas por Dios. Para mi padre sustituto, tengo un corazón lleno y una mano abierta. Mi corazón está lleno de los muchos depósitos realizados por otros, y me han permitido soportar el calor del día. Mi mano está abierta y lista para agarrar lo que dejaron los que me precedieron. Estoy dispuesto a mantener su herencia de excelencia espiritual. Mi mano está abierta y mis dedos extendidos. ¡Tomaré todo lo que me caiga en las manos!

> «Y tomando el manto de Elías que se le había caído, golpeó las aguas, y dijo: ¿Dónde está el Señor, el Dios de Elías? Y cuando él golpeó también las aguas, éstas se dividieron a uno y a otro lado, y pasó Eliseo».
>
> 2 Reyes 2:14

A mis hijos, les digo: «Caminen detrás de mí y obsérvenme de cerca. Soy un tren en marcha. Soy una palabra en vuelo. No me detendré. Me iré como mis padres y me levantaré ante sus ojos. Escuchen mi voz que se desvanece y toquen mi pulso debilitado, y sepan que estuve aquí. Soy una burbuja que estalla en un vaso. Atrapen el momento, no al hombre, no se puede retener. Aprovechen el día, hijos míos, y tomen la sabiduría de mi corazón y el beneficio de mi dolor. Cuando mi carro venga y sientan el viento, tomen lo que les dejo; y por amor de Dios... ¡sigan adelante!».

CAPÍTULO ONCE

El mejor Amigo del hombre

«Dijo esto, y después de esto añadió: Nuestro amigo Lázaro se ha dormido; pero voy a despertarlo».

JUAN 11:11

Lázaro estaba más allá del sueño; ¡estaba muerto! De todos modos, Jesús lo llamó «amigo». Algunas personas solo llaman «amigo» siempre que puedan usarlo o beneficiarse de su existencia. Jesús consideraba a Lázaro como su amigo, aunque parecía estar en un punto de no retorno. Su relación era más fuerte que la difícil situación que amenazaba con dividirlos.

Nuestro Salvador mantiene su compromiso con los hombres que otros desecharon y enterraron. Siempre se ha hecho amigo de los enfermos, los que están en descomposición y podridos. Jesús es el Amigo de los pecadores. Él viene cuando se alejan los demás, y su brillo refulge más cuando la vida parece más oscura. Grita una palabra de liberación que hace temblar las criptas sombrías y húmedas de nuestras vidas. Él es un Dios de relación, y su creación nunca puede escapar a su necesidad de intimidad con su Creador. Dios es a quien debemos tener. Nada menos lo hará.

«Cainán era hijo de Enós. Enós era hijo de Set. Set era hijo de Adán. Adán era hijo de Dios».

LUCAS 3:38, NTV

No había nada en Adán que Dios no hubiera tocado, porque la mano de Dios lo formó. Dios no le dijo que existiera a distancia. Él personalmente tocó, acarició y moldeó la forma de Adán a la perfección.

Las huellas divinas de Dios están grabadas en cada fibra de nuestro ser, al igual que lo estuvieron en Adán. Dios nos conoce de una manera más íntima que el sexo y más penetrante que en una operación. Él conoce nuestras partes internas. Estamos gráficamente desnudos y expuestos por completo ante sus ojos. Nada está oculto a su vista.

> «Pero nosotros todos, con el rostro descubierto, contemplando como en un espejo la gloria del Señor, estamos siendo transformados en la misma imagen de gloria en gloria, como por el Señor, el Espíritu».
>
> 2 Corintios 3:18

Tenemos una relación de «rostro descubierto» con Dios. Él ve nuestros anhelos más profundos y conoce nuestros antojos más oscuros. Nuestro Creador omnisciente tiene todo el derecho de encontrar nuestras debilidades desagradables, ¡pero en su lugar Él eligió amarnos más allá de nuestros fracasos y elevarnos más allá de la desesperación! No podemos impresionarlo para que nos ame, ya somos aceptados. Él ya tomó una decisión en cuanto a nosotros, y la sangre de Jesús compró una justicia que no podíamos permitirnos.

EL HOMBRE QUE HUYE

La inseguridad nos impide conocer a Dios. Tratamos de impresionarlo con nuestro desempeño, pero sin Él es, en esencia, una fachada. Conocer a Dios es lo que transforma nuestra miseria en justicia, ¡pero no podemos conocerlo cuando nos escondemos o huimos de Él!

Todo comenzó cuando Adán probó el fruto prohibido de la desobediencia y trajo la muerte al mundo. Al principio, la obediencia de Adán mantuvo a la muerte a raya y la sacó del reino terrenal. El pecado de Adán abrió la cerradura y permitió que la muerte entrara por la puerta de su fracaso, trayendo consigo la maldición generacional del pecado sobre su descendencia.

La maldición asesinó a Abel fuera del huerto del Edén; ahogó sin piedad a hombres, mujeres y niños en el diluvio; violó a Dina; y le arrancó los ojos a Sansón. Dejó a Lot borracho y a sus hijas vejadas. Destruyó a los hombres de Sodoma y Gomorra y quemó pequeños bebés como sacrificios en los brazos hambrientos de las deidades demoníacas de Moloc, Astarté y Baal.

Ese fuego consumidor de pecado y muerte ardió fuera de control hasta el pie de la cruz de Jesús. ¡Allí las llamas del infierno encontraron a Uno que no podía consumir! Él rompió la maldición y destruyó para siempre el poder que desató la desobediencia. ¡Jesucristo rompió la maldición sobre las astillas de la cruz!

> «Él anuló el acta que había contra nosotros, que por sus decretos nos era contraria, y la ha quitado de en medio al clavarla en su cruz. También despojó a los principados y las autoridades, y los exhibió como espectáculo público habiendo triunfado sobre ellos en la cruz».
>
> Colosenses 2:14-15, rvr-2015

El «primer Adán» estaba tan humillado por la atrocidad de su pecado que hizo lo que la mayoría de nosotros tendemos a hacer cuando nos avergonzamos: se escondió. ¡La gran tragedia es que nos hemos estado escondiendo desde entonces!

Los hombres somos buenos para «escondernos». Escondemos nuestras debilidades, inclinaciones y curiosidades. Escondemos nuestro amor, y muchas veces escondemos nuestros miedos. Nuestro hábito de escondernos destruye nuestros hogares, priva a nuestras esposas de la intimidad, aleja a nuestros hijos y frustra nuestra relación con Dios. Nuestra «mentalidad de gabardina» nos ha dejado con los cuellos hacia arriba y los sombreros hacia abajo, envueltos en el fingido secreto y sintiendo vergüenza en la falsa oscuridad ante los ojos de Dios.

> «Y él respondió: Te oí en el huerto, y tuve miedo porque estaba desnudo, y me escondí».
>
> Génesis 3:10

Las palabras de Adán se hacen eco en los corazones de la mayoría de nosotros que luchamos con nuestros fracasos, debilidades y las demandas de nuestras familias.

Casi todos los hombres evitan la confrontación abierta. Los mismos hombres confiados que son tan duros, descarados y musculosos en estos lugares, estos maestros negociadores del lugar de trabajo, ¡se encuentran nerviosos y ansiosos por afrontar a la mujer de cincuenta kilos que los espera en casa! A los hombres los intimidan la voz o el reproche de esos a quienes aman o respetan. Incluso, los abusadores tienen inquietudes acerca de la confrontación y, a veces, reaccionan de forma exagerada en sus esfuerzos irracionales por camuflar sus propias deficiencias e insuficiencias.

Adán expresó este temor cuando dijo: «Te oí en el huerto, y *tuve miedo*» (Génesis 3:10). A medida que atraviesas el estrés y las tensiones, ¿puedes seguir escuchando la voz de Dios debajo de las luchas?

ESTABA DESNUDO

Cuando el director ejecutivo del huerto del Edén cayó de su trono y se expuso a sí mismo a través del pecado, *estaba desnudo*. El hombre de fe y poder de Dios era *vulnerable*. Así es, dije la maldición masculina: Adán era *vulnerable*. Los hombres lo evitan, pero las mujeres se ven obligadas a vivir con este sentimiento perpetuamente. ¡Son vulnerables en el dormitorio, en la sala de juntas y en la sala de parto!

¡Algunos incidentes y accidentes pueden hacer que las palmas de nuestras manos suden porque nos quitan nuestra sensación de seguridad! Buscamos la seguridad del disfraz y nos escondemos en las sombras para evitar la vulnerabilidad de cualquier forma, ya sea física, emocional o financiera.

Los hombres nos sentimos incómodos con la adoración porque la verdadera adoración requiere que nos volvamos vulnerables al expresar nuestra necesidad de Dios. Somos muy buenos al decir «Te quiero», pero la posibilidad de decir «Te necesito» nos lleva a la tierra de la vulnerabilidad. Nos pone en una calle llamada «Supongamos». ¿Alguna vez has estado allí? «¿Supongamos que otros no responden?». «¿Supongamos que me rechazan?». «¿Supongamos que alguien se ríe

de mí?». Muchos evitaremos cualquier ruta que nos lleve por la calle
Supongamos.

¡El verdadero peligro es que algunos de nosotros somos tan
vulnerables cuando nos desnudan que nos paralizamos por el miedo!
Afirmamos que no somos emocionales, pero somos tan sensibles que
una palabra despiadada de una mujer cruel puede dejar al hombre
más impotente. Una declaración cortante puede socavar la fuerza, el
vigor y la vitalidad incluso de los hombres más fuertes. La mayoría de
las mujeres subestiman en gran medida el poder de sus palabras para
magnificar o aplastar la fuerza de sus esposos.

Las palabras de enojo que una madre le lanza a su hijo pueden
dañar su autoestima y dejarlo debilitado e inseguro, ¡incluso si
estaban dirigidas a su padre! A riesgo de destruir mitos y perder
nuestra reputación de «yo Tarzán, tú Jane», debemos enseñarles
a nuestros hijos e hijas a proteger la feminidad de sus hermanas y
la masculinidad de sus hermanos. Están sangrando porque los han
apuñalado con palabras sueltas y lenguas enojadas. Estos medios de
crueldad crucifican a quienes extrañarán una vez que se marchen.

Adán estuvo desnudo ante Dios porque no pudo lidiar como debía
su relación con su esposa. Le falló a Eva uniéndosele en su fracaso
en lugar de actuar para salvarla. Los hombres todavía cometemos ese
pecado, y las mujeres siguen esperando que lo hagamos mejor. Solo
hemos *reaccionado* por bastante tiempo; necesitamos *actuar*. Dios
quiere hombres fuertes que guíen en lugar de hombres débiles que
solo siguen. Esto puede parecer chovinista, pero es el plan de Dios, no
el mío. (Lee 1 Timoteo 5:8).

¿Alguna vez has vuelto la vista atrás y has dicho: «Si al menos
hubiera...»? Esas palabras revelan un profundo nivel de desnudez y
la ausencia de excusa o coartada. Es el reconocimiento de tu propia
responsabilidad en tu dilema. Es aterrador estar desnudo ante Dios,
pero Él nunca puede sanar lo que temes revelar*. Es hora de lidiar con
el miedo.

El miedo crea aventuras fuera del matrimonio cuando los hombres
temen afrontar los problemas sin resolver con sus cónyuges. Hace que
lleven armas cuando, por dentro, luchan con el temor de que alguien

vea al niño asustado escondido detrás de la artillería pesada. El hombre que golpea a su esposa también se golpea a sí mismo, porque en lo más profundo de su alma sabe que su vida está fuera de control. Por error, su esposa recibe los golpes que él de veras apunta hacia mismo. Debajo de todos sus gritos y malas palabras, es un niño aterrorizado que tiene rabietas.

Ahora que expusimos la verdad desnuda, ¿qué hacemos con esta?

TUVE MIEDO

Adán le confesó a Dios que oyó su voz. El pecado de Adán lo dejó vulnerable por primera vez en su breve existencia, y se dio cuenta de que su imperfección estaba expuesta y desnuda. Luego tuvo que admitir la verdad: «Tuve miedo».

Muchos hombres luchan con el miedo interior. La mayoría de nosotros tiene miedo de la intimidad y los sentimientos. Las emociones masculinas se han convertido en la versión del siglo XX de la «caja de Pandora». No sabemos todo lo que hay allí, pero tenemos la sensación de que es mejor que no lo dejemos salir. Evitamos lo desconocido y nos aferramos a los falsos disfraces del hombre exterior.

Nos hemos enamorado de los símbolos vacíos de la masculinidad, las débiles sugerencias de la virilidad que brindan nuestros trabajos, nuestros autos, nuestras armas y nuestras mujeres. Los usamos para validar y reivindicar nuestros egos heridos y frágiles. ¡Estamos ofendidos y consternados porque los tiempos han cambiado *sin nosotros*! ¿Cuándo perdimos tanto control? ¿Adónde se fue? ¿Cómo lo recuperamos? ¿De quién es la culpa? Al igual que Adán, queremos señalar con el dedo y decir: «Ella me obligó a hacerlo» o «El diablo me obligó a hacerlo».

Seamos sinceros: Tenemos miedo de perder nuestro trabajo. Tenemos miedo de las mujeres agresivas que nos empujan fuera de línea para un ascenso u oportunidad. Lamentamos nuestra agonizante sensación de agresión y le tememos a nuestra creciente sensación de pasividad. Tenemos miedo de la edad, el cambio y el tiempo, y muchos de nosotros luchamos desesperados contra las crisis de la mediana edad. El león de la masculinidad ha perdido gran parte de su rugido.

Está enojado y es violento. La masculinidad se redefine sin nuestro permiso, y nos hemos convertido en gatitos que temen hacerle frente a sus miedos en una habitación oscura.

Lo más amenazador de todo, como nuestro antepasado Adán antes que nosotros, ¡le tenemos miedo a nuestro Dios! ¡Nuestro pecado está al descubierto, y nuestra culpa nos llevó a los arbustos para escondernos!

Estamos peligrosamente fuera de contacto con nuestros hijos. Les hemos dicho: «¡No lo sé, pregúntale a tu madre!». Muchas veces nos han dado una carta de divorcio del «juego de padres». Hemos actuado como si no quisiéramos jugar, por lo que nuestros hijos tomaron sus canicas y fueron a buscar mentores más dispuestos. ¡Nuestras propias acciones nos han eliminado del proceso de toma de decisiones en nuestros propios hogares!

Lázaro, ¡despierta! El enemigo está robando tu hogar. ¿Solo eres el «chico que viene a casa por la noche y sale por la mañana»? ¿Qué tan importante eres para tu familia?

«Pero estoy cansado. Trabajo duro».

Escucha, ¡el enemigo quiere que estés tan cansado que te conviertas en un padre ausente en tu propia casa! Bueno, solo di: «¡No, diablo!». Lázaro está saliendo de su sueño. Su esposa está cansada, y sus hijos están solos. En el nombre de Jesucristo: «¡Desata a ese hombre y déjalo ir!».

Como el cansado Jacob, que pasó la noche de bodas con Lea y no se dio cuenta hasta la mañana de que no era su amada Raquel, no hemos podido conocer de veras a las mujeres que tenemos durante toda la noche.

¿Has tocado a tu esposa y la has acariciado? ¿Has jugado con ella mientras la conocías? ¿Cuánto tiempo hace que no la miras a la cara? Al principio, era más que calor en la cama y comida en la cocina; era más que solo otro cheque de pago: ¡era la melodía en tu canción y el aroma en tu rosa! ¿Qué le sucedió a esa maravillosa mujer que era la manta reconfortante que te protegía de los vientos fríos del descontento? ¿Te sientes con frío otra vez?

Hombre de Dios, *¡te han robado!* ¡El enemigo te ha robado la sensación cálida y vertiginosa de emoción de tu corazón! ¡Te ha arrebatado el brillo de los ojos! ¿Cómo podrías dejar que te robara la persecución, la búsqueda y el trofeo de tu amor, apoyo, y sí, tu relación mutuamente vulnerable con tu amante y novia?

¿Lo quieres de vuelta? *¡Lucha por esto!* Arremángate y recupera tu creatividad. Recuerda las canciones suaves, enciende esas velas fragantes, da esos largos paseos de añoranza y una vez más murmura palabras apasionadas en el oído de tu pareja. Recupera lo que el enemigo está tratando de robarte. No tengas miedo; sus estratagemas no darán resultado. No te creas sus mentiras, no es demasiado tarde. ¡Lázaro, ven fuera!

¡Dios nos ordena que nos pongamos en pie, y nos llama a perseguir las bendiciones y hacer que los milagros ocurran! Dios salió para confrontar personalmente a Adán; ¡Ahora Él está afuera para *confrontarte!* ¡Dios te ha estado llamando *a través* de las cosas que has estado experimentando! ¡Tus problemas son tarjetas de llamada para una confrontación con el Dios vivo que temes!

¿Tienes miedo de que Él no te acepte si respondes a su llamado? Muchos de nosotros actuamos como Adán: prejuzgamos a Dios al dar por sentado que la confrontación abierta con Él será negativa. La verdad es que sin Él, nos quedamos temblando y temerosos en nuestra debilidad solitaria. Nuestros intentos de enojo son solo un delgado camuflaje para la persistente incertidumbre y el miedo que nos consumen.

Es trágico que la mayoría de los hombres asuman que Dios no ama a los hombres caídos y temerosos tanto como a los hombres que lo «tienen todo bajo control». ¡Mira un poco más de cerca a Adán! Parecía tener todo bajo control. Personalmente nombró a todos los animales, sometió a todas las criaturas y ejerció el dominio sobre el huerto de Dios. ¿Por qué se escondía detrás de los arbustos en Génesis 3 como un jardinero desnudo en el patio? Adán no se dio cuenta de que Dios ama al hombre caído tanto como ama al hombre poderoso. Si le permitimos que nos toque, su amor convertirá a los caídos en fuertes. Lo lamentable es que el enemigo sabe que eso nunca sucederá si nos escondemos en lo que solíamos controlar. Dios nos está llamando desde los arbustos hacia la luz.

ME ESCONDÍ

Adán tenía miedo de ponerse al descubierto, por lo que se escondió. A los hombres que tienen miedo de mostrarse les gusta dar «cosas» como dinero, regalos, casas o incluso sexo. Todas estas cosas son más fáciles de dar que *nosotros mismos*.

Adán no escondió su trabajo; se escondió detrás de su trabajo. ¿Has escondido quién eres en realidad de los que te rodean? ¿Has escondido cómo estás cambiando o envejeciendo de quienes te rodean? ¿Has escondido tus necesidades y luego te enojas porque no se satisficieron?

«Me escondí». No puedes tener amistades genuinas si escondes tu verdadero yo. Si te escondes, ¡a tus amigos les encantará *lo que haces y no quien eres*!

Supongamos que por alguna razón ya no puedes «hacer lo que haces». ¿Alguien te quiere solo porque eres tú? ¿Has revelado el «verdadero tú» a otra persona? La verdadera amistad y la intimidad se logran cuando te sientes tan cómodo con los demás que puedes ser tú mismo. Deja de esconderte. Si no lo haces, ¡puedes perder tu verdadero ser y convertirte en la mentira que finges ser!

Tu amoroso Dios está buscando al hombre que creó y que sufre. Dios es tu única esperanza, tu última oportunidad y tu única solución. Sin embargo, en lugar de correr hacia el abrazo de Dios, insistes en esconderte detrás de las ridículamente pequeñas y marchitas hojas de higuera del logro humano. El pequeño delantal de Adán se caía a pedazos incluso cuando lo hizo, ¡y no tuvo la sensatez de salir de su escondite! Tú tampoco tienes ninguna excusa.

¿Le haces frente a situaciones que te están desmoronando? Puede que estés cansado y preocupado, pero hay un Dios en el huerto que anhela sanar los corazones heridos de los hombres quebrantados. ¿Has oído su voz? Él está buscando entre las pequeñas ramas y hojas marchitas que se desmoronan de tu improvisado disfraz porque quiere descubrir al verdadero tú. No hace falta ninguna actuación. No tienes que impresionarlo, y de todas formas no puedes hacerlo. Él ya conoce cada dolor que escondes, así que aléjate de los arbustos. Si tienes razón o no, si eres débil o fuerte, tu Padre te está llamando.

La mayoría de tus trabajos y relaciones se basaron en tu desempeño y logros personales, pero el llamado de Dios no es así. Todo lo que Él quiere es a ti, completo con tu vergüenza, tus fracasos, tu miedo y tus rodillas raspadas. *Él es tu mejor Amigo*, ¡y anhela limpiar tus lágrimas secretas, fortalecer tu corazón, salvar tu hogar y cambiar tu vida! Puedes relajarte con Él porque te ama, ya seas débil o fuerte, alto o bajo, delgado o gordo, tengas razón o estés equivocado.

> «Nadie tiene un amor mayor que éste: que uno dé su vida por sus amigos».
>
> JUAN 15:13

¡Jesús es el único que estuvo dispuesto a morir para ser tu Amigo! Su amor es seguro; Él ya sabe acerca de tus miedos ocultos y tristezas secretas. Puede que no esté de acuerdo con todo lo que piensas o haces, pero está comprometido en ayudarte a convertirte en lo que estás destinado a ser: impecable en su amor.

La soledad es imposible una vez que comprendes que Dios está comprometido contigo.

Los hombres luchan con el compromiso. Cuando conocí a mi esposa, supe en mi corazón que era la única para mí. Sin embargo, lo más difícil del mundo fue tratar de que mis labios se separaran y forzara a mi lengua a cooperar para formar las palabras: «¡Vamos a ca... sar... nos!». Los niños pequeños rara vez hablan de con «qué tipo de mujer» quieren casarse. ¡El compromiso nos resulta duro a nosotros los hombres porque tememos arrepentirnos! Tenemos miedo de pensar: «Quizá me esté equivocando». Nunca me arrepentí de mi decisión de casarme con Serita, pero fue difícil alinear mi boca con mi corazón y decir esas palabras innombrables: «¡Sí, quiero!».

Muchos de nosotros luchamos con el compromiso porque rara vez lo vemos en otros. Debemos mirar a Dios en lugar de a los hombres. Él se comprometió a amarnos, aunque a veces somos una «crisis ambulante». Es apasionadamente fiel a un género de «desorden viviente».

Acéptalo: Dios se atreve a ser tu Amigo. Si Él puede soportar amarte, de seguro que puedes aprender a amar las imperfecciones de tu esposa y de otras personas (¡sin usar sus imperfecciones como excusa para la promiscuidad!).

Dios nos enseña a amar con el ejemplo.

La necesidad de rendimiento y logros desapareció. Una vez que te alejas de los arbustos y se te caiga tu ridículo delantal de hojas marchitas de higuera, descubrirás lo refrescante que es ser perdonado y aceptado por quien eres en realidad. Cuando vienes a Dios en tu desnudez, Él te dice que te calmes: «Solo es Papá». Uno de los guerreros más masculinos de la antigüedad reveló el secreto del descanso en Dios. Lee cada palabra lentamente y en voz alta para ti mismo. Deja que estas palabras traigan sanidad a tu corazón cansado:

> «El Señor es mi pastor, nada me faltará. En lugares de verdes pastos me hace descansar; junto a aguas de reposo me conduce. Él restaura mi alma; me guía por senderos de justicia por amor de su nombre. Aunque pase por el valle de sombra de muerte, no temeré mal alguno, porque tú estás conmigo; tu vara y tu cayado me infunden aliento. Tú preparas mesa delante de mí en presencia de mis enemigos; has ungido mi cabeza con aceite; mi copa está rebosando. Ciertamente el bien y la misericordia me seguirán todos los días de mi vida, y en la casa del Señor moraré por largos días».
>
> Salmo 23:1-6

David está diciendo: «Relájate, amigo mío. La bendición de Dios no se logra por tus esfuerzos, sino por su bondad. Te hizo un favor al bendecirte, pues Él es tu Amigo».

Como hombres, tú y yo somos reflejos de Dios. Nos crearon a su imagen y semejanza. Sí, a ti y a mí nos crearon para reflejar su deidad y representar su integridad ante un mundo caído. ¿No es irónico que estemos desnudos ante Él para poder hacerlo?

Cálmate recordando que Dios está contigo. Puedes afrontar luchas en tu matrimonio y demoras en tu carrera. Es posible que aún te sientas motivado a validar tu autoestima buscando con desesperación cosas, mujeres o algún otro sacrificio inaceptable. Sea lo que sea que afrontes, llévalo a Dios, incluso los problemas que te parece que nadie entendería. Él te conoce. Él puede sanar el dolor que escondes detrás de tus miradas severas y tu postura endurecida. No construyas tu éxito sobre una úlcera. Si no aprendes a alejarte de los arbustos y a comunicarte de manera sincera con Dios, te sofocarás detrás de la asfixiante máscara de la falsa virilidad y colapsarás en el escenario de la oportunidad. ¡Alcanzarás la cima del éxito solo para desplomarte en la montaña donde agotaste la energía para escalar!

Jesús les dijo a sus discípulos: «Nuestro amigo Lázaro está dormido; debemos ir y despertarlo». Él también está tratando de despertarte. Aminora la marcha y vive. Dios está llamando.

> *«¡Oye! Despierta antes de que empieces a deteriorarte en el frío mausoleo del machismo. Ni el orgullo ni el ego valen la pena para que destruyas tu poder como padre, esposo y hombre. ¡Despierta y toma mi mano!».*

BUSCA SU MANO

Pedro trató de caminar con Dios en la tormenta y en el palacio. En una situación, casi lo sepultan bajo las turbulentas olas de un mar embravecido, y en la otra por su traición a la confianza de Dios. En cada fracaso, justo antes de que le tragaran por completo, ¡vio una mano santa que lo alcanzaba! Era la afectuosa mano de Dios, quien le decía: «A pesar de tu fracaso, ¡eres demasiado valioso para que te pierda!».

Dios le está extendiendo su mano amorosa a cada hombre en recuperación. Esta mano puede guiar a un hombre a través del enmarañado laberinto del dolor de su infancia, y hacia el brillo de la madurez y la estabilidad piadosas. Admítelo o no, ¡necesitas su mano! Los tiempos y las circunstancias están cambiando. Si no te tragas tu orgullo, reconoces tu pecado y aceptas la mano extendida de Dios, perecerás. Dios no te trajo desde tan lejos para que te ahogaras. Solo mantén la cabeza erguida en la tormenta y busca su mano.

Está ahí para cada noche oscura, para cada sucio secreto y para cada matrimonio herido. La mano de Dios es amorosa y tierna, pero firme y fuerte. Él limpia las lágrimas ocultas que nunca permitimos que cayeran. Él puede levantar y limpiar las cosas muertas en nosotros y fortalecer las partes débiles que hemos tratado de ocultar. Su mano toca la confusión y corrige los errores en nosotros.

No importa lo que te falte, ¡hay algo que tienes! No importa qué tan profundo sea el dolor, no importa cuántas cicatrices te deje el trauma, todavía eres bendecido. ¡La mano de Dios te levantó de la tormenta y te llevó a su presencia! Él te levantó del humillante fracaso para asegurarte la virilidad y la condición de hijo.

Tu bendición trasciende el comercio y la mercancía. Supera todos los trofeos y galardones humanos temporales. Eres bendecido más allá de las búsquedas triviales del engrandecimiento propio. Ascendiste a otro nivel. Aceptaste las estrellas y vas tomado de la mano del Creador del universo. No alcanzarás un éxito mayor que el que experimentarás cuando, a través de la desesperación y de los estremecedores peligros, te refugies en los brazos de Dios. En Jesús, ¡encontraste a un Amigo más cercano que un hermano!

* Este importante principio de integridad se presenta con más detalles en otro libro que escribí titulado *Naked and Not Ashamed* [Desnudo y no avergonzado].

El síndrome de Saúl

«Las mujeres cantaban mientras tocaban, y decían: Saúl ha matado a sus miles, y David a sus diez miles. Entonces Saúl se enfureció, pues este dicho le desagradó, y dijo: Han atribuido a David diez miles, pero a mí me han atribuido miles. ¿Y qué más le falta sino el reino? De aquel día en adelante Saúl miró a David con recelo».

1 SAMUEL 18:7-9

El rey Saúl era la estrella de su época, el primer potentado de su hora, el hombre más respetado del reino. Era el elegido de Dios y la bendición para Israel. David lo admiraba tanto que, incluso cuando el pecado de Saúl socavó su propósito, David continuó respetándolo por lo que fue una vez. Saúl era el rey, y el joven David mató al gigante para él. Sin embargo, no importa cuánto admirara y respetara David a Saúl, nada podría alterar el gran propósito de Dios.

Saúl no era del todo malo; solo que no podía aceptar el cambio. Millones de hombres tienen la misma gran tragedia en nuestros días: ¡Se trata de la incapacidad para decir adiós ante la partida de la fuerza! No permitas que el orgullo te robe la vida y la fuerza. Disfruta de cada etapa de tu vida, y cuando Dios dice: «¡Libéralo!», ¡dáselo todo a Él!

Las barbas canosas, las cabezas calvas y los tríceps hundidos denotan ciertas realidades que de seguro no se pueden pasar por alto. No siempre indican una disminución significativa; a veces son mensajeros que confirman nuestra llegada a una etapa donde Dios quiere reasignarnos. (Él me ha reasignado muchas veces a lo largo de mi vida). Una advertencia parece verdadera para todos nosotros: Nos volvemos vulnerables al «síndrome de Saúl» cuando perdemos elasticidad, y nos volvemos posesivos y le tememos al cambio.

Me considero un «hombre de mediana edad bastante joven», pero tengo que aceptar la realidad de ciertos cambios en mi vigor, intensidad y resistencia. (Sí, soy amable conmigo mismo). Estos cambios los impulsan a diario mis cinco hijos, cuyo rápido crecimiento es un cartel público que anuncia a cada momento mi «progreso» cronológico.

Soy un reacio pero marcado contraste con mis hijos gemelos de dieciséis años cuya masculinidad está despertando como un gigante dormido. Su amanecer juvenil es fresco y lleno de vida, y sus reflejos son bastante agudos. ¡Se levantan por la mañana como si hubieran entrenado en el gimnasio y hayan tenido un masaje! Cuando me despierto por la mañana, mis huesos suenan como un cereal de desayuno que solía comer cuando era niño, el que dice «crac, tras, pum». Me consuela un poco saber que después de una serie de estiramientos, rasguños y cualquier otra cosa que todos tenemos que hacer, pero que no necesito decir, casi siempre puedo poner mi cuerpo «maduro» en marcha.

Cuando mis hijos mayores me desafiaron a levantarme de la mesa de la cena y hacer una serie de volteretas, sonreí y les dije con sabiduría: «Puedo hacer cualquier cosa que haya hecho. Solo que, en esta etapa, ¡necesito una mejor razón para hacerlo que a su edad!».

En serio, sería tonto competir con mis exuberantes hijos jóvenes. No tengo el llamado a competir con ellos; tengo el llamado a *cultivarlos*. Solo puedo sentirme cómodo con esa situación si he aprendido a apreciar las diversas etapas de la vida. Entiendo que esta etapa tiene diferentes ventajas y desventajas de otras en mi vida.

Pocas cosas son más patéticas que ver a un anciano arrastrando su andador fuera de su garaje para entrar en un nuevo Corvette. El auto es demasiado rápido para la mano que lo controla. ¡Así de ridículos nos vemos cuando no apreciamos dónde estamos y qué debemos hacer en esa etapa de la vida en particular!

Las habilidades físicas y mentales varían de persona a persona, pero nunca le temas a redefinir tus prioridades. Aprende a apreciar las diversas etapas de la vida en lugar de temerlas. No es pecado querer un Corvette en tu vejez, pero puede que no sea el deseo más sabio de perseguir. ¡La mayor parte de la sabiduría dice que sería mejor ir a pasear en un automóvil deportivo en lugar de *conducir* uno a los noventa años de edad!

EDADES Y ETAPAS

¿Cuán viejo es viejo? ¿A qué edad envejecemos? No puedo decírtelo, y cuando sea viejo, es probable que no lo sepa. Mi abuela, que se acerca muy rápido a sus cien años, me dijo una vez: «Mientras puedas levantarte de una silla sin tener que planearlo con treinta minutos de anticipación, ¡no eres viejo!». La principal preocupación en su mente es el problema de ser inoperante.

Algunas personas solo envejecen sin envejecer. Resisten la tentación de volverse anticuadas, sin ser ridículas. Se visten y actúan de manera apropiada para su edad y estado físico, ¡pero se niegan a secarse! Estos no son los hombres que persiguen a las mujeres jóvenes solo para atraparlas y quedarse dormidos con el calor del olor intenso de un ungüento en la habitación. Estos son hombres que encontraron riquezas en cada etapa de la vida y desarrollaron un aprecio por cada una de esas etapas.

Como hombre, puedo hacer algunas cosas que no pueden hacer mis hijos. Disfruto de la independencia y la capacidad de tomar mis propias decisiones. Soy demasiado viejo para ser un niño, pero todavía soy demasiado joven para ser un hombre viejo. Esta etapa intermedia de la vida me permite sentarme junto al fuego con los ancianos, aprovechando su sabiduría y sus perspectivas, y luego disfrutar de la opción de jugar a la pelota con los jóvenes, sintiendo el fuego de su entusiasmo.

Mis hijos también disfrutan de sus edades. Tienen provisión sin necesidad de proveer. Para ellos la vida es una perla, todavía anidada en su ostra protectora. ¡Tienen la emoción de lo inexplorado, y están intoxicados con el sentimiento erróneo de ser inmortales! Además, están embriagados con los planes y entusiasmados con las promesas de las personas que desconfío y que no me interesa creer. Su idea de un buen día es esa en la que de alguna manera ponen sus manos en las llaves de mi auto. ¡Mi idea de un buen día es esa en la que me envían el título de propiedad del auto y dicen que está pagado en su totalidad!

Los hombres mayores disfrutan de ciertas cosas que no puedo disfrutar ahora. Pueden descartar los deberes diarios y las preocupaciones de la crianza de los hijos en su hogar (aunque el amor de los padres nunca nos permite estar libres por completo de estos enredos de padres). Si fueran sabios, pueden permitirse largas vacaciones o jubilación. Entraron en una etapa de obligaciones apartadas por completo de la lucha diaria.

Es una tontería llegar a la madurez y atacar la vida en lugar de solo disfrutarla. Los hombres que son sobrevivientes experimentados y vencedores se convierten en un tributo y un testimonio para los hombres más jóvenes y para los hombres mayores que pronto entrarán en esa etapa de madurez. No somos oponentes; solo somos hombres que corren la misma carrera en diferentes etapas y en diferentes carriles. ¡Mantengámonos en nuestro carril y sigamos corriendo!

Los cuerpos de los hombres que nos precedieron han cambiado, pero sus logros pasados y su fecundidad los convierten en monumentos vivientes de excelencia y plenitud masculina. Son la colección principal de trofeos del tiempo. Se destacan en la sabiduría y nos miran a través de ojos arrugados con sonrisas que reflejan orgullo y fortaleza silenciosa. Son leones viejos que observan con calma el mundo desde un rincón apartado o caminan por la vida con la sabiduría obtenida a través de décadas de decisiones buenas y malas. ¡Los necesitamos!

Cada etapa de la vida tiene sus propios desafíos y potencial. En algún momento por delante, en otra etapa, está la sonrisa de satisfacción que mostraré si lidié con esta etapa como es debido. Es la sonrisa que viene de saber que tuve mi día y que lo viví al máximo. Me levanté a batear, le di fuerte y corrí rápido. Es la sonrisa que nace en la satisfacción por el cumplimiento.

No podemos detener el tiempo. Todo se está moviendo. Las estrellas de cine de ayer ya no nos entretienen tanto como antes. La opinión pública es inconstante, y como muchos famosos y caídos han descubierto para su consternación, ¡la gente cambiará de opinión acerca de ti en un instante! En un momento acuden en masa y al día siguiente se apresuran para poner en el trono a otra persona. ¿Quieres un buen consejo? No tomes demasiado en serio las opiniones de la gente.

Saúl luchó con los caprichos cambiantes de la gente. Era adicto a sus elogios, pero la multitud que una vez rugió por él, ahora vitoreaba a otro. El enemigo a menudo usará nuestro ego en contra de nosotros cuando pasemos por el portal de una etapa a otra. A diferencia de Saúl, tú y yo necesitamos prepararnos para el mañana de manera financiera, espiritual y emocional. Las pólizas de seguro de vida, testamentos, planes de jubilación y carteras de inversión son los recursos de un visionario que entiende que las estaciones no duran. Necesitamos ser buenos administradores de nuestra fuerza y usar nuestro «día de prosperidad» a fin de prepararnos para el día de necesidad.

Muchos grandes hombres no han podido prepararse para el día de necesidad; pensaron que siempre serían como eran en su mejor momento. Es obvio que esto no es cierto. La filosofía cristiana dominante ha sido ignorar los planes para el futuro y solo «esperar la venida del Señor». Si tienes esa convicción, te desafío a que vivas en santidad como si Él viniera mañana, pero que te prepares y construyas como si no fuera así.

> «No son los hijos los que deben ahorrar para los padres, sino los padres para los hijos».
>
> 2 Corintios 12:14, nvi®

Tenemos que dejar una herencia detrás de nosotros para la próxima generación. Muchos lo tuvimos difícil porque no nos quedó nada sobre lo cual construir. Si cada hombre solo proporciona lo suficiente para su día y no más, envía a su hijo todo el camino de regreso al primer grado para que comience de nuevo. Dios quiere que su pueblo construya su riqueza y transmita su sabiduría de generación en generación.

Padre, prepárate para tu hijo. Pastor, prepárate para tu sucesor. Si te atreves a involucrarte con la próxima generación, ¡siempre serás parte de su éxito en lugar de que esto te *intimide*!

Es un trágico desperdicio para un hombre no dejar nada a su favor, excepto el consumo. Ten cuidado para no convertirte en un mejor consumidor que un inversor. ¡Esa es la marca de un hombre egocéntrico!

Muchas personas dotadas bendicen a todos con su don y luego mueren pobres porque siempre dieron por sentado que serían capaces de reconstruir lo que gastaban. Su gasto excesivo los alcanzó porque no se dieron cuenta de que no siempre tendrían la misma tasa de producción. Sus hijos están enojados porque se les privó de la presencia de sus padres en la vida porque estaban «muy ocupados». Ahora, después de su muerte, ¡también se les niega su herencia!

Dios quiere que seas más sabio que eso. Déjales a tus hijos un patrimonio espiritual y material. Quienquiera que venga detrás de ti, ya sea tu hijo o tu sucesor, debería tenerlo más fácil que tú porque las personas bendecidas siempre dejan una bendición.

Tengo noticias para ti: A medida que envejeces, ¡tu potencial para ganar dinero disminuye de forma drástica! ¿Qué estás haciendo con la luz del día que te queda? Mi querido hermano, cuando llega la noche, ningún hombre, sin importar cuán dotado sea, ¡puede trabajar! Sé que esto no parece espiritual, pero es cierto. Dios nos ha dado tiempo para prepararnos, pero no puede retrasar sus propósitos solo porque no hemos hecho planes. ¡Te desafío a que prepares un plan para tu futuro! La voluntad de Dios es que no solo seas bendecido, sino que te conviertas en una bendición como hombre de Dios. ¡A Abraham le dijo que todas las familias de la tierra serían bendecidas por él! (Lee Génesis 18:18).

Enséñales a tus hijos a ser sabios. Muéstrales cómo ganarse un dólar y cómo invertirlo para obtener el máximo rendimiento. ¡Enséñales a administrar el dinero sin adorarlo!

¿Tienes un plan para tu vida, o le estás pidiendo a tu esposa y familia que te sigan mientras recorres el «carnaval de la vida» eligiendo caminos al azar? Necesitas un plan realista que considere las edades y etapas cambiantes de la virilidad. Puesto que sabes que no siempre estarás en la etapa en la que te encuentras ahora, necesitas saber cómo vas a capitalizar este breve momento de tu historia. La gracia de Dios te da la oportunidad de prepararte para la siguiente etapa.

Construye un fundamento en la plenitud de tu fuerza y productividad, a fin de que descanses en tus años de la tercera edad; de lo contrario, la necesidad y la amargura pueden producir celos, ira y frustración. Si eres un hombre joven en busca de un padre sustituto, ten cuidado de elegir a un hombre que incluyera en sus planes una provisión para sus años en la madurez. Si no, puede que más tarde se ponga celoso de ti y ambos puedan sufrir en la amarga esclavitud del «síndrome de Saúl».

El reino necesita padres seguros, padres espirituales que no van a «molestar» de manera financiera, espiritual o emocional a sus hijos. La única forma de lograr una seguridad duradera es hacer provisiones para sus necesidades futuras durante el tiempo de su mayor fortaleza. Crea un plan que permita que Dios te dirija y no que te dirija la necesidad.

Muchos padres que estaban llenos de sabiduría en otras esferas no se prepararon para la etapa posterior de sus vidas. Nada es más perturbador que ver a un hombre en la vejez luchando solo para mantener un ingreso de subsistencia. Debería poder pasar tiempo en oración y apoyar a sus nietos. ¡Tiene que haber un camino mejor!

¡SEAMOS HOMBRES EN LOS NEGOCIOS!

¡Es hora de que tú y yo crezcamos y apartemos nuestras preocupaciones de los juegos y las chicas! ¡Es hora de que hagamos que nuestra fuerza cuente en el verano para que podamos estar a gusto y cómodos en el invierno! Saúl resistió lo inevitable, y desperdició sus últimos años tratando de asesinar al joven que más admiraba porque estaba celoso de que Dios hubiera elegido a David para que lo sustituyera como rey.

Si sientes dolor cada vez que escuchas a la multitud aclamando a otra persona, no estás preparado para las señales de cambio. Si no has aprendido a sentirte orgulloso de contribuir con tu fuerza al éxito de otra persona como lo hace un buen entrenador, estás sufriendo del «síndrome de Saúl». Al final, Saúl lo perdió todo porque no se movió cuando Dios dijo que era hora de hacerlo. ¡Es una tragedia arruinar los éxitos iniciales al no saber de quién es el turno en el escenario!

Confiesa esto conmigo: «Me transformaré, pero me niego a transgredir los derechos de los demás. Soy fuerte en todas las edades. Estoy lleno de vida en todas las etapas. Soy un hombre desatado, no un hombre que anda suelto. No soy incontrolable ni inconquistable».

Mi aceptación del cambio no significa que voy a morir a la granja; solo me permite perseguir el interés que ofrece cada etapa de la vida. ¡No quiero comer alimentos que sean demasiado ricos, conducir autos que sean demasiado rápidos ni atacar a gigantes que sean demasiado grandes!

TODO DEBE CAMBIAR

> «Entonces Isbi-benob, que era de los descendientes del gigante, y cuya lanza pesaba trescientos siclos de bronce, y que estaba ceñido con una espada nueva, trató de matar a David; pero Abisai, hijo de Sarvia, vino en su ayuda, e hirió al filisteo y lo mató. Entonces los hombres de David le juraron, diciendo: Nunca más saldrás a la batalla con nosotros, para que no apagues la lámpara de Israel».
>
> 2 Samuel 21:16-17

La fuerza juvenil de David aterrorizó e intimidó a sus enemigos en los primeros años, pero el tiempo cambia las cosas. Incluso David descubrió que su fuerza original y su vocación habían cambiado. Ya no era necesario ni estaba equipado para luchar como un guerrero. Todavía lo necesitaban, pero ahora debía dirigir como rey. Sus armas eran la sabiduría y la unción de Dios, no una espada y un escudo.

¿Quién quiere contratar a alguien que carece de flexibilidad? ¿Quién necesita un empleado que no se vuelva a capacitar ni adaptarse a los tiempos y necesidades cambiantes? ¿Quién esperaría que un general de huesos frágiles transportara pesadas cajas de municiones en plena batalla cuando podría lograr mucho más en un puesto de mando, dirigiendo con habilidad a los jóvenes y los fuertes con su sabiduría de cabellos canosos?

Debes tener cuidado de amar más a tu Dador que a tu tarea. ¡Debes amar más a Dios que lo que Él te ha pedido que hagas! En última instancia, llegará el día en que ya no te pedirá que lo sirvas de esa manera. No permitas que tu trabajo, matrimonio o ministerio te roben tu andar con Dios, porque todo lo demás está sujeto a cambios.

Aprende de los errores de David. En el fragor de la batalla, trató de matar a un gigante como siempre lo hizo en el pasado. Se sorprendió al darse cuenta de que también empezaba a sufrir el «síndrome de Saúl». Su carácter y su moralidad estaban intactos, pero no había reconocido las diferentes etapas de su vida, y fue casi fatal. Solo la rápida intervención de un guerrero más joven lo salvó.

David se dio cuenta de que ya no necesitaba matar gigantes; le habían dado hombres jóvenes que podían matarlos por él. ¡El liderazgo excelente siempre *es en sí una tarea!* Siempre debemos estar preparando y enseñando hasta que un día pasemos de la tarea a la recompensa.

El estancamiento es el enemigo del avance. Sigue moviéndote. Cuando aprendas el arte de la liberación, comenzarás a esperar cosas mayores. Las personas solo se aferran a algo cuando creen que nada más vendrá.

> «Será como árbol firmemente plantado junto a corrientes de agua, que da su fruto a su tiempo, y su hoja no se marchita; en todo lo que hace, prospera».
>
> Salmo 1:3

¡No permitas que tus hojas se marchiten solo porque está terminando tu temporada! Dar frutos y marchitarse las hojas son dos cosas diferentes por completo. Saúl dejó que su hoja se marchitara cuando supo que terminó su temporada fructífera. Su temporada terminó y la de David comenzaba, pero Saúl podría haber prolongado su temporada al obedecer la Palabra de Dios. (Lee 1 Samuel 15:22).

Cuando termine la temporada fructífera, ¡aún puedes conservar las hojas! Las hojas marchitas significan la presencia de enfermedad, o la muerte inminente del árbol. No permitas que la enfermedad de la amargura marchite tus hojas y cambie tu actitud. Si eres sabio, podrás

vivir de las cosechas y la prosperidad del pasado. Debajo de tus ramas
deberías ver nuevos retoños como resultado de tu presencia. Pueden
ser árboles nuevos, pero aún son tu fruto. Continúa prosperando y
produciendo a través de la vida de tu descendencia.

Los hombres pueden olvidar pronto el trabajo que realizaste, pero
se lo pierden. Cualquier cultura que no honre a sus padres no durará
mucho, pero te aseguro que Dios mantiene un registro. Él te pagará
por cada sacrificio que hicieras y por todo el trabajo que hiciste. La
paga no se limita a la eternidad después de la muerte, puedes esperar
recompensas incluso ahora. ¡Habrá bendiciones para despertarte en la
mañana y misericordias para hacerte dormir por la noche!

Camina erguido y mantente firme. ¡Necesitamos tu presencia!
Tú eres la luz de Israel y un punto brillante de revelación en nuestra
nación. Eres demasiado importante para tener que hacer lo que solías
hacer. Siéntate al fuego de nuestros consejos como un jefe sabio. Si
planeas la estrategia, pelearemos la guerra armados con la sabiduría de
los ancianos y la fuerza ferviente de los jóvenes. Tu sabiduría es más
aguda y eficaz que la flecha en tu arco con muescas por las batallas, y
tu apoyo sereno es el combustible que nos carga para la guerra. Una
simple sonrisa de un anciano piadoso exorcizará a los demonios de
nuestra juventud y estabilizará el miedo fugaz al fracaso en nuestros
corazones.

Todos podemos actuar en el escenario y estar bajo los reflectores,
pero al final escucharemos el aplauso que se le ofrece a otra persona.
A medida que la multitud disminuye y los vítores desaparecen,
debemos entender que el movimiento de la multitud no significa el
movimiento de Dios. Los papeles cambian y los trajes se modifican
porque el escenario está sobre ruedas. El mundo sigue girando y el
enfoque cambia de acto en acto, pero algunas cosas siguen siendo las
mismas: las debilidades de los hombres, el poder de Dios y el continuo
cambio del escenario.

CAPÍTULO TRECE

¡Cuando la ropa que nos hacen no nos queda bien!

Lázaro no podía desatarse de sus ataduras. Hay aspectos en tu vida en los que también tendrás que esperar y confiar en otros para que te desaten. Aunque terminó tu lucha por sobrevivir, la suya acaba de comenzar. Pueden afrontar una lucha solo para confiar en ti de nuevo. Su lucha puede ser comprender la parte más oscura y corrupta de ti, y amarte de todos modos. La primera vez que te ven salir de tu fosa, ¡pueden sentir la tentación de dejarte como te encontraron!

> «Y el que había muerto salió, atadas las manos y los pies con vendas, y el rostro envuelto en un sudario. Jesús les dijo: Desatadle, y dejadle ir».
>
> Juan 11:44, rv-60

Lázaro resucitó de entre los muertos, pero estaba a medio camino de la libertad. Ahora tenía que esperar a que sus asombrados seres queridos escucharan el llamado del Maestro. Estaba a merced de sus dolientes. Si te levantan de una tumba de fracaso o debilidad, seguirás enredado con las vendas sucias, cicatrices recientes, emociones alteradas y asuntos desagradables que deben desatar *otras personas*.

Tú y yo quisiéramos pensar que una vez que Jesús llama a una persona a salir de una tumba por el poder de su Palabra, todo terminó.

No es así. Jesús tiene un mandamiento más, y no está dirigido a la tumba ni al que estaba allí. Sus palabras son para las personas que amaron y trabajaron con el hombre en los harapos de su muerte: «¡Desatadle, y dejadle ir!».

Si has pasado por un cambio radical o una recuperación moral, sé paciente. Las mismas personas que te alentaron tal vez recelen de ti. También fueron víctimas. Cuando los niños tuvieron que condicionarse a desconfiar de un padre en el que deseaban desesperadamente confiar, no les resulta fácil darse la vuelta de repente y acercársele de nuevo. Tienen miedo. Quedaron atrapados en las garras de los problemas de personas adultas. Los problemas que confunden a los adultos devastan a los niños. Sé justo con ellos. Necesitas comunicarte como nunca antes. Tu única esperanza para la sanidad es una comunicación sincera llena de compasión.

Si acabas de atravesar grandes luchas o fracasos, afrontarás otras batallas con los efectos colaterales o las consecuencias de tus crisis. Es probable que tus luchas desafiaran a todos en tu familia, ¡y quizá las víctimas fueran tu esposa y tus hijos! El pecado, las compulsiones, las debilidades y el orgullo pueden infligir tanto dolor a quienes dependen de ti que, incluso después de que hayas cambiado, parece que no pueden confiar en ti como lo hacían antes. Una vez que se daña la confianza, el impulso para sobrevivir dificulta que las personas vuelvan a confiar en quienes las lastiman.

Las esposas que se encuentran en una montaña rusa emocional para sobrevivir a la aventura de adulterio de su esposo o una adicción a la cocaína, el alcohol o los juegos de azar suelen encontrarse en un estado de *shock* emocional. Han luchado contra el demonio y han ganado, y ahora han recuperado a sus esposos, pero lo lamentable es que la lucha puede dejarlas devastadas y recelosas. A fin de sanar por completo, estas esposas necesitan tiempo y oración.

¡Este intervalo equivale a un «período de prueba» que se puede considerar como un insulto para un hombre que se ha esforzado al máximo por regresar a su hogar para una acogida que es menos de lo que pensaba que sería! No se da cuenta de que está tratando con alguien cuyas esperanzas se estrellaron contra las rocas tantas veces que su mecanismo de defensa ahora protege de forma mecánica su corazón contra cualquier posible fuente de dolor, en especial por parte de él. Este se ofende debido al crudo instinto de supervivencia de ella, pues siente que merece un poco más de apoyo positivo. Es inevitable que los temperamentos se irriten, los nervios se pongan de punta y los lazos familiares, ya tensos, comiencen a deshacerse.

Los hombres a menudo esperan que se les dé comprensión y paciencia, ¡pero no saben de qué manera! Si pasaste por una aventura amorosa y tu matrimonio se está reciclando, ¡ve despacio! Hay mucho daño en su interior, al igual que una hemorragia. Puede que tu pareja esté sufriendo un golpe en su autoestima, y tus hijos quizá estén luchando con el dolor de la vergüenza. Sobreviviste todo ese tiempo; de seguro que lograrás subsistir un poco más. Solo que no busques atajos. Esta sanidad requiere paciencia y sabiduría.

Esta tragedia «después del hecho» se intensifica porque es inesperada. Tomaste decisiones difíciles e hiciste cambios para superar el problema por el bien de tu familia y de ti mismo. ¡Seguro que te recibirán con una gran celebración cuando llegues a casa! En vez de eso, regresas a una casa de tensión y tus emocionantes noticias de liberación solo obtienen una recelosa y evasiva respuesta que te deja confundido.

Tu «problema» original ya no es fundamental. De alguna manera superaste ese desafío y volviste a ocupar tu lugar una vez más como un hombre responsable. Ahora le haces frente a los efectos secundarios de tu problema original; ¿cabe la posibilidad de que empeore la situación? Anímate. El mismo Dios que te dio la gracia de sobrevivir y renacer te ayudará también a resolver estos problemas residuales. La vida está llena de enredos, complejidades, problemas, pruebas, desafíos y recompensas. Eres un sobreviviente. Estás destinado a triunfar.

Hace años, estaba de moda enseñarle a la iglesia acerca de la vestimenta modesta como una señal externa de santidad. Les enseñábamos con sumo cuidado a nuestros jóvenes lo que podían y no podían usar, pero nunca lidiábamos con los deseos detrás de las acciones. Limitábamos nuestro énfasis a la apariencia externa. Mientras el «paciente» se sentara en la cama, sonriera y mantuviera una confesión positiva, estábamos satisfechos. En esencia, no nos interesaba el hecho de que, debajo de las sábanas, ¡el paciente sufría una hemorragia y moría ante nuestros ojos!

La iglesia y el mundo están llenos de «pacientes» que están «vestidos por fuera, pero sangrando por dentro». Sí, conducen buenos autos y compran casas muy recargadas, pero todavía están agobiados por el dolor y el enojo reprimidos.

Los hombres recién salidos de la tumba del fracaso a menudo afrontan el rechazo de esos en quienes buscaban aceptación. Al igual que los desanimados y desilusionados veteranos de Vietnam, sobrevivieron a las junglas y tomaron el último helicóptero de Saigón, solo para regresar a su hogar y quedarse sin hogar. Besaron la tierra solo para descubrir que no había lugar para quedarse. ¿Adónde podrían ir una vez que terminara el desfile y la corneta solitaria cesara su lamento? El tambor se detuvo, la batutera guardó su bastón y los veteranos de la conflagración se convirtieron en víctimas del rechazo.

La rabia silenciosa se apoderó de los corazones de los jóvenes que abandonaron su hogar cuando aún eran muchachitos con balones de fútbol en sus habitaciones y regresaron demasiado viejos y fríos para ser quienes eran y no podían convertirse en quienes habrían sido. Estaban atrapados en el vacío, tanto como víctimas de la guerra como sus amigos que murieron en los arrozales. Fue doloroso para todos nosotros. Cada vez que los hombres sobreviven a un incidente, pero nunca reciben tratamiento por las luchas residuales, ¡todos terminamos sufriendo!

Muchos hombres buenos no han resuelto los problemas graves que los traumatizaron a una edad temprana. Han sepultado en lo profundo su dolor y lo consideran una debilidad. Los observamos beber demasiado, enojarse muy rápido o apartarse en silencio y amargura, y somos rápidos en regañarlos por los *síntomas* de su dolor secreto. Necesitamos sanar la causa del dolor. Un síntoma le anuncia al cuerpo que algo está mal. Los síntomas de los pecados residuales que se aferran a la vida de nuestros hijos son señales de que «Puede que Lázaro resucitara, pero de seguro que no está desatado».

Algunos médicos no administran analgésicos para el tratamiento de ciertas lesiones porque no quieren camuflar los síntomas que les ayudan a diagnosticar con más precisión la fuente del dolor. La religión ha sido un analgésico ingerido por la iglesia. ¡Solo adormece el dolor mientras oculta la causa de la enfermedad! Hay una clara diferencia entre la religión y la liberación. La iglesia se ha conformado con camuflar los problemas al reducir los síntomas. Cuidado: Este era el problema con la ley; solo trataba los síntomas y dejaba que persistiera la aflicción terminal.

> «Pues lo que la ley no pudo hacer, ya que era débil por causa de la carne, Dios lo hizo: enviando a su propio Hijo en semejanza de carne de pecado y como ofrenda por el pecado, condenó al pecado en la carne».
>
> ROMANOS 8:3

El problema real solo puede tratarse si se admiten los síntomas. La iglesia parece demasiado avergonzada por los síntomas para afrontar el problema. Al principio, solo los feligreses luchaban con el divorcio y el nuevo matrimonio. Ahora, el problema ha pasado de los bancos al púlpito. La iglesia ha fracasado porque ha tratado de legislar la moralidad a través del legalismo. ¡Los actos de pecado son solo síntomas de un corazón dañado o a veces no regenerado!

Lo lamentable es que *no nos sentimos cómodos con los pecados de otros hombres, solo con los nuestros.* Parece que pasamos por alto los pecados de los muertos. Perdonamos a los hombres como David, pero nos reunimos como buitres para victimizar a tales hombres como teleevangelistas caídos. Tenemos un doble estándar: «Lo que importa no es lo que se hizo, ¡es quién lo hizo! Si fue mi hijo, citaré un pasaje de las Escrituras, pero si fue tu hijo, citaré otro texto menos indulgente». Hermanos míos, ¡estas cosas no deberían suceder!

¿Cómo podemos condenar el aborto y luego evitar a las mujeres con hijos ilegítimos? ¿Cómo podemos condenar el divorcio y dejar de enseñar y practicar la restauración para matrimonios dañados? ¿Cómo podemos ministrar a los drogadictos, homosexuales, alcohólicos y otros comportamientos adictivos/compulsivos y no prepararnos para invertir las semanas, los meses o los años que puede llevar desatar los sudarios que retrasan el proceso de reciclaje divino? ¿De qué sirve sacar al excriminal de la cárcel si no le damos trabajo cuando regresa a la sociedad?

Seamos realistas, nuestros hombres están atados y enredados en algo que hiede bastante. Cuando Jesús quiso resucitar a Lázaro, su hermana protestó y en seguida le advirtió a Jesús: «Ya hiede» (Juan 11:39). Es simple: Cualquier persona que se involucre con un «resucitado» experimentará algo de incomodidad. Su problema no es aromático, sino pestilente. Incluso, después de la conversión, estos hombres a menudo siguen enredados en ataduras y debilidades que desafían a la iglesia local, a la familia y hasta al hombre mismo. Se ha despertado de una situación de muerte solo para descubrir que todavía está atado y enredado. ¿A quién puede recurrir? Muy a menudo la esposa del hombre tiene miedo, sus hijos están inseguros y su empleador se siente enfurecido y desinteresado. ¡Necesitamos desatar a Lázaro y dejarlo ir!

Si te encuentras en la posición de Lázaro, tendrás que saber una cosa por ti mismo: ¡Dios no te habría despertado de tu sueño si Él no tuviera un plan para tu vida! Él es el autor y consumador de tu fe. (Lee Hebreos 12:2). Lo que comienza, lo termina. Él no es un Dios incompleto. Él es el Alfa y la Omega, el Primero y el Último, el Principio y el Fin. (Lee Apocalipsis 1:8, NTV). Él perfeccionará lo que comenzó en ti. (Filipenses 1:6). Muchas esferas de tu vida necesitarán el toque y el cuidado de Dios. Recuerda que cuanto mayor sea tu lesión, más larga será tu recuperación. Puede tomar un tiempo, pero se puede lograr. Jesús dice: «¡Desatad a ese hombre... y dejadle ir!».

Si eres la esposa de un hombre que pasó por una situación muy adictiva que los traumatizó a ambos, entiendo tu dolor, tu miedo y tu renuencia a confiar de nuevo. Si en realidad quieres ver que la gloria de Dios lo levanta por completo, debes ser lo suficientemente valiente como para desatarlo. El mejor regalo que puedes darle, así como *a ti misma*, es el regalo del perdón. Quítale las esposas y deja que Dios lo sane, o la falta de perdón los aprisionará a los dos. Si no puedes confiar en él, confía en Dios. La confianza madura dice: «Dios, creo que nada me desafiará que tú y yo no podamos manejar». Esa es la fe que persigue al diablo, y si lo crees, ¡el infierno está en problemas!

Si de veras quieres desatar a tu hombre, ¡puede que tengas que permitirle volver a la parte de tu corazón que mantienes bajo llave! Quizá esto signifique que tengas que confiar en él en un aspecto que una vez te causó un gran dolor. No será fácil, pero es importante que experimentes la sanidad y el perdón en un nivel más profundo.

¡Muchas mujeres han guardado tanto su corazón debido al dolor que se encuentran perdidas en el problema!

El hombre está fuera de la tumba, ¿pero lo estás tú? Si no puedes abrir lo que guardaste, todavía estás atada al pasado. No solo debes tener fe para su recuperación, ¡también debes tener fe en su habilidad para sobrevivir, y en la capacidad de Dios para protegerte y todo lo que has establecido en Él!

Hermano, si tu pareja ha confiado en tu liberación lo suficiente como para desatarte, ¡tienes la responsabilidad de protegerla con todo tu corazón! Nada hace a las personas responsables como la confianza. Muchos continúan en debilidades porque sienten que les «autorizó» alguien que se niega a creer que pueden cambiar. Algunos hombres piensan que la incredulidad les da permiso para seguir como estaban. A veces nos alimentamos de las debilidades del otro. A algunas esposas les hace falta sentirse necesitadas, por lo que se quejan una y otra vez, pensando que muestran preocupación y cuidado. Otras esposas se quejan por el «síndrome de la madre» y regañan al hombre como si fuera un niño. Todo esto alimenta una confusión que se perpetúa en un síndrome de causa y efecto que no es saludable para ninguna de las partes.

ATRAPADOS DETRÁS DE LAS VENDAS

«¿Dónde están nuestros hombres?», preguntan los niños y las esposas. Las damas solteras preguntan lo mismo. Incluso, Dios mismo quiere saber: «Adán, ¿dónde estás?».

Aquí está la respuesta: Están atrapados por el dolor de los problemas no resueltos, los divorcios amargos y las decisiones judiciales que ya no les permiten ver a sus propios hijos. Están atrapados detrás del «mito machista» y los símbolos vacíos del éxito mundano. Están atrapados detrás de las drogas, en la prisión dentro y fuera. Están atrapados en las mazmorras de la falta de perdón porque alguien no los liberará, y son incapaces de liberarse a sí mismos. Estos son los futuros pastores, poetas, artistas y candidatos presidenciales. Sin embargo, nunca le prestaremos atención a su mensaje, escucharemos su canción, ni nos beneficiaremos de su liderazgo, ¡pues no tenemos el valor de desatarlos y dejarlos ir!

Si vamos a escuchar las nuevas baladas o admirar la pintura más reciente, debemos desatarlos. Si vamos a sentir sus brazos alrededor de nuestros hijos y escuchar su voz de tenor en el coro, ¡será mejor que tomemos las tijeras y los desatemos! Satanás tiembla ante el creciente sonido que escucho en mis oídos, el sonido de vendas que se rasgan. Al igual que las orugas liberándose de sus capullos, ¡los hombres están saliendo por toda la nación! Algunos se liberan de las drogas, otros del dolor. Hay un motín, una revolución; ¡los hombres vienen de Wall Street en Nueva York a Watts en Los Ángeles! Son blancos y negros, ricos y pobres, educados y analfabetos, porque cada hombre tiene su propia marca de esclavitud para escapar. Estos son los «Houdini» de nuestra generación; su magia está en su supervivencia. Los dieron por muertos, pero sobrevivieron. Se liberaron, y se niegan a vivir en capullos.

Este es el día del *hombre de color*, el hombre de muchos colores. Soy un hombre del arcoíris... ¡una señal y una promesa de Dios! Soy negro, soy blanco, soy rojo, soy marrón. Soy lo bastante negro como para unirme a tus clubes, vivir en tus barrios y morir con un título de propiedad en mis manos. Soy lo bastante rojo como para sacar a mi caballo de la reserva y entrar al campus de la universidad. Y soy lo bastante moreno para convertir una «tarjeta de residencia» en una tarjeta de crédito, enseñándoles a mis hijos a comprar los huertos y no solo a trabajarlos. Soy todos los hombres hechos de barro, porque el barro me hizo y la sangre me llena. Un infierno se burla de mí, y Dios me salvó. No soy raro ni extraño, peculiar ni diferente; soy el mismo barro, solo de un tono diferente. Soy un hombre como tú; solo que soy de otro color.

> «Tampoco se enciende una lámpara para ponerla debajo de un cajón, sino sobre el candelero; y así alumbra a todos los que están en la casa».
>
> Mateo 5:15, rva-2015

Satanás nos odia a los *hombres de color* porque nos crearon a imagen y semejanza de Dios, y nuestros espíritus son «la lámpara del Señor». Iluminamos los lugares oscuros. Donde hay aguas infranqueables, construimos puentes. Donde hay guerra, firmamos tratados. Donde hay tragedia, enviamos medicina. ¿Cómo los hombres pueden actuar solos para curar males, detener plagas y someter a las naciones... y luego morir detrás de los muros de sus propias vendas? No se puede hacer. No debe hacerse. Jesús dijo que no nos crearon para ocultarnos, sino para que nos vieran. ¡Es hora de desatar al hombre y dejarlo ir!

Cada vez que veo una pintura de un prisionero o leo un poema escrito en una celda, cada vez que veo a un drogadicto pintando una casa o construyendo una habitación para personas sin hogar, sé que estoy viendo lo que podrían haber sido y lo que deberían haber sido. Incluso, ante los ojos del racista más endurecido, he logrado vislumbrar un profundo pesar. ¿Qué nos ha pasado? ¿Por qué permitimos que sobrevivan las vendas, pero dejamos al hombre dentro para que muera? ¡Tenemos que despertar gritando por la mañana! Es hora de que los hombres nos despertemos de nuestro sueño. No estamos muertos... ¡estamos vivos!

Quizá estemos sangrando, pero estamos vivos. Puede que tengamos que alcanzar a nuestros hijos extendiendo mucho los brazos para salvar la distancia entre nosotros; es posible que tengamos que secarnos nuestras propias lágrimas o cantarnos a nosotros mismos a la luz de la mañana. No importa lo que cueste, demostremos que *este Lázaro no está muerto*. Tiene problemas y dolores con más dificultades y pruebas que le esperan, ¡pero de seguro que no está muerto!

Hermanas, ustedes han estado orando por nosotros y se lo agradecemos, pero estamos de regreso. Estuvimos en el infierno y olemos a humo. Somos fuertes pero débiles, acertados pero equivocados, masculinos pero femeninos. Somos dominantes pero pasivos. Somos Clark Kent y Superman; somos un toque de todas las cosas. Somos de muchos colores.

No nos queda ninguna imagen por proteger. Ya nos hemos decepcionado a nosotros mismos, a nuestros amigos y a nuestras familias, pero ya no estamos avergonzados. Estamos muy agradecidos de estar avergonzados. Se suponía que estábamos muertos, pero como Lázaro, se nos ha devuelto la vida como un favor, como un regalo de Dios. Una vez más, Él les ha dado el regalo de la vida a los hombres que estaban muertos. ¡Nunca podremos ser quienes fuimos antes! Nos están transformando constantemente, y cambiaremos de color ante tus ojos. Maravilloso y multicolor, hay un nuevo hombre en tu viejo hombre. Hay una educación divina en los analfabetos y una santa ignorancia en los inteligentes, porque somos de muchos colores.

Hablo con mis padres, hermanos y amigos. Le hablo al *hombre de color* cuyos muchos colores decoraron los lugares oscuros y agregaron variedad a lo mundano. ¡No hay nada que pueda retenerte! ¡No hay vendas tan apretadas ni tragedias tan abrumadoras de las que no puedas desenredarte y marcharte!

¡SALTA FUERA!

Siempre me he imaginado a Lázaro saltando de la tumba. Cuando escuchó el llamado del Señor, ¡estaba demasiado atado para caminar y era demasiado obstinado para quedarse! Decidió salir, sin importar lo que costara.

Desafío a los hombres de esta nación a que se comprometan al final de un milenio: Nuestros papeles están cambiando y nos retan constantemente de manera económica, emocional, social y hasta matrimonial. Si vamos a sobrevivir, debemos ser capaces de escuchar a Dios cuando Él llama y saltar cuando escuchamos. Saltar es lo que hacen los hombres que están demasiado incapacitados para caminar, ¡pero están demasiado decididos a quedarse en la tumba!

Dios está buscando hombres radicales que se muevan de repente cuando su libertad corra peligro. La sociedad no puede contener a un hombre que salta. El divorcio, las drogas o las crisis financieras no pueden contener a un saltador. Los saltadores siguen saltando. Estos hombres no permitirán que su incapacidad restrinja su respuesta a Dios.

Si no estás muerto, no te hagas el muerto. El enemigo quiere que te acuestes de por vida y te hagas el muerto. Sin embargo, en el nombre de Jesús, quien abre las tumbas, causa temblores de tierra y quien regresará, te ordeno con un grito: «*¡Salta fuera!*».

Este no es el día para el hombre quejoso, llorón, debilucho, cobarde y apocado. ¡Este es el día para el hombre ingenioso que salta, brinca, se regocija! ¡Salta fuera! Dios tiene un plan para ti. No puedes deambular en el movimiento de Dios. *Cuando escuches que te llama, ¡haz lo que hizo Lázaro!* «Preparado o no, oliendo mal o no, vestido o no, ¡aquí voy!».

Las tumbas están diseñadas para los hombres que no regresarán, y la tumba de Lázaro representa un aspecto de tu vida en el que te enterraron quienes te rodeaban y se dieron por vencidos en tu recuperación. A veces, te colocan en esas tumbas cuando están convencidos de que no volverás o cuando no pueden soportar la montaña rusa de tu recuperación. Si quieres regresar, debes salir de entre los muertos y los lugares de los muertos. Todos los que te aman viajan contigo, ya sea que quieran o no. La diferencia es que sus decisiones no crearon el viaje, ¡pero de todos modos deben hacerlo!

La tumba les promete alivio a otros porque elimina el dolor de las expectativas fallidas y la decepción por la traición que viene con las promesas malogradas. Tú y yo podemos entender su dolor, pero es importante que creas en ti mismo. Si vas a resucitar de la muerte en tu vida, ¡tus pies deben saltar! Lázaro sabía que si se iba a levantar, tenía que ser justo en ese momento. A pesar de que sus hermanas sentían que su hermano nunca volvería, él tenía que creer por sí mismo antes de poder actuar con decisión.

¡LIBERACIÓN OTORGADA! ¡APOYO NEGADO!

¿Te das cuenta de que no nos sanamos al mismo ritmo? En una crisis, cada persona debe pasar por su propio proceso de recuperación único. Tú puedes recibir sanidad, pero eso no significa que tu esposa, tus hijos, tu empleador o tus padres sanen también. Puede que sea hora de que muestres la misma paciencia que te mostraron una vez. Por mucho que desees el apoyo de otros, recuerda que lo más importante que puedes hacer en esta parte práctica del proceso es apoyarte y alentarte tú mismo.

Los matrimonios a menudo colapsan al final de una gran prueba, a pesar de que terminó el estrés y las parejas sobrevivieron a la crisis.

Justo cuando las cosas comienzan a mejorar, uno de los dos dice: «¡Me voy!». ¿Por qué? Es difícil y agotador «aferrarse a alguien en crisis». ¡Es posible que estas «otras víctimas» no tengan la energía necesaria para disfrutar del botín!

La historia de David y Betsabé se lee como una telenovela diabólica. Su relación surgió de la lujuria y el asesinato. Su pasión condujo al asesinato del esposo de Betsabé, Urías, y engendró un embarazo ilegítimo a través de la ardiente agonía de sus lujuriosos encuentros. Cuando terminó la excitación sexual y se impuso la realidad, David recordó a su Dios y comenzó el doloroso proceso del arrepentimiento para superar la desgracia y la vergüenza de vivir muy cerca del límite.

David se acostó en el suelo ante Dios en cilicio y ceniza durante siete días, buscando con desesperación limpiarse de sus pecados y la sanidad del bebé que se enfermó de repente. Cuando el niño murió a pesar de las oraciones de David, quedó devastado, pero lo aceptó como a la larga lo hacen todos los hombres; era algo que no podía cambiar. Se lavó la cara, se ungió y entró en la casa del Señor. David superó bien la tragedia.

Betsabé también lamentó la pérdida de su hijo, pero su recuperación no fue tan instantánea. David tuvo que consolarla. Si descubres que los demás no son tan resistentes como tú con respecto a los cambios repentinos en la vida, recuerda consolar en lugar de criticar. Esta es una forma sutil de reconocer su derecho a sufrir y, la mayoría de las veces, todo esto es doloroso y necesario para las personas heridas.

> «Viendo David que sus siervos susurraban entre sí, comprendió que el niño había muerto, y dijo a sus siervos: ¿Ha muerto el niño? Y ellos respondieron: Ha muerto. Entonces David se levantó del suelo, se lavó, se ungió y se cambió de ropa; entró en la casa del Señor y adoró. Después vino a su casa y cuando pidió, le pusieron comida delante y comió. Y sus siervos le dijeron: ¿Qué es esto que has hecho? Mientras el niño vivía, ayunabas y llorabas, pero cuando el niño murió, te levantaste y comiste pan. Y él respondió:

Mientras el niño aún vivía, yo ayunaba y lloraba, pues me decía: "¿Quién sabe si el Señor tendrá compasión de mí y el niño viva?". Pero ahora que ha muerto, ¿por qué he de ayunar? ¿Podré hacer que vuelva? Yo iré a él, pero él no volverá a mí.

»Y David consoló a Betsabé su mujer, y vino a ella y se acostó con ella; y ella dio a luz un hijo; y él le puso por nombre Salomón. Y el Señor lo amó».

2 Samuel 12:-19-24

A pesar de los desafíos que afrontaron, David y Betsabé sobrevivieron. Quizá no hubiera sido posible si David no hubiera consolado a Betsabé, pero se dio cuenta de que su esposa no se sanó al mismo ritmo que él.

Lo lamentable es que tal vez algunas personas nunca se recuperen de tus fracasos y puede que insistan en mantener tu pasado en tu contra por el resto de tu vida. ¿Qué deberías hacer en un caso como este? ¡Debes decidirte por continuar tu vida incluso si otra persona se opone a tu derecho a continuar y detesta abiertamente tu lugar en el planeta!

A menudo le digo a la gente: «Caerte bien es opcional, ¡pero respetarme es obligatorio! Si no te caigo bien, ¡todavía debes respetarme porque *soy un sobreviviente*!». Cuando te sientas atrapado por las opiniones de otros, reserva el derecho de cambiar el sudario que crearon para ti, ¡y sigue viviendo!

Si no cambias esos viejos trapos de la muerte, te tirarán de nuevo a la misma rutina de la que acabas de salir. Los «adornos y equipos» de la cuestión de los muertos todavía pueden causar problemas en muchos hombres.

Por ejemplo, el drogadicto no solo es adicto a las drogas, es adicto al sistema económico y social de su estilo de vida. Lo liberaron de la adicción a la sustancia química, pero su vida sigue involucrada con sus amigos perdidos en las drogas, sus ingresos por las drogas y el respeto que se ganó entre sus compañeros. Estas cosas no son el problema; se trató la adicción a las drogas. Estas cosas son los «sudarios» que acompañan el problema de la adicción.

El ejecutivo no solo dejó su problema con la bebida, sino que también perdió el entorno en el que solía hacer negocios. Ahora debe aprender a hablar de negocios de alguna otra manera que no sea «con una bebida». Solía celebrar un contrato firmado con una bebida; entretenía a los clientes potenciales con una bebida. Utilizaba el licor como un medio de seducción. Apaciguaba sus inhibiciones, lo liberaba de su comportamiento de la Liga de la Hiedra y le permitía desabrocharse el botón del cuello de su camisa y sentirse humano. Ahora está perdido... todo su sistema sociológico estaba asociado con su problema con la bebida.

El adúltero no solo está involucrado en el romance; se siente atraído por el «amorío pasajero». Está nervioso por la aventura que se desencadena debido al «temor de que lo atrapen» durante los momentos robados. La planificación y la mentira elaborada se han convertido en una forma de vida. Al final, abandona a la mujer, pero ella no es la única adicción: la aventura terminó. Él volvió a la normalidad, y la normalidad puede ser aburrida para alguien cuyo sistema está acostumbrado a funcionar con el alto voltaje de lo ilícito.

¡Deja tu sudario en la tumba! Esas prendas que te atan pueden ser tan difíciles de vencer como la cosa muerta que las produjo, pero debes quitártelas para que tu mente pueda reajustarse a la sanidad. Ese es el milagro de la salvación que hace que el creyente se regocije. *El cambio del corazón resucita a los muertos, pero la renovación de la mente es quitarse el sudario.* Sácalo de tu mente y de tu vida. ¡Es una tragedia cuando algo se apodera de tu vida a tal grado que define el entusiasmo y la autoestima para ti!

DIOS TIENE UN VESTIDOR

Recuerda, siempre tienes derecho a cambiar si la ropa que usas se adapta a *quien eras* en lugar de *quien eres*. Las estaciones cambian, el clima cambia y el viento cambia de dirección y velocidad. Defiende tu derecho al cambio con toda diligencia. Si Dios te ha dado la gracia para escapar de la tumba, ¡Él puede darte la gracia para cambiarte de ropa!

«Y Josué estaba vestido de ropas sucias, en pie delante del
ángel. Y éste habló, y dijo a los que estaban delante de él:
Quitadle las ropas sucias. Y a él le dijo: Mira, he quitado de
ti tu iniquidad y te vestiré de ropas de gala».

ZACARÍAS 3:3-4

Se dice que la ropa hace al hombre. No sé si eso es verdad, pero sé
que *los hombres se cambian de ropa*. Pueden ir al vestidor por un lado y
salir por otro. ¡Gracias a Dios por los hijos pródigos que nos enseñan
que el Padre confeccionará ropa nueva para el mismo hijo que fracasó!
La ropa del Padre es la que queremos, no la que otros quieren que
tengamos o usemos. Queremos que nos vistan con la justicia de Dios.

Te desafío a orar por el tremendo movimiento de Dios que está
esperando al otro lado del «cambio». Josué, el sumo sacerdote, se
cambió de ropa mientras estaba rodeado de ángeles. Lázaro se desnuda
ante su familia. Los saduceos ni siquiera creían lo que Dios había hecho
en su vida. El ciego Bartimeo dejó su manto al costado del camino.
Sabía que ya no lo necesitaría. (Lee Marcos 10:46-52). Lo que sea
que necesites quitarte, hazlo, sin importar quién sea testigo de esto.
No permitas que otros determinen cómo te ves a ti mismo. Las ropas
que hicieron para ti reflejan dónde estabas en ese momento. Gracias
a Dios que ya no te quedan bien donde estás ahora, ni tampoco en el
lugar al que vas.

Mi oración es que Dios te dé la gracia de descubrir las nuevas
ropas que Él preparó para ti. Todos tus sistemas sociales, económicos
y psicológicos se eliminaron, te encuentras en la necesidad de conocer
a tu «nuevo ser». Estás pasando por un ajuste al que todos los hombres
le hacen frente en un momento u otro. Mi oración es para que Dios
te vea gozoso a través de esto. ¡Los hombres más sabios son los que
reconocen su necesidad de cambiar y tienen el valor de afrontar la
incertidumbre de los nuevos comienzos con un profundo compromiso
para tener éxito!

CAPÍTULO CATORCE

¡No golpeen más abajo de mis rodillas!

«Quiero, pues, que en todas partes los hombres oren, levantando las manos al cielo con pureza de corazón, sin enojos ni contiendas».

1 TIMOTEO 2:8, NVI°

La mayoría de los hombres cristianos oran como cobardes y se jactan como guerreros. Lo cierto es que los verdaderos guerreros espirituales son hombres que oran. La oración es el recurso más descuidado y subutilizado en el reino de Dios. Es un arma secreta que Satanás ha escondido de los hombres.

La oración puede ser un desafío especial para los hombres debido a su tendencia hacia la comunicación no verbal. La oración requiere que expongamos nuestra necesidad, expresemos nuestro dolor y describamos nuestro deseo. Los hombres evitamos exteriorizar nuestro deseo porque le tememos a la decepción. Pensamos que mientras no reconozcamos una necesidad o un deseo, podemos vivir libres de decepciones. Decimos: «Bueno, de todas formas no lo quería». La oración nos hace confesar el deseo.

Cuando Dios nos hizo a su semejanza, plantó en nuestra naturaleza una necesidad de ser admirados. Florecemos cuando nos alaban. Uno de los secretos mejor guardados acerca de nosotros, los hombres, es lo mucho que disfrutamos que nos feliciten. A nuestro Creador le encanta que lo alaben, y Él responde a los que le alaban. Los hombres resplandecemos cuando nos elogian nuestras esposas, nuestros padres, jefes o entrenadores, y nos sentiremos atraídos hacia ellos para recibir más. Nos encantan las afirmaciones que sugieren que lo estamos haciendo bien.

Como empleador, me sorprendió descubrir que muchos hombres responden mejor a los elogios que a los aumentos u otras recompensas no verbales. Cada vez que reconocía un trabajo bien hecho con un comentario personal, me recompensaban a cambio con una pronta sonrisa y un entusiasmo por recibir más elogios.

Por otro lado, como ministro, he notado que casi todos los hombres que acuden a mí para recibir consejería matrimonial sacan a colación las palabras de su esposa: «Pastor, ella me atosiga; se queja todo el tiempo. Sin importar lo que haga, parece que no puedo complacerla». Estas quejas son tan serias que muchas veces el hombre está listo para terminar su matrimonio con frustración.

La oración es una lucha para las personas que necesitan afirmación pública. Los que alaban a los hombres no se entusiasman con los guerreros de oración. Les encantan los grandes predicadores, pero no reconocen a los grandes hombres de oración. Mi amigo, esto no debería importarnos. ¡Es más importante mover a Dios que mover a los hombres! La gran oración solo surge después que nos desprendamos de los elogios de otros. La oración profunda no se puede hacer en público, ya que se trata de asuntos privados que no deben escucharlos oídos ajenos.

> «Pero el Señor dijo a Samuel: No mires a su apariencia, ni a lo alto de su estatura, porque lo he desechado; pues Dios ve no como el hombre ve, pues el hombre mira la apariencia exterior, pero el Señor mira el corazón».
>
> 1 Samuel 16:7

No evites la oración porque creas que no eres elocuente ni expresivo. Dios no se mueve por el vocabulario, la dicción ni la expresión. Solo se siente conmovido por los sinceros anhelos de un corazón abierto que «derrama» las cargas del día a través del altar, ¡dejando al descubierto todo dolor ante el poder de un Dios que puede! «¿Puede qué?». ¡Puede hacer lo que sea si tienes fe suficiente para creerle a Él y lo que sea si tienes el valor suficiente para suplicarle!

Las palabras entrecortadas y torpes de un corazón manchado de lágrimas resuenan más fuertes en el campo espiritual que la más fina y resonante voz de un orador cuyas inflexiones vocales se han ensayado para los oídos de los hombres. Cuando oras por los verdaderos problemas de la vida, tu preocupación no es que los demás escuchen, sino que tengas el oído de Dios.

ORA CON PASIÓN

¡Necesitamos con urgencia acudir a Dios con las cuestiones vitales que nos aquejan! Por lo general, estas no son las cosas que queremos que se escuchen por un altavoz. A menudo son demasiado privadas hasta que para las oigan nuestra esposa o nuestros hijos. ¿Oyes un chirrido? ¡Es el sonido de los timones oxidados mantenidos en curso por la ferviente oración de los hombres que se niegan a desatarse porque se encuentran con el viento y la oleada de olas contrarias!

Nuestra mayor tragedia es que *les dejamos la oración a las mujeres y los intercesores* mientras nos pasábamos a «otros asuntos de interés». Más tarde, esos intereses nos extenúan, y nos preguntamos por qué nos sentimos tan agotados. ¿Qué esperábamos? Desde que abandonamos el cuarto de oración, todo está «saliendo» y nada está «regresando». La oración reconstruye lo que agota la vida. No es religiosa ni ensayada. Las verdaderas oraciones son peticiones espontáneas de hombres llenos de fe a un Dios poderoso que escucha y responde.

Mi fe no está en la capacidad de mi boca para hablar; está en la extraña habilidad de Dios para escuchar y entender cada una de mis oraciones. Él ya sabe lo que le trato de decir, incluso mientras ando a tientas a través de mis incapacidades en busca de palabras que parecen evadirme. La oración es un acto espiritual, y mi comunicación se ve afectada por el hecho de que sé lo bien que Él entiende.

El himnólogo dijo con acierto: «¡Oh, cuántas veces tuve en ti auxilio en ruda tentación, y cuántos bienes recibí, mediante ti, dulce oración!». Mis hermanos, *si no aprendemos el arte sanador de la oración,*

¡practicaremos el espantoso hábito de la preocupación! Si no aprendemos a arrodillarnos en oración, nos sentiremos frustrados. ¡Nuestro vociferante y delirante enojo es solo una señal reveladora de cuánto tiempo ha pasado desde que tuvimos una oración ferviente! La verdadera oración no es mandona, dominante ni manipuladora. La verdadera oración lleva a los hombres autoritarios a un lugar de sumisión.

La oración es una confesión de que todavía somos hombres limitados, y con esa confesión viene el mismo alivio que una mujer encuentra en los brazos de un hombre fuerte. No, esto no es debilidad. Es el maravilloso privilegio de entregarle nuestra humanidad a una autoridad superior.

Muchos hombres que han tratado de continuar la farsa de la independencia rebelde de Dios están a punto de colapsar porque su fuerza ha llegado al final. Todos les arrojan encima su basura, y no tienen dónde tirarla.

Debajo de su fachada religiosa, la mayoría de los hombres están abrumados y estresados. Muchos están secretamente deprimidos y desencantados. Se han convertido en su propio dios, por lo que deben asumir la responsabilidad del resultado de todos los problemas. Los hombres que oran saben que no son soberanos, así que mientras oran, liberan con gozo sus tensiones y declaran su confianza en el Dios que puede.

La oración es un cumplido a Dios. Es un reconocimiento de que creemos en su competencia para lidiar con los problemas.

DIOS ES CAPAZ

En el plano natural, nunca le pides a alguien algo que no crees que lo tenga. Si lo haces, es solo porque crees que es capaz de darte lo que necesitas. Dios se siente halagado y bendecido cuando oras. El corazón de tu jefe está en su mano. El gobierno está en su mano. La operación que temes está en su mano. Él puede intervenir en todo lo que afrontarán tú o tu familia, ¡pero debes aprender a pedir!

> «Por lo tanto, de uno solo, y estando este muerto en cuanto a estas cosas, nacieron hijos como las estrellas del cielo en

multitud y como la arena innumerable que está a la orilla del mar».

HEBREOS 11:12, RVA-2015

Puedes discutir todo, desde la impotencia hasta el vacío con Dios. Él sanó a Abraham de la impotencia cuando su cuerpo estaba «muerto en cuanto a estas cosas». Sin ningún esfuerzo, Dios lo sanó con una promesa que conmovió su corazón y revivió sus entrañas. El milagro de Dios en Abraham fue tan poderoso que hasta después de engendrar a Isaac, ¡las consecuencias se quedaron con él cuando murió Sara! Abraham se volvió a casar y fue padre de una familia nueva por completo. Su cuerpo se había debilitado, pero no su fe. Era viejo, pero todavía tenía visión y esperanza.

Muchos hombres dejan de vivir a medida que envejecen. Pierden vida y potencia, y el brillo desaparece de sus ojos. A veces, la amargura se arrastra en sus corazones, o solo se aburren y se apartan. Desde el punto de vista médico, nada está mal en realidad; solo pierden su interés en la vida y por la vida. Deprimidos en secreto, ocultan su muerte interior bajo el trabajo, los negocios y otras distracciones. Hacen las cosas por inercia, pero la emoción desapareció. No pueden recordar cuándo los abandonó, pero han renunciado a la vida. Se extinguió la llama de sus emociones, impulsos sexuales y hasta de sus espíritus. Solo quedan los caparazones de los hombres. Los corazones palpitan y los pulmones respiran aún, engañando a los recursos clínicos del médico.

El libro de Proverbios tiene el diagnóstico preciso: «El espíritu del hombre puede soportar su enfermedad, pero el espíritu quebrantado, ¿quién lo puede sobrellevar?» (Proverbios 18:14). El vacío, la frustración y la soledad han golpeado el entusiasmo de este hombre por la vida misma.

Si necesitas un avivamiento de tu pasión, entusiasmo e intensidad, debes orar por un avivamiento. No, no estoy hablando sobre el tipo de «avivamiento» que solo es una fecha en un calendario o una reunión en la iglesia. Dices: «¡Pero no puedo hablar con Dios sobre eso!». Puedes hablar con Dios sobre todo. En la Biblia, ¡hasta los ancianos seguían viviendo, dando y sintiendo pasión! Lo hacían porque eran hombres de oración. La oración aumenta la pasión. Es la expectativa que hace que el corazón diga cada día: «¡Hoy me va a suceder algo o voy a hacer que algo suceda!».

> «Entonces Isaac la trajo a la tienda de su madre Sara, y tomó a Rebeca y ella fue su mujer, y la amó. Así se consoló Isaac después de la muerte de su madre.
> »Abraham volvió a tomar mujer, y su nombre era Cetura. Y ella le dio a luz a Zimram, a Jocsán, a Medán, a Madián, a Isbac y a Súa».
>
> Génesis 24:67—25:2

Seis hijos más estaban encerrados en los «lomos muertos» de Abraham. Dios lo vivificó y lo devolvió a la vida. Eso es lo que Dios quiere: hombres fervientes. Quiere hombres que estén vivos. Sí, sentiremos dolor y sufriremos la pérdida de la fuerza, de la juventud y de los seres queridos, pero por la gracia de Dios, no perderemos nuestra vida, nuestra vitalidad.

Si no estás muerto, ¡vive! «La oración eficaz del justo puede lograr mucho» (Santiago 5:16). Si la oración de un hombre impotente puede producir una nación de descendientes, ¡debes saber que la oración que ofreces en tu vacío producirá un mundo de abundancia y gozo!

El espíritu de la depresión y el vacío se alimenta de la fatiga. No puedes asumir la responsabilidad por las decisiones de otras personas. La verdad es que estás cansado de la entronización propia. Cada vez que le dediques tiempo a preocuparte por las cosas que no puedes cambiar, no podrás disfrutar del regalo de la vida. Tienes que dejar de «jugar a ser Dios». Estás del todo agotado por hacer las cosas por tu cuenta. Entrégale a Dios tu vida, familia y futuro. Hazlo en oración y alaba a Dios. Él es capaz de levantar ese yugo de tus hombros y darte poder sobre el enemigo que te ata. No importa qué o quién sea el enemigo; solo importa la respuesta. La oración es mejor que la consejería o la terapia. La oración cambia la vida.

EL SACERDOTE DE TU HOGAR

La mayoría de las cosas por las que buscamos consejería son aspectos que necesitan oración. Solíamos ser personas de oración, pero ahora buscamos la voz de un consejero en lugar de la voz del Consejero. Hemos vuelto a Egipto. Queremos que los consejeros-sacerdotes escuchen a Dios por nosotros, pues no creemos que podamos escuchar su voz nosotros mismos. ¡Debemos conocerlo por nosotros mismos! ¡Necesitamos hombres que oren!

Tú eres el sacerdote del Nuevo Pacto de tu hogar. (No dije *jefe*, dije *sacerdote*). Necesitas enseñarles a tus hijos sobre el Dios de su padre. Aprenderán cuando te vean doblar tus rodillas ante Él. Tu mejor mensaje para tu hijo es el que ve, no el que oye. La vida de oración de Noé como padre salvó a toda su familia cuando Dios le advirtió sobre el Gran Diluvio.

> «Por la fe Noé, siendo advertido por Dios acerca de cosas que aún no se veían, con temor preparó un arca para la salvación de su casa, por la cual condenó al mundo, y llegó a ser heredero de la justicia que es según la fe».
>
> HEBREOS 11:7

¿Vives lo suficientemente cerca de Dios para escuchar su advertencia del peligro que te espera? ¿Estás lo bastante cerca de tu familia para que tenga confianza en lo que te dijo Dios? No puedes hacer que la gente crea en ti. El respeto no se ordena ni se hereda; debe ganarse. Puedes ganarte el respeto al convertirte en un hombre de oración. Literalmente, puede cambiar la dirección de toda tu familia, sin argumentos ni discusiones, ¡solo a través de la oración tradicional!

Tu familia necesita estar protegida bajo la cobertura de tu vida de oración paterna. No es de extrañar que el discípulo de Jesús gritara: «¡Señor, enséñanos a orar!». El hombre no le pidió al Señor que les enseñara «cómo» orar; quería aprender «a» orar. El «porqué» de la oración y la urgencia de la oración son más importantes que la mecánica.

«Y aconteció que estando Jesús orando en cierto lugar, cuando terminó, le dijo uno de sus discípulos: Señor, enséñanos a orar, así como Juan enseñó también a sus discípulos».

LUCAS 11:1

Estamos abrumados en lo emocional y agotados en lo espiritual debido a que no hemos aprendido el poder de la oración. La falta de oración nos ha dejado carnales y mundanos, y tomamos decisiones a ciegas en los negocios, el ministerio y el matrimonio sin guía ni revelación. Nunca podemos preparar un arca a tiempo sin una advertencia de Dios. La lluvia torrencial nos cae encima porque no hemos buscado la dirección del Señor. La simple debilidad humana nunca debe impedir que oremos. En realidad, ¡nos hace orar más cuando hacemos un compromiso de hombres para dejar de huir *de* Dios y comenzar a correr *hacia* Dios!

Nuestra epidemia de falta de oración ha provocado un aumento de estrés, hipertensión y aflicción. ¡Insistimos con obstinación en cargar solos nuestras cruces! ¿Por qué los esposos enojados descargan su ira sobre sus familias inocentes? Si nos humillamos y oramos, ¡Dios promete sanar las cosas por las que nos enfurecemos! La ira y el enojo no sanan nada ni a nadie. Hombre de Dios, ¡te reto a arrodillarte y orar! No le pidas a Dios que los arregle a «ellos»; pídele que al que arregle sea a *ti*, y Él sanará la tierra.

> «Si se humillare mi pueblo, sobre el cual mi nombre es invo-
> cado, y oraren, y buscaren mi rostro, y se convirtieren de sus
> malos caminos; entonces yo oiré desde los cielos, y perdona-
> ré sus pecados, y sanaré su tierra. Ahora estarán abiertos mis
> ojos y atentos mis oídos a la oración en este lugar; porque
> ahora he elegido y santificado esta casa, para que esté en ella
> mi nombre para siempre; y mis ojos y mi corazón estarán ahí
> para siempre».
>
> 2 CRÓNICAS 7:14-16, RV-60

Dios prometió sanar la tierra como resultado de la oración. Prometió sanar la tierra, las situaciones y las cosas que pertenecen al hombre que ora. En este pasaje, Él respondió de manera específica a las preocupaciones de Salomón sobre todas las cosas que estaban más allá de su poder y autoridad como un rey terrenal. ¡Dios dejó en claro que nada está más allá de su poder y autoridad divinos!

BUSCA A DIOS EN ORACIÓN

«Y en cuanto a ti, si andas delante de mí como anduvo tu padre David, haciendo conforme a todo lo que te he mandado, y guardas mis estatutos y mis ordenanzas, yo afirmaré el trono de tu reino como pacté con tu padre David, diciendo: "No te faltará hombre que gobierne en Israel"».

2 Crónicas 7:17-18

Dios le enseñó a Salomón sobre el valor de ser un hombre de oración al mismo tiempo que le habló acerca de la moralidad y el carácter.

¿Le gustaría a Dios hablarte sobre la forma en que vives? ¿Es posible que Dios quiera darte otro nivel de bendición, pero no puede hacerlo debido a tu andar con Él sin oración? Puedes luchar más con la dilación y las «ocupaciones» que con el pecado manifiesto. ¿Estás tan abrumado por buscar cosas que no logras buscar a Dios? Quizá seas tan consciente de los problemas y tan consciente de ti mismo que no seas consciente de Dios. ¿Has permitido que la realidad de la gloria siempre presente de Dios se manifieste en tu vida? ¿Vives como si Él no existiera? ¡Dios no lo quiera!

El carácter es uno de los mayores activos que un hombre puede tener para «personalizar» su vida de oración. Su santidad piadosa crea una barrera que el infierno no puede obstaculizar. La santidad de un hombre honra su compromiso con Dios. Es una forma de adoración y una expresión de predilección. Es un estilo de vida que demuestra abiertamente un «sacrificio vivo» a Dios. (Lee Romanos 12:1). Cualquier cosa menos equivale a palabras vacías y fallas lamentables.

¿Recuerdas la solemne advertencia del profeta Samuel al desobediente y engañoso rey Saúl? Saúl no pudo destruir lo que Dios dijo que destruyera. En su lugar, le dijo a Samuel que «perdonó» a las ovejas y los bueyes para poder ofrecérselos a Dios como un sacrificio.

Samuel, siendo un hombre sabio de oración, le dijo a Saúl: «Obedecer es mejor que un sacrificio» (1 Samuel 15:22).

Mi amigo, ¡la *obediencia* es la forma más elevada de alabanza a Dios! Puedes bailar y gritar, cantar y levantar las manos todo el día todos los días, ¡pero no tienes una verdadera ofrenda para Dios hasta que aprendas a conquistar tu carne y obedecerle! La ofrenda más grande que puedes traerle a Dios como un hombre que ora son tus pasiones apagadas que se quemaron en el altar del sacrificio. ¡Dios honra al hombre que lo considera más importante que su propia necesidad humana y egoísta!

> «Por consiguiente, hermanos, os ruego por las misericordias de Dios que presentéis vuestros cuerpos como sacrificio vivo y santo, aceptable a Dios, que es vuestro culto racional».
>
> ROMANOS 12:1

Uno se siente bien al vivir sin reproches. Cuando fracaso, me siento triste y avergonzado. ¿Qué me dices de ti? He fallado lamentablemente muchas veces. Sin embargo, en el camino aprendí a hacer de la santidad mi objetivo. Algunos hombres han dejado de apuntar a la santidad. Han obtenido «autorizaciones por escrito» para sí mismos; excusas para ser débiles, visas para fallar y toda una lista de «razones» para justificarse, y decepcionarse a sí mismos y a su Dios. La verdad es que muchos se han cansado en la lucha por la justicia. Es una pelea larga y continua, ¡pero se puede ganar!

> «Confesaos vuestros pecados unos a otros, y orad unos por otros para que seáis sanados. La oración eficaz del justo puede lograr mucho».
>
> SANTIAGO 5:16

Te confieso que estoy hecho de barro endurecido, deforme, y tan defectuoso que debería haberse tirado. Sin embargo, ¡Dios, que es rico en misericordia, recicló lo que todos los demás habrían desechado! Dios nos enseñará a ti y a mí cómo vivir por encima de nuestro pasado, nuestros miedos y nuestras incapacidades si confesamos nuestros pecados y oramos los unos por los otros.

¿Se ha afectado tu masculinidad y tu confianza se ha dañado por el divorcio que acabas de obtener? ¿Todavía sientes dolor? ¿Has confesado tus faltas o todavía confiesas las de tu esposa? Si ella tuvo la culpa o no, ¡nunca te sanarás confesando las faltas de los demás! Confiesa tus faltas, y Dios te sanará. ¡El enemigo sabe que las oraciones más eficaces provienen del hombre que es ferviente y sincero!

Una de las primeras cosas que los hombres necesitamos recuperar de lo que agarró el diablo ladrón es nuestra posición en nuestros hogares. Dios quiere que volvamos a la posición en nuestras familias para realizar tres funciones bíblicas importantes. Solo la oración puede ayudarnos a desarrollar una verdadera fortaleza en estas esferas:

1. Estamos para guiar.
2. Estamos para cubrir o ceñir.
3. Estamos para guardar.

ESTAMOS PARA GUIAR

¡Debemos ser hombres de visión que tengan una agenda ordenada por Dios! Las mujeres a menudo asumen el papel dominante en los matrimonios porque sus esposos no le presentan a la familia una agenda ordenada por Dios. Los hombres han estado «en punto muerto» durante tanto tiempo que las mujeres han llenado el vacío del liderazgo. Ahora, dirigen toda la casa. Lo trágico es que esto ha hecho que los hombres sean aún más inseguros y las mujeres estén aún más estresadas, deprimidas y amargadas. Todos seremos más felices si los hombres de Dios le prestan atención al profeta Habacuc:

> «Escribe la visión y grábala en tablas, para que corra el que la lea».
>
> HABACUC 2:2

La verdadera orientación masculina bajo la autoridad de Dios siempre respeta la visión a menudo aguda de la percepción femenina. Ser «cabeza de familia» no significa ser dominante y autoritario. Solo significa que los hombres tienen la responsabilidad de establecer planes progresivos y de ser lo suficientemente firmes para mantener encaminadas a sus familias. Primero, los hombres piadosos deben orar lo bastante como para escuchar a Dios. Luego, deben comunicar con claridad la visión. ¡Escribir la visión y hacerla sencilla!

Una vez que sepas que escuchaste a Dios, debes ser lo bastante fuerte como para cumplir con el plan. Abraham experimentó la lucha, pero continuó hacia la visión. Él y Sara cometieron errores, pero no se desviaron de la meta. A Sara se le reconoce por dar a luz a Isaac, pero a Abraham se le recuerda por alejar a la familia de lo conocido hacia una tierra desconocida de promesa por la fe.

Tú y yo necesitamos hacer avanzar a nuestras familias. No puedo permitir el estancamiento porque me condicionaron para esperar un progreso. Creo que porque estoy en la casa, en la casa debería verse la influencia. Dios es progresivo, y siempre se está moviendo, por lo que tú y yo debemos esperar un progreso continuo en nuestras vidas y hogares.

«Luego Dios el Señor dijo: "No es bueno que el hombre esté solo. Voy a hacerle una ayuda adecuada"».

Génesis 2:18, nvi®

Los ayudantes solo se les proveen a las personas productivas. ¿Qué puede hacer un ayudante si el que recibe la ayuda no tiene ningún plan ni actividad? Las mujeres, literalmente, han ayudado a construir iglesias, dirigir oficinas, administrar negocios y mucho más. Están ungidas para ayudar. Las han maltratado porque su naturaleza es la de ayudar. Las tragedias ocurren cuando los hombres que se diseñaron para ayudar a las mujeres no han cumplido su función como guías y visionarios en los hogares.

Ser guía incluye establecer normas para los hijos y hacer cumplir esas pautas. Mi esposa puede ayudar, pero yo debo establecer los estándares. Ser guía también incluye ser consejero y amigo. Yo soy el hombre en el que lloran cuando las cosas son difíciles. Soy el puesto de descanso de mi esposa y la brújula de mis hijos. Si no influyo en mi familia de una manera positiva, ¡mi presencia en el hogar es una desgracia para Dios!

Todos queremos que nos aprecien, pero algunos hombres que leen esto están casados con esposas ingratas y tienen hijos rebeldes. Es posible que tú necesites una renovación y reparación enormes, pero no ayudarás a resolver el problema en tu hogar al dejar tu lugar con amargura. Ponte de rodillas si quieres ver un cambio en tu hogar y sentir gozo en tu corazón.

ESTAMOS PARA CUBRIR O CEÑIR

Cuando Rut llegó a la cama de Booz, este la cubrió con su manto como señal de que asumía la responsabilidad de su bienestar. Fue el acto de un tutor. Le prometía provisión y redención a Rut. Cuando Booz la cubrió, Rut debió sentirse abrigada y segura. Sabía que era un hombre trabajador, compasivo y exitoso, capaz de cubrirla y cuidarla. (Lee Rut 3).

¿Por qué vendrías a la oficina de un pastor con tu novia y no podrías cubrirla? Tu responsabilidad será vestirla y cuidarla tanto a ella como a los hijos que puedan tener juntos. Ella puede «ayudarte», pero aún es tu responsabilidad proveerle. ¡Asegúrate de tener un trabajo antes de fijar una fecha para la boda! Incluso, si el trabajo que encuentras es insuficiente, es importante que te esfuerces al máximo para mantener tu papel como la «viga maestra» o proveedor en la familia.

Es una satisfacción para mí cuando mi esposa se ve bien y mis hijos están bien vestidos. Les declara a todos: «Esta mujer está cubierta. No le falta nada. ¡Hay alguien en su vida que la ama, la cuida y la ciñe!». Quiero establecer un estándar de excelencia tan alto que no temeré que mis hijas se casen con «alguien como su padre». No importa en qué condición se encuentre esa mujer cuando la conozcas, si es tuya, deberías mejorarla. Tu presencia debe influir en ella para siempre.

«Y pasé yo otra vez junto a ti, y te miré, y he aquí que tu tiempo era tiempo de amores; y extendí mi manto sobre ti, y cubrí tu desnudez; y te di juramento y entré en pacto contigo, dice Jehová el Señor, y fuiste mía. Te lavé con agua, y lavé tus sangres de encima de ti, y te ungí con aceite; y

te vestí de bordado, te calcé de tejón, te ceñí de lino y te
cubrí de seda. Te atavié con adornos, y puse brazaletes en tus
brazos y collar a tu cuello. Puse joyas en tu nariz, y zarcillos
en tus orejas, y una hermosa diadema en tu cabeza. Así fuiste
adornada de oro y de plata, y tu vestido era de lino fino, seda
y bordado; comiste flor de harina de trigo, miel y aceite;
y fuiste hermoseada en extremo, prosperaste hasta llegar a
reinar. Y salió tu renombre entre las naciones a causa de tu
hermosura; porque era perfecta, a causa de mi hermosura
que yo puse sobre ti, dice Jehová el Señor».

EZEQUIEL 16:8-14, RV-60

Si quieres saber cómo tratar a tu esposa, toma una lección del Libro
de Dios. Él describe cómo trató a su «esposa», Israel. No está mal, pero
es adecuado ser bueno con tu esposa. Otros hombres nos han conta-
minado. Nos han hecho pensar que estábamos equivocados al amar a
nuestras esposas. Dar es una declaración sobre el dador del regalo.

«Ceñir» va mucho más allá de la provisión de ropa. Debemos
«ceñir» a nuestras familias con testamentos, seguros de vida y
pólizas de salud. Ceñir significa cubrir sus necesidades, cualesquiera
que sean dichas necesidades. Significa que debemos cubrir las
necesidades futuras de nuestra familia, así como las necesidades del
presente. Sé que es un trabajo enorme, pero no huyas del mismo.
Hazlo de la mejor manera que te sea posible. ¡Aspira a lograrlo a
través de Dios!

Muchos de nuestros hijos nunca completaron su infancia porque
los apresuraron a la edad adulta prematura. No tenían la «sensación
de seguridad» que proviene solo de la cobertura segura de un padre.
Desarrollaron un enfoque rígido de la vida con el único fin de
sobrevivir. El poder de un padre que ora puede proteger a sus hijos
y su familia de afrontar los vientos fríos y destructivos de la vida sin
protección ni provisión.

Es un desafío intentar ser el héroe de todos. ¡Entrégale la tarea a Dios
y ponte a tu disposición! Él es tu fuente ilimitada para tareas imposibles.
Tu situación extrema es la oportunidad de Dios. Sin embargo, Dios

no comenzará a trabajar para ti hasta que hayas agotado tus propios recursos. Empieza. Dios te dará un milagro tras otro si eres un hombre que ora con un objetivo, un plan, ¡y fe en su nombre!

Tú y yo tenemos el llamado a ser *eficientes*. Puede que no seamos capaces de cambiarlo todo, pero de seguro que deberíamos influir en esto. No me gustaría estar en un trabajo en el que no sea una influencia. No me gustaría pertenecer a una iglesia que no pudiera sentir un cambio después de unirme a ella. Soy lo suficientemente poderoso como para influir en cualquier cosa de la que forme parte. ¿No lo eres tú? Por supuesto que lo eres. Cuando te unes a una iglesia local, ¡tanto sus ingresos como su influencia deberían sentir el impacto!

ESTAMOS PARA GUARDAR

Como padre, tú eres el defensor que debe detener en lo personal a todos los depredadores que intentan atacar tu hogar. Ya sea que el atacante sea un espíritu, un hombre o una bestia, para entrar, debe hacerle frente al asombroso poder y a la autoridad del hombre de Dios en la puerta. No hay garantías de que no venga un adversario. A veces, a pesar de todo lo que hacemos, aún surgen situaciones desafiantes, pero es una tontería no tomar todas las precauciones para hacerle lo más difícil posible la entrada al ladrón.

Muchos hombres están listos para defender a su familia de agresores físicos, pero pocos hombres están preparados para defender a su familia contra ataques espirituales. Aunque han combatido a los ladrones y criminales, todavía están plagados de culpa interna, perversión privada y problemas morales. Están mal equipados para construir defensas contra la depresión, el suicidio, el abuso infantil u otros espíritus que puedan atacar su hogar. No podemos matar estas cosas con armas, pero podemos detenerlas con la oración.

El diablo detesta ver que la oración se produce entre los hombres, pues sabe que cuidamos nuestros hogares mediante la intercesión. ¡Estamos en la posición de autoridad inexpugnable en nuestro hogar cuando cubrimos a nuestras esposas y nuestros hijos con oración!

Hombre de Dios, ¡tú y yo no estamos indefensos! Incluso cuando luchamos contra las fuerzas espirituales en las regiones celestiales, vamos a la batalla con una fuerza imparable y con armas imbatibles.

Defiende a tus seres queridos con la oración. Deja que tus hijos te vean ministrando a través de la oración. La oración es un recurso poderoso para proteger a los que amas. Cuando oras, Dios a menudo te da indicaciones e instrucciones para ayudarte a proteger a tu familia del ataque. Lo hizo por Noé, por José y María, y lo hará por ti.

Hay una diferencia entre una buena idea y una «idea de Dios». La «idea de Dios» se concibe y se nutre en el vientre de la oración. No es una empresa ni un intento. Su nacimiento solo se produce al llevar a cabo el plan que te da Dios a través de la oración.

Una vez que sepas que tienes una «idea de Dios», niégate a permitir que alguien te intimide con la sabiduría terrenal. Cuando recibes el consejo de Dios sobre un asunto, eso es suficiente. No permitas que los planes del Señor se contaminen con personas que desean que no tengas la mente del Señor para esa situación en particular. No te dejes confundir por la manipulación de los demás. Algunos hombres son tan indecisos que son difíciles de seguir. ¡Los hombres que nunca toman decisiones precisas permiten que el enemigo desplace en seguida la agenda de Dios de sus vidas!

«El que desee saber lo que Dios espera de él, pregúntele al Señor. Él con gusto le responderá, pues siempre está dispuesto a conceder sabiduría en abundancia a los que la solicitan. ¡Y la da sin reproches! Ah, pero hay que pedirla con fe, porque la mente del que duda es inestable como ola del mar que el viento arrastra de un lado al otro. La persona que duda nunca toma una decisión firme, y tan pronto va por un camino como por otro. Si no pedimos con fe, no podemos esperar que el Señor nos dé una respuesta firme».

SANTIAGO 1:5-8, LBD

El hombre piadoso guarda sus planes, su sabiduría y su familia del ataque espiritual. También guarda la Palabra de Dios y las tradiciones piadosas que le ha transmitido a su familia. Instruye a tus hijos temprano para que entiendan cómo caminar con tu Dios. Enséñales que sirves a Dios, no a una fuerza o energía. No te limites a «creer en un poder superior», porque puede que tu percepción se descentre. Monta guardia sobre la verdad espiritual. Enséñales a tus hijos la importancia de la fe. «Fe en la fe» es un disfraz barato para el humanismo, que es el hombre que adora su propia voluntad. Tu fe no es una «energía desconectada en busca de algún objeto al cual unirse y ajustarse». Tu fe está en Dios, ¡y Él tiene un nombre! ¡Él es real!

> «Amados, por el gran empeño que tenía en escribiros acerca de nuestra común salvación, he sentido la necesidad de escribiros exhortándoos a contender ardientemente por la fe que de una vez para siempre fue entregada a los santos».
>
> JUDAS 3

Un hombre de Dios tiende a tener fuertes poderes de persuasión, incluso un hombre tímido y tartamudo como Moisés. La gente a veces seguirá lo que enseñas solo porque lo enseñas *tú*.

Asegúrate de que tu mensaje sea sólido y adecuado. Muchos han neutralizado su testimonio de Dios diciendo: «Cree lo que quieras, pues eso no importa». ¡Qué absurdo! Dale a cada hombre y mujer, a cada niño y niña, una clara comprensión de la verdad. No puedes hacerles creer, pero puedes asegurarte de que entiendes con claridad la fe y de que se la comuniques a los demás.

Un hombre que ora atesora una rica herencia. Se trata de la acumulación de todas las cosas que ha aprendido acerca de Dios. ¡Las cosas especiales que un padre que ora hace por su familia deberían traspasarse a la siguiente generación como parte de una herencia piadosa! Este tipo de sabiduría pone a Dios en lo profundo del ser de un hijo. No lo conmoverán con facilidad.

¿Tienes una herencia espiritual? ¿Hay algún milagro en tu vida? ¿Hay algo que sabes que Dios hizo por ti? Guarda esta herencia de la fidelidad de Dios y consérvala al pasársela a tus hijos. Puede salvarlos de errores y dolores innecesarios. ¡Sabrán lo que sabes sin tener que sufrir lo que sufriste tú!

«Y habló a los hijos de Israel, diciendo: Cuando vuestros hijos pregunten a sus padres el día de mañana, diciendo: "¿Qué significan estas piedras?", entonces lo explicaréis a vuestros hijos, diciendo: "Israel cruzó este Jordán en tierra seca". Porque el SEÑOR vuestro Dios secó las aguas del Jordán delante de vosotros hasta que pasasteis, tal como el SEÑOR vuestro Dios había hecho al mar Rojo, el cual Él secó delante de nosotros hasta que pasamos, para que todos los pueblos de la tierra conozcan que la mano del SEÑOR es poderosa, a fin de que temáis al SEÑOR vuestro Dios para siempre».

JOSUÉ 4:21-24

Por último, hermano mío, *guarda tu corazón*. El enemigo quiere amargarte y corromperte. Guarda tu corazón contra la contaminación por lujuria y soledad, intolerancia y arrogancia, y todo lo que está en medio. Incluso, tus enemigos pueden ocultarse tras buenas obras hechas por motivos malvados. Solo tú puedes montar esta guardia porque ningún otro hombre puede discernir tus motivos e intenciones.

Si Sansón hubiera guardado su corazón, Dalila no lo habría debilitado. Si Sansón hubiera guardado su corazón con la coraza de justicia de la que habló Pablo, hubiera seguido siendo productivo en Israel. Sin embargo, en el calor de su pasión y el cansancio de su vida, Sansón «le reveló, pues, todo lo que había en su corazón» (Jueces 16:17). ¡Qué tragedia! La debilidad de Sansón hizo que contaminara con lujuria y soledad su corazón, y se lo dio a alguien que no era Dios.

Hay algunas cosas que solo debes dárselas a Dios.

Muchos hombres les han dado su corazón a la gente, a las carreras y a los ideales (no es una idea de Dios). Se sorprendieron cuando estas personas o cosas traicionaron su sincera inversión. Siempre reserva la parte más profunda e íntima de tu corazón y confianza para Dios. Cuando se va más allá de la idolatría, se producirá una recompensa pagana por el fracaso.

Dios quiere tu corazón para sí mismo. Fue la base de tu unión original con Él. Dios no apeló a tu intelecto; pidió fe. El enemigo desprecia tu corazón porque con tu corazón crees para justicia.

«Porque con el corazón se cree para justicia, y con la boca se confiesa para salvación».

ROMANOS 10:10

La paz divina es uno de los mejores sistemas de seguridad que puedes usar para guardar tu corazón. Esta paz nace de la oración. Te hace confiar en lo que no puedes observar. Te lleva a confiar en el carácter de Dios. El carácter no puede probarse; hay que creerlo. Nada de lo que leas (incluido este libro) sustituirá la experiencia personal que se desarrolla a partir de la oración, la alabanza y del tiempo dedicado para aprender a conocer al Dios en el que cree tu corazón. Hay un campo de fe que supera la creencia, y ese es el campo del conocimiento.

«Por lo cual también sufro estas cosas, pero no me avergüenzo; porque yo sé en quién he creído, y estoy convencido de que es poderoso para guardar mi depósito hasta aquel día».

2 TIMOTEO 1:12

Crees con tu corazón, y comienza el proceso. Al final, tu fe se gradúa a través de la experiencia de la vida en una confianza llamada conocimiento. ¡Satanás quiere detener el proceso porque sabe que las personas que conocen a su Dios serán fuertes y harán proezas! ¡Guarda tu corazón porque puede haber un Sansón en ti que el enemigo quiere destruir!

Cuando pierdes la paz y te vuelves ansioso y preocupado, ¡puedes tomar decisiones radicales que les abren la puerta al ataque demoníaco y a la confusión! Esto le permite al enemigo sugerir amenazas de peligro inminente y dejarte aterrorizado y estremecido, causando que pierdas la guardia que te preservaría en una tormenta. ¡No renuncies a la paz de Dios! ¡La paz te permite pasar una prueba sin que la prueba te pase! Puedes perder cosas, pero si mantienes tu paz, puedes recuperarlas de nuevo. Si vas a ser un hombre de oración, no renuncies a la paz.

«No se inquieten por nada; más bien, en toda ocasión, con oración y ruego, presenten sus peticiones a Dios y denle gracias. Y la paz de Dios, que sobrepasa todo entendimiento, cuidará sus corazones y sus pensamientos en Cristo Jesús».

FILIPENSES 4:6-7, NVI®

La palabra *cuidará* se traduce mejor como «guardará». La paz de Dios guardará tu corazón y tu mente. Te hará elegir los pensamientos a los que le darás cabida. Sansón le prestó atención a Dalila, y ella penetró en su corazón y se apoderó de sus secretos. Evita los pensamientos que tomas en consideración y que destruirán tu paz. Cada vez que me encuentro dándole vueltas a los problemas una y otra vez, sé que estoy albergando esos problemas. ¡Me «cortarán el cabello de la unción» si no los anulo! ¿Cómo se puede «anular» un pensamiento?

> «Por último, hermanos, consideren bien todo lo verdadero, todo lo respetable, todo lo justo, todo lo puro, todo lo amable, todo lo digno de admiración, en fin, todo lo que sea excelente o merezca elogio. Pongan en práctica lo que de mí han aprendido, recibido y oído, y lo que han visto en mí, y el Dios de paz estará con ustedes».
>
> FILIPENSES 4:8-9, NVI®

Si la vida te ha jugado algunas malas pasadas, no te rindas. Puede que estés deprimido, pero bendice a Dios, no quedaste afuera. Fortalece las cosas que quedan y sigue adelante. Nunca sobrevivirás a los desafíos de la vida si tomas decisiones sin consultar. Dios quiere enseñarte el significado y el poder de la comunión diaria con Él.

¡Estás en el cuadrilátero con un oponente formidable que quiere aniquilarte ahora mismo! Tu enemigo sabe que Dios te ha predestinado para la grandeza. Le encantaría destruirte con un solo golpe. Sin embargo, no tiene el poder de eliminar a un hombre que ora de veras.

Haz un compromiso de mantenerte firme en la fortaleza de Dios, sin importar los desafíos o las cuestiones que te depare la vida ni de lo duro que te golpeen. Es posible que sientas el aguijón de los golpes del diablo, y hasta que quizá hagas una mueca de dolor, pero dale un mensaje claro con fuego en tus ojos. No vas a tirar la toalla en esta pelea.

Esa serpiente no está luchando contra un hombre cobarde y debilucho que no tiene resistencia. ¡Estuviste en la puerta del infierno y regresaste para ti y tu familia, y quizá hasta para las almas perdidas! ¡Te crearon y prepararon a imagen y semejanza de su peor pesadilla! ¡Eres un hombre resucitado! Te renovaron en tu fe y estás firme en tu convicción. Dile al enemigo: «Soy un hombre de oración. ¡No me golpearás más abajo de mis rodillas!».

CAPÍTULO QUINCE

La vida como un hombre desatado

«Entonces Jesús, seis días antes de la Pascua, vino a Betania donde estaba Lázaro, al que Jesús había resucitado de entre los muertos. Y le hicieron una cena allí, y Marta servía; pero Lázaro era uno de los que estaban a la mesa con Él».

JUAN 12:1-2

Cuando pasas de la muerte o de un valle de sombras a través del canal del nacimiento de la iluminación, Dios te libera de los viejos lazos para vivir en una nueva paz y poder. ¡Eres un sobreviviente! ¡Dios abrió tu tumba de fracaso para probar que Él quiere que tengas vida abundante! Parte de la vida abundante incluye saber quién eres y hacia dónde te diriges.

Lázaro, el segundo resucitado, estableció un patrón para cada sobreviviente traumatizado que viniera después de él. ¡Es un embajador de la esperanza de cada hombre que alguna vez haya necesitado o soñado con una segunda oportunidad! Su llama de vida la encendió el aliento del Salvador y experimentó un renacimiento después de la muerte. Es «una prueba positiva» de que Dios puede producir un «regreso» para cada contratiempo.

¿Qué harías si fueras Lázaro? ¡Tu vida se le arrebató a las frías garras de una tumba helada y se le reavivó en la contorsión de un salto de dominación sobrenatural! ¿Cómo vives una vez que probaste la muerte y luego resucitaste para contarlo?

¡Quizá nunca sepamos con exactitud cómo se sintió Lázaro física-
mente, pero muchos creemos que hemos experimentado su muerte y
su milagroso regreso en el espíritu! A nosotros también nos sepultaron
en una tumba y nos abandonaron durante tanto tiempo que nuestras
vidas corruptas empezaron a apestar. Luego, nos presentamos ante
la dulce voz de un Salvador amoroso cuya Palabra viva perseguía la
muerte de nuestros cuerpos.

Jesús no tenía que hablar para traer la liberación; Él podría haber liberado a Lázaro con un simple pensamiento. Sin embargo,
Jesús eligió pronunciar el nombre de Lázaro a las alas del viento
y confundir así a los burladores, a los que dudaban e incluso a los
llorosos dolientes. De inmediato, ¡la sangre de Lázaro se calentó en
su presencia!

Jesús también nos llamó a cada uno de nosotros desde nuestro
crepúsculo a una fe renovada y excelente. Si nunca has necesitado o
experimentado el poder de la resurrección de su voz, no puedes entender estas palabras. ¡Ningún tesoro que poseas ni ningún título que
ostentes pueden compararse con escucharle que te llama de la frivoli-
dad humana carente de vida! Si Lázaro no sabía nada más, *¡sabía que
estaba vivo!* ¿Estás vivo? Quiero decir, ¿vivo de verdad?

Tienes una cita con Dios. Por eso es que tienes este libro en tus
manos, y por eso es que has perseverado párrafo tras párrafo, página
tras página y capítulo tras capítulo. ¡Dios quiere despertar nueva
vida en ti! De inmediato, ¡quiero presentarte algunas lecciones cru-
ciales de la experiencia de Lázaro que te ayudarán a vivir una «vida
sin ataduras»!

1. ¡SOLO PRESÉNTATE ANTE JESÚS!

Cada vez que Jesús venía a la ciudad, Lázaro se aseguraba de estar
allí. Una vez que lo escuchas hablar, ¡quieres volver a escucharlo! ¡Esa
voz que le habla vida a la muerte en ti es tan poderosa que las cosas
que solían moverte ya no tienen efecto! A Lázaro ya no le interesaba
andar de un lado a otro a lugares que alguna vez fueron satisfactorios.
Sus prioridades habían cambiado. Una cosa era segura: Si Jesús estaba
cerca, ¡sabías dónde estaba Lázaro!

Muchos hombres modernos usarían un «milagro Lázaro» para iniciar un ministerio o una cuestión secundaria. Desfilarían en público como autoproclamadas «maravillas» de algún tipo. A Lázaro no le habría interesado. Había pasado demasiado por jugar con las vanidades del engrandecimiento egoísta. ¡Estaba demasiado ocupado disfrutando de su nueva oportunidad de vida con el Autor de la vida como para prostituir lo que Dios hizo por él!

Si literalmente resucitaste de entre los muertos, ¿podrías resistirte a las invitaciones a los programas de entrevistas nocturnos y rechazar a los fotógrafos de revistas? *Lázaro estaba demasiado enamorado de la Solución como para darle glamur al problema!*

Después de su resurrección, creo que Lázaro pasó más tiempo mirando el azul del cielo y las aguas ondulantes del lago. Me imagino que hacía correr agua fresca alrededor de su boca en un día caluroso más que antes. Incluso, ¡las cosas más simples son placeres para un hombre muerto!

Ezequías fue un tipo diferente de hombre. También se salvó de la muerte, pero después de su indulto, Ezequías destruyó el bien que hizo al tratar de impresionar a algunos reyes paganos. (Lee 2 Reyes 20:1-19). No pudo saborear los momentos que Dios le concedió. Cuando se pronunció un juicio sobre su reino, dijo en esencia: «¡Menos mal, estoy seguro de que les van a pasar cosas malas a mis hijos en lugar de a mí!».

Aprende de Lázaro y Ezequías. A diferencia de Ezequías, Lázaro invirtió su vida renovada en el favor y la presencia de Dios, no en el favor de los hombres.

> «Gran multitud de los judíos supieron entonces que él estaba allí, y vinieron, no solamente por causa de Jesús, sino también para ver a Lázaro, a quien había resucitado de los muertos».
>
> JUAN 12:9, RV-60

Los judíos sabían que si querían ver «al hombre a quien había resucitado de los muertos», tenían que ir donde estaba Jesús. ¿Por qué? *Lázaro solo se presentaba ante Jesús.*

Entre muchas tribus de nativos estadounidenses, si un hombre te salvaba la vida, estabas en deuda con él por el resto de tus días. ¿Dónde estarías si Jesús no hubiera detenido el luto y rescatado tu cuerpo en descomposición de la tumba del fracaso y la degradación? Hónralo con tu vida.

Me preocupan los muchos hombres que han recibido una segunda oportunidad. Mi preocupación se basa en el hecho de que no pueden permitirse volver al mismo entorno que perpetuó el problema.

Si vas a ser bendecido, ¡debes evitar las asociaciones que ayudaron al enemigo a atacarte! Incluso, a riesgo de estar solo y aislado o parecer introvertido, haz lo mismo que Lázaro. Solo preséntate ante Jesús. Si no es para su gloria, ¡no te involucres! ¡Esta es la consagración que acompaña a un hombre en su segunda oportunidad! Es una actitud de gratitud.

La gratitud crea un deseo natural de apoyar el ministerio. ¡Nadie sabía el valor del ministerio sobrenatural como Lázaro y sus hermanas agradecidas! ¡Dar se convierte en adoración cuando refleja una conciencia de la bendición de Dios! ¡Dar es una oportunidad para compartir los frutos de tu bendición inmerecida con un Dios merecedor que ha sido misericordioso contigo!

Dios es mi «caridad» favorita. Siempre apoyaré su trabajo porque sé de primera mano que su Palabra es real. Los medios de comunicación pueden mostrarme a mil hombres fracasados en su miseria, pero mi fe nunca se verá debilitada. ¡Ya sé que Dios es el Señor de los hombres caídos! ¡Apoyo a Dios y su obra porque clamé a Él en mi desesperación y me respondió! ¿Cómo puedo alejarme con una actitud carnal y egoísta después de sobrevivir de forma milagrosa a mis crisis? ¡La generosidad abunda donde se encuentra la gracia de Dios!

Tenemos un deseo dado por Dios y necesitamos intercambiar bendiciones tangibles por bendiciones intangibles. El ministerio hace cosas en nuestra vida que no se pueden tasar ni valorar.

> «Pues en la ley de Moisés está escrito: No pondrás bozal al buey cuando trilla. ¿Acaso le preocupan a Dios los bueyes? ¿O lo dice especialmente por nosotros? Sí, se escribió por

nosotros, porque el que ara debe arar con esperanza, y el que trilla debe *trillar* con la esperanza de recibir *de la cosecha*. Si en vosotros sembramos lo espiritual, ¿será demasiado que de vosotros cosechemos lo material?».

1 Corintios 9:9-11

Este es un compromiso que declara con audacia: «¡Soy un ser vivo dispuesto a ser parte de este ministerio porque sé que da resultado!». Si las personas quieren verme, ¡deben estar preparadas para escuchar acerca de Jesús! No quiero ir a ningún lugar donde Él no sea bienvenido. Es mi amigo, mi hermano y mi guardaespaldas. Solo me siento seguro cuando estoy en su voluntad, y no soy el único. ¡Esta actitud la tienen todos los que han sentido que su tranquilizadora mano los sostiene fuerte cuando sus propios nervios les fallan!

«Si habéis, pues, resucitado con Cristo, buscad las cosas de arriba, donde está Cristo sentado a la diestra de Dios».

Colosenses 3:1

¡Solo preséntate ante Jesús!

2. SIÉNTATE EN SU PRESENCIA.

«Y le hicieron allí una cena; Marta servía, y Lázaro era uno de los que estaban sentados a la mesa con él».

Juan 12:2, rv-60

Una vez que sobrevives a un ataque real como lo fue en el caso de Lázaro, ya no eres libre de ser un cristiano frío e indiferente que está satisfecho de jugar con pensamientos afectuosos sobre algún «poder superior». Tu fe va más allá de cualquier concepto abstracto de una «fuerza no específica» que se oculta en algún lugar de la galaxia. Tus pensamientos no están fijos en alguien «importante en el cielo» ni en algún «hombre arriba». Jesús te sacó de la suciedad y el fango de la vida, ¡y lo sabes! ¡Ningún otro puede satisfacer!

En cualquier parte que los judíos veían a Jesús después del milagro en Betania, Lázaro también estaba allí. Estaba comprometido con el

Señor que lo salvó. La mayoría de los hombres no continúan con eso tanto tiempo. Se quedan por un rato hasta que están fuera de peligro inmediato. Luego, parecen «encontrar otras cosas que hacer». Lázaro era demasiado inteligente como para dejar de «recibir tratamientos» solo porque su condición había mejorado. Jesús era su vida, así que se quedó con Él.

Lázaro ya no hiede. Su carne estaba en tan buen estado como la tuya o la mía, pero aún recordaba cómo era mirar a la llorosa y asombrada multitud a través de sus vendas sucias y podridas. Incluso entonces, solo tenía ojos para Uno. ¡El recuerdo de su vida en descomposición fue suficiente para mantenerlo comprometido con el programa! Él estaba allí por Jesús.

¿Has estado allí por el Señor que estuvo allí por ti? Otra persona está al borde de una tumba, y sus harapos hieden tanto que nadie está dispuesto a tocarlo. ¿Qué me dices de ti? Sabes cómo eras y conoces el poder de la voluntad de tu Maestro. ¿Estarás allí para continuar su obra de liberación?

Lázaro vivía al lado de su Maestro. ¡Estaba tan relajado que se sentó en la presencia del Señor! Se sintió cómodo en su presencia porque una vez más descansaba en el poder que lo liberó. La mayoría de los hombres nunca se han sentado en la presencia de Dios. Algunos incluso piensan que es una blasfemia hablar de esta manera. La verdad es que una vez que hemos pasado por traumas, la nueva fe y el hambre surgen en nuestros corazones y nos hacen perseguirlo imprudentemente a cualquier costo.

¡Su presencia también tiende a preservar nuestra resurrección! No podemos permitirnos enfriarnos; debemos quedarnos junto a su fuego. ¡Necesitamos la adoración como los drogadictos necesitan la droga! No nos sentimos atraídos a Él solo por lo mucho que recibimos en su presencia, ¡sino por el dolor que experimentamos separados de Él! Solo nos sentimos normales cuando estamos a su lado. ¿Qué más se puede comparar con eso? Estamos marcados y cambiados. Ahora solo podemos descansar en su presencia.

Esto no debería parecer extraño. ¡El hombre se creó para vivir en la presencia de Dios como los peces viven en el agua! Las aves se crearon para elevarse sobre los vientos, y las plantas prosperan en un suelo rico. Los hombres desatados necesitan la presencia de Dios. El hambre y la sed que tenemos de Él nos llevan a renunciar a nuestro apreciado machismo y adorarlo abiertamente ante extraños por completo. Nos sentimos detrás de Él como ciegos a tientas en la oscuridad. Lo buscamos con el mismo impulso que las raíces sedientas penetran en la tierra seca, ¡pues queremos apagar nuestra inagotable sed con el gozo eterno que solo se encuentra en su presencia!

> «Y de uno [Dios] hizo todas las naciones del mundo para que habitaran sobre toda la faz de la tierra, habiendo determinado sus tiempos señalados y los límites de su habitación, para que buscaran a Dios, si de alguna manera, palpando, le hallen, aunque no está lejos de ninguno de nosotros; porque en Él vivimos, nos movemos y existimos, así como algunos de vuestros mismos poetas han dicho: "Porque también nosotros somos linaje suyo"».
>
> HECHOS 17:26-28

Pastor, si vamos a rehabilitar a los hombres heridos que nos rodean, debemos enseñarles a adorar. Debemos ayudarles a encontrar el lugar secreto en la presencia de Dios y sentarse allí. La adoración no es afeminada. Tampoco es para los débiles. ¡Es para los que matan gigantes como David! ¡Es para hombres de guerra como Sansón! Dales a los hombres su presencia, y serán capaces de resistir a Dalila. Dales su presencia antes de que pierdan sus batallas con la lujuria.

La presencia de Dios es un bálsamo sanador para hombres de negocios cuyo estrés no se puede resolver con una botella de güisqui escocés. Su presencia les brinda esperanza a los exdrogadictos que necesitan desesperadamente llenar sus vidas con Dios y superar los hábitos adictivos incrustados en sus almas, no sea que el enemigo regrese y encuentre la vieja casa limpia, ¡pero vacía!

Pastor, los hombres te están emulando. Si eres frío y distante, ellos serán fríos y distantes. ¡Eres un padre sustituto de muchos de ellos! Ayúdalos a crear un vínculo con su Dios que no se pueda romper. Enséñale a cada joven a tu cuidado que aplique la presencia amorosa de Dios hasta que su impresión quede grabada en su carácter. Consumidos y desgastados por completo, ¡todos necesitamos sentarnos en la presencia de Dios!

Echa sobre Él todas tus preocupaciones, ansiedades y frustraciones. Él no te resucitó para que te sepultaras bajo las viejas preocupaciones y tensiones. ¡Nadie puede apreciar mejor los nuevos comienzos que una persona que de veras necesita uno! Aspira la frescura de la mañana y regocíjate en que, de una manera u otra, sobreviviste. ¡Es hora de avanzar más allá de la lúgubre tumba de tu pasado! Observa la salida del sol en la ladera de la montaña y regocíjate con las tiernas hojas de hierba que danzan al viento.

Este es tu día. Hubo algunos que nunca esperaron que lo lograras. Sin embargo, estás aquí. Si nadie te hace una tarta, ¡haz tu propia fiesta! ¡Celebra lo que Dios ha hecho por ti! *Siéntate en la presencia del Señor* en el fresco de la noche, cuando los pájaros cantan con suavidad y el día se cierra como una cortina. Él no te fallará. Él puede sostener toda tu carga, así que siéntate a su lado. Te está esperando. Aprende de Lázaro. Descansa en la presencia de Dios. ¡Hay poco estrés cuando vives libre como un *hombre desatado*!

3. VIVE MÁS ALLÁ DE LA INTIMIDACIÓN.

«Gran multitud de los judíos supieron entonces que él estaba allí, y vinieron, no solamente por causa de Jesús, sino también para ver a Lázaro, a quien había resucitado de los muertos.

»Pero los principales sacerdotes acordaron dar muerte también a Lázaro, porque a causa de él muchos de los judíos se apartaban y creían en Jesús».

JUAN 12:9-11, RV-60

Nada amenaza a un hombre muerto. Las personas solo le temen a lo que no han afrontado, y esos que son como Lázaro ya le hicieron frente a los desafíos finales de la vida. *Muy pocas veces los intimidan.*

Los hombres de menos experiencia se habrían quedado escondidos. Los enemigos poderosos no se alegraron de que sobreviviera, pero Lázaro no cambió de parecer. Tampoco cedió. El miedo ya no daba resultado con él, pues vio la muerte y el fracaso cara a cara y se alejó hacia una nueva vida. Conocía el frío terror de yacer con otros cadáveres podridos en las tumbas. Conocía bien el hedor y la putrefacción de los corrompidos y la mueca burlona de los restos esqueléticos.

Ahora, ¿con qué lo amenazaban estos hombres? ¿Con la muerte? ¿De qué planeta vinieron? ¡Lázaro había descubierto a un Salvador que podía llamarlo de la tumba en una fracción de segundo! Las amenazas eran un desperdicio de aliento. ¡Lázaro había pasado por demasiados desafíos como para agarrar sus canicas e irse a casa solo porque no le gustaba a alguien!

¡Eres un *hombre desatado*! Ya superaste tu curso de supervivencia y pasaste por el campamento de entrenamiento. Eres un hombre de carrera endurecido por el combate con cicatrices de batallas, monumentos y trofeos de tu supervivencia personal. Cuando afrontas la oposición del enemigo, ya no entras en pánico. Ni siquiera piensas en romper filas ni en huir. Las cosas han cambiado de este lado de la tumba. Esta vez, tu enemigo puede sentir que le tiemblan sus escamosas rodillas. Hay algo muy conocido sobre el destello en tus ojos y la fuerza fría y subyacente que puede percibir en tu corazón. Es irónico que el enemigo más aterrador que tuviste que hacerle frente fuera el enemigo interno. ¡Ahora se ha convertido en el trofeo que cuelgas alto en tu corazón!

Una vez que desarrollas la tenacidad para sobrevivir, estás listo para hacer grandes cosas por Dios. Te vuelves imparable cuando aprendes a controlar tu cuerpo y negar tus deseos. La resurrección cambia la forma en que reaccionas ante el miedo y la muerte. No significa que nunca volverás a temer; solo significa que siempre reaccionarás al miedo de manera diferente. La supervivencia engendra confianza.

Una vez que el estridente alarido del miedo atraviesa tu conciencia, sabrás cosas que no saben otros. Cuando pruebas las lágrimas saladas de la frustración amarga y todo dentro de ti dice: «Me rindo; ¡no puedo seguir!», sabrás cosas que no saben otros. Cuando tu corazón se abra paso por el adormecimiento y continúe bombeando sangre, aunque parezca que el persistente dolor lo hace pedazos, sabrás cosas que no saben otros.

Has sobrevivido al terror de sentir cargas invisibles en tu pecho y has luchado en contra de los ejércitos nocturnos de tormentos y guerras internas. Sé que entiendes. Has tropezado y tambaleado de las malas noticias a las peores sin romper el ritmo. *¡Eres una voz de la tumba del fracaso enviada para hablarle a tu generación!* Te liberaron de tu sudario y te dieron como un regalo viviente de Dios a esta generación.

¡Tú y yo somos una «prueba positiva» de la oración contestada solo porque estamos vivos!

Nadie puede amenazarme con la muerte. Ya estuve muerto. Me sacaron como un cadáver frío de un río que corría y me reanimaron en las orillas hasta que volví a vivir por el aliento de quien me rescató. ¡No correré ni me esconderé solo porque mis críticos se avergüenzan de mi progreso o están molestos por los que me rodean! Como un exconvicto, ¡declaro que cumplí mi condena! Libérenme pronto y déjenme ir... ¡estoy desatado!

Advertencia: *Si amas a un hombre desatado*, ¡prepara un equipaje ligero y alístate para moverte con rapidez! Es probable que no le temas a muchas cosas. Un hombre desatado puede parecer bastante impulsivo, y que vive de manera radical. ¡Se aferra a la vida por segunda vez como alguien que sabe que casi la pierde la primera vez! Ni siquiera intentes detener a este hombre con una amenaza ni con el ceño fruncido. ¡Ya conoce su mayor pesadilla cara a cara y la dominó antes de que llegara a ti!

El hombre desatado que amas se conoce a sí mismo mejor que otros hombres. Se ha purificado en el fuego como oro licuado. Sabe lo que tiene dentro. Con impotencia, observó cómo todas sus embarazosas impurezas salieron a flote para que las vieran todos. Sin embargo, algo más que el común y corriente pecado, debilidad y temor subía a la superficie. El calor del fuego sacó sus verdaderas fuerzas a la superficie. El calor revela la fe. ¡Vio su fervor y compromiso a través de la poción como un Rambo con una banda para el sudor atada alrededor de su cabeza! Ha pateado en modo de supervivencia, ¡un modo que la mayoría de los hombres ni siquiera saben que tienen!

Solo entenderás lo que quiero decir con «modo de supervivencia» después que te aplasten, encierren en una prisión, abandonen para morir o desamparen otros. Una vez que sobrevivas a eso, sabrás que, si es necesario, podrías «cavar tu salida hasta el fin del mundo con una cuchara de plástico», ¡siempre que Dios esté contigo!

Esta tenacidad es lo que llamo «vivir desatado». Como una piedra que suelta una honda, iremos contra Goliat sin temor. Nos sepultaron bajo las corrientes de la vida hasta que el Guerrero nos eligió y nos resucitó. Ahora gritamos de manera ruidosa y escandalosa: «¡Deja que se desgarre! Somos *hombres desatados*. ¡Vamos a alguna parte, con cicatrices y todo! Es posible que algunas de nuestras vendas aún estén pegadas a nosotros, pero ya no nos atan. ¡Somos hombres desatados!».

¡Estamos saliendo de las tumbas para estar con Jesús! Si la tumba no pudo detenernos, ¿por qué crees que los políticos insignificantes o la opinión pública desfavorable podrían frenarnos? A la única amenaza que le tememos es a la posibilidad de desperdiciar esta oportunidad y no maximizar este momento. ¡Esto es poder en bruto, sin censura ni cortes! Esta es una virilidad pura y osada, aunque puede estar empacada en un hombrecito con gafas de montura metálica, o escondida en un contable detrás de un escritorio lleno de trabajo.

¡Puedes encontrarte con un hombre desatado que está disfrazado de un regordete oso humano con una generosa cintura y sobrepeso! No te dejes engañar por lo externo. Míralo a los ojos. Si ves fuego, ¡es uno de nosotros! ¡Estamos vivos, nos resucitaron y desataron!

La fuerza del hombre desatado no está en su cuerpo; brota del fuego sagrado de su vientre. Es un sobreviviente y una extraña mezcla de lágrimas agradecidas y recuerdos preciados. Es casi frágil. Es más sensible que otros que no han rozado el rostro de la muerte. Todo lo hace con pasión, desde el dormitorio hasta la sala de juntas, lo desea todo. Es amable y gentil como alguien que fue paciente antes de convertirse en médico. Si subestimas su amabilidad o la confundes con debilidad, te sorprenderás al descubrir que es una piedra santa en movimiento, ¡una flecha que vuela alto!

4. FORTALECE A TUS HERMANOS.

«Y así, la multitud que estaba con Él cuando llamó a
Lázaro del sepulcro y lo resucitó de entre los muertos,
daba testimonio de Él. Por eso la multitud fue también
a recibirle, porque habían oído que Él había hecho esta
señal. Entonces los fariseos se decían unos a otros: ¿Veis
que no conseguís nada? Mirad, todo el mundo se ha ido
tras Él.

»Y había unos griegos entre los que subían a adorar en
la fiesta; éstos, pues, fueron a Felipe, que era de Betsaida
de Galilea, y le rogaban, diciendo: Señor, queremos ver a
Jesús».

JUAN 12:17-21

Los enemigos de Lázaro lo odiaban tanto que conspiraron para
destruirlo. Él era un cabecilla. El diablo lo derribó, pero Jesús lo
levantó de nuevo y, como resultado, ¡un gran número de personas
se transformaban por su testimonio acerca de la autoridad de Jesús!
Lázaro afrontó muchos ataques desagradables porque su vida fue un
catalizador que causó que muchos hombres buscaran a Jesús.

Que yo sepa, Lázaro nunca predicó un mensaje. Era mejor que un
sermón en palabras, ¡su vida era un sermón en acción! Fue un «sermón
andante» que creó la confusión en toda la región. Por lo general, ¡la
gente se sorprende al ver a alguien que habían enterrado entrar a su
patio! Los detractores estaban tan seguros de tener la última palabra
que cuando vieron que un poder superior revirtió la decisión y sacó la
vida de la muerte, se quedaron asombrados.

Mi hermano Lázaro, el enemigo no quería rendirte sin luchar
porque sabía que cuando salieras de la muerte, sería una señal para
todas las generaciones de que tenían *otra opción*. El cristianismo es el
supremo «estilo de vida alternativo». Cuando miramos a Lázaro, nos
aseguramos que servir a Dios marca la diferencia.

El gran dolor a veces nos ayuda a entender de qué se trata la
lucha. Si pendes sobre el fuego haciendo todo lo posible para sobre-

vivir la crisis en tu vida, puedes saber por lo *que* estás pasando. Sin embargo, ¡solo en retrospectiva es que entenderás *por qué* lo estás pasando!

Muéstrame a un hombre que haya influido en gran medida en su generación, y te mostraré a un hombre que ha sentido el dolor y el confinamiento de las cadenas y la tribulación. El diablo sabía que si ese hombre alguna vez se desataba, causaría graves daños a los planes del infierno. ¡Tenía razón!

Me anima saber que estoy bajo un serio ataque debido a que me temen mucho. Cuando era niño, solía pelearme con otros chicos de vez en cuando. En esa época, si un oponente tenía miedo, traería muchas armas consigo al «lugar designado» después de la escuela. (Donde crecí, un arma era un palo o una honda; ¡cómo han cambiado las cosas!). La preparación de tu oponente indica lo duro que piensa que eres. Si eres un verdadero pelele, apenas se preparará para la pelea porque cree que no serás un problema. Si Satanás envió su artillería pesada por ti, ¡anímate! ¡Vas en contra de un diablo asustado! ¡Le tiene un miedo mortal a un *hombre desatado*!

Tu enemigo quiere tenerte a ti y a todo lo que representas, pero es probable que deseara haber intentado tomarte con anterioridad, ¡antes de que causaras ese alboroto! Ahora, algunos de los hombres más improbables buscarán a Jesús por ti. Incluso, algunos de tus viejos amigos bebedores y compañeros en el crimen vendrán y dirán: «¡Señor, quisiéramos ver a Jesús!». ¡Tú eres la semilla y ellos son tu cosecha! ¡No te detengas hasta que te reproduzcas según tu propia clase!

> «Simón, Simón, mira que Satanás ha pedido zarandearlos a ustedes como si fueran trigo. Pero yo he orado por ti, para que no falle tu fe. Y tú, cuando te hayas vuelto a mí, fortalece a tus hermanos».
>
> Lucas 22:31-32, nvi®

Satanás te quería. No estaba jugando. Quería «sacarte» y cernirte al viento. ¡Es aterrador pensar en lo cerca que estuvo de lograrlo! *Sin embargo, Dios*, que es rico en misericordia, te salvó.

Otros hombres te sepultaron bajo un juicio de fracaso. Tus amigos más cercanos se dieron por vencidos; se acabó. Entonces, ¡Jesús oró y te llamó a salir de tu tumba para que pudieras sentarte a su mesa! Tenía tanta confianza en su oración que no dijo: «*Si* te vuelves a mí», dijo: «*Cuando* te hayas vuelto a mí». Dios nunca dice «*si*» cuando se refiere a tu destino.

Incluso, durante los momentos más sombríos de tu vida, ya sea que te enfrentaras al suicidio, a la bancarrota, a la depresión o al escándalo, Dios solo te miró con amor en sus ojos y dijo: «*cuando*». Las únicas preguntas sobre ti acechan en las mentes limitadas de los hombres. Dios está firme en los cielos. Él dijo: «*Cuando*».

Hermano Lázaro, pasaste por el infierno, ¡pero lo lograste! Le hiciste frente a un desafío aplastante, pero sobreviviste. Hedías, pero Dios detuvo la descomposición para que pudieras ver otro día. Por su gracia, tú eres una epístola viviente. Cada vez que alguien te ve, tu vida grita: «¡Dios es real!». Debido a que estabas muerto y ahora estás vivo por completo en cuerpo, alma y espíritu, ¡verás un enorme avivamiento en tu generación! El enemigo quiso terminar tu gozo, paz y prosperidad, pero fracasó. Ahora está desesperado, ¡pues eres un hombre desatado sin nada que temer!

Tu misión es clara: ¡Regresa al campamento del enemigo! Infíltrate en la oficina, el campo de golf, el club de campo, la cancha de baloncesto y la reunión familiar de borrachos para traer a otros hombres a la luz. Te vieron en tu frustración, ¡ahora deja que vean tu resurrección! Muéstrales que lo lograste. Diles Quién te despertó de tu sueño y resolvió tus problemas.

Jesús le dijo a Simón: «Cuando te hayas vuelto a mí, fortalece a tus hermanos». Un hombre desatado siempre alcanza a otros. Alcanza a su padre, a su esposa, a su familia y a sus amigos. La liberación sin evangelización solo es egoísmo. Los hombres desatados esperan grandes cosechas. Has soportado ataques extremos para pagar el precio de la cosecha... ¡es hora de cosechar las recompensas!

¡Hay una unción cortante en tu testimonio, y los campos están blancos para la cosecha! ¡No le temas a ningún hombre, no le temas a ningún diablo! ¡Di la verdad con valentía! ¡Predícales el evangelio a los pobres, sana a los quebrantados de corazón, libera a los cautivos e ilumina a los ciegos! No tienes nada que perder y mucho que ganar. ¿Qué estás esperando? ¡Veo a otro Lázaro saltando al amanecer!

Palabras finales

Cuando terminé de escribir la última página de este libro, quise agregar algo aún más personal, una palabra especial de mi corazón al tuyo... de hombre a hombre. ¡Mi oración es para que Dios te bendiga y te equipe para seguir adelante, crecer fuerte y alcanzar la excelencia!

Querido hermano:

Te admiro... aunque te veo con claridad. Veo tus fortalezas y tus debilidades. No importa cuál es cuál, ¡pues te admiro por aceptar el desafío de la vida y levantarte al amanecer! Escuchaste el sonido de la trompeta y te levantaste. Sabías que la noche había terminado, y dormir es para los hombres que no tienen a dónde ir.

Te escribo sobre el día que afrontas. Despierta cantando. Regocíjate de que estás vivo. Antes de quejarse de tu entorno, escucha con atención lo que oyes cuando te pones de pie, te estiras y entras con audacia a la luminosidad del día.

¿Puedes escuchar el ruido sordo de la vida que late con firmeza en tu pecho? Debajo del rumor del tamborileo de tu implacable corazón hay kilómetros de carreteras arteriales que conducen la sangre a través de cada vena y llenan de vida cada célula. El oxígeno corre bajo tu piel y alimenta la demanda febril de un cuerpo fuerte. Tú eres la primera computadora, llena de un disco duro «blando» y un *software* invisible, que funciona sin electricidad, autónoma y compacta por completo, que absorbe y clasifica miles de millones de *megabytes* de datos. Eres una creación asombrosa y maravillosa.

Te han preparado en los campos de la vida y te han educado a través de golpes duros. Eres un amante ardiente que cuida con ternura a los quebrantados y destrozados. Tocas el corazón y acaricias el alma. Tus brazos se hicieron para rodear las penas y abrazar a los débiles. Al igual que los cables de puente conectados a una batería, les das nueva vida y energía a los que tocas.

Eres un predicador que proclama un trabajo fuerte y hace declaraciones poderosas. Incluso cuando tus labios están cerrados, te escuchamos hablar. Estamos prisioneros y guiados por el brillo de tus ojos. La llama iridiscente que se niega a extinguirse nos exhorta y anima. Hombre, ¡me encanta escucharte!

Eres un artista que no necesita un pincel. Has captado grandes momentos sin cámaras y pensamientos eternos sin un bolígrafo. Disciernes con gran juicio. Proteges y preservas a los tuyos como un león al acecho. Estás lleno de fuego que no puede apagarse.

Ten una larga vida, mi hermano. ¡Crece genial! Haz todo lo que tienes en tu corazón. ¡Este es tu momento! Por favor, no te lo pierdas quejándote de problemas. No te distraigas con las actividades triviales de este mundo. Préstale atención al latido de tu corazón y al movimiento agitado de tus pulmones en tu pecho. En caso de duda, compruébalo: ¡Estás vivo!

No importa lo que te haya limitado, no importa lo que haya intentado restringirte y mantenerte en la tumba, la muerte no puede retenerte. Al igual que Jesús, resucitaste y volviste. Así que dile a tu alma: «¡Gloríate en el Señor!».

¿Por qué no estar orgulloso de estar vivo? Podrías haber sido un muerto. Podrías haber sido un borracho. Podrías haber sido un débil, pero no lo fuiste. Eres demasiado duro para eso.

Te admiro porque cuando te veo levantar tus manos en la adoración y cuando te veo sonriendo con ojos llorosos, lo sé... Aunque quizá nunca te conozca en persona ni escuche tu historia, puedo verla por tu alabanza. Puedo escucharla en tu voz. No hay duda al respecto: ¡Eres un hombre desatado!

Ya estás en marcha. Ya puedes volar. Endereza los hombros, levanta la cabeza, flexiona los brazos y, con toda tu energía y todas tus fuerzas, ¡adelante!

El mundo está esperando a un hombre. La mujer está esperando a un hombre. Incluso los niños están esperando a un hombre. No se conformarán con cualquier hombre, están esperando a un hombre desatado. ¡El mundo te está esperando!

Creo en ti,

Obispo J.

Posdata: Ahora bien, Dios mismo hizo una pregunta difícil que nos llevó mucho tiempo responder. Le preguntó al primer hombre: «¿Dónde estás?». No le pudo responder, y nosotros tampoco. Fue vergonzoso, pero al volver la vista atrás, nos dimos cuenta de la verdad. Hemos estado hablando entre dientes y murmurando por miles de años, evitando una respuesta que sería sorprendentemente reveladora. Queríamos responder, pero nos avergonzaba hacerlo porque estábamos en tremendo caos. Ahora, después de todo lo sucedido, por fin estamos listos.

Gracias, Señor, por tu paciencia. Ahora podemos responder lo que nos preguntaste entonces: «¿Dónde estás?». ¡Nuestra respuesta viene saltando desde la tumba! Tenemos que levantarnos para decirlo, Señor. Nuestra respuesta es clara a la luz de nuestro nuevo día: «¡Estamos aquí!».

Selección
de oraciones
para hombres

«[Los hombres] debían orar en todo
tiempo, y no desfallecer».

Lucas 18:1

Oración para la pureza

Padre:

He descubierto mi propia miseria. Me doy cuenta de que hay aspectos en mí que necesitan corrección. Me niego a culpar a los demás, y me arrepiento de estas cosas como un acto comprometido de mi voluntad.

Señor, dame la gracia para superar cada adicción lujuriosa que me esclavizaría. Necesito tu toque para limpiarme. Quiero que laves mis pensamientos, mis obras y hasta mis recuerdos a fin de que pueda servirte con pureza y santidad.

Sé que moriste para librarme de toda esclavitud, y mi deseo es ser libre. Gracias por tu Palabra, que me limpia de toda maldad. Dispongo mi corazón para renovar mi mente y atesorar tu Palabra en mi corazón para poder servirte sin culpa, en la libertad y el poder de tu Espíritu Santo.

En el nombre de Jesús, amén.

Oración para la salvación

Amado Señor:

Ten misericordia de mí, pecador. Confieso mis pecados. No estoy orgulloso de ellos, pero los reconozco. Te agradezco por morir para reclamar a los hombres que han caído y necesitan perdón. Soy un hombre que necesita perdón, y te pido que me perdones y que me limpies de mi maldad. Hazme el hombre que quieres que sea, el hombre que me propusiste que sea desde el principio de los tiempos.

Señor Jesús, te acepto como mi Salvador personal. Gracias por salvar cada aspecto personal de lucha en mi vida. Me regocijo de que tu sangre limpia mis pecados, incluso mientras hago esta oración, y estoy lleno del poder de tu Espíritu Santo. Dedico mi vida a ti y me comprometo a vivir cada día según tu Palabra.

Gracias por darme una segunda oportunidad. Mientras tu Espíritu y tu Palabra reinan en mi vida, me elevo por encima de mi pasado, me elevo por encima de mis dilemas y me levanto para servirte el resto de mi vida, ¡en el poderoso nombre de Jesús! Amén.

Oración para restauración en mi matrimonio

Amado Señor:

Vengo a ti este día porque sé que eres un Dios de restauración y que puedes volver a poner en su lugar todo lo que el enemigo ha tratado de destruir. Te agradezco, Señor, por mi matrimonio y por darle un nuevo comienzo a mi relación con mi esposa.

Perdóname, Señor, por mi fracaso en ser lo que siempre has querido que fuera, y tomar mi vida, cada parte de mí, y comenzar la restauración allí. Restáurame al nivel en el que debo estar para cumplir mi función como esposo bíblico. Restaura mi confianza y sana todo lo que hay dentro de mí que dice «No puedo hacerlo».

Gracias, Señor, por darme la fuerza y el valor para comprometerme por completo contigo en este momento, a fin de mantener mis votos matrimoniales y ser el esposo fiel y amoroso que necesita mi esposa. Sé que con tu ayuda puedo ser el esposo que tú quieres que sea y que tenga el matrimonio que quieres que tenga.

En este momento, Padre, perdono a mi esposa por las veces en que me ha lastimado y te pido que sanes las heridas de esas ocasiones. Te entrego cualquier amargura y daño y me comprometo a no devolverlos nunca. También te ruego por mi esposa, para que me perdone por cualquier daño que le haya causado, y para que sus heridas sanen también.

¡Gracias, Padre, por la restauración completa de nuestro matrimonio, un nuevo despertar de nuestro amor mutuo, y por darnos un plan poderoso y un propósito para nuestra vida juntos! En el nombre de Jesús te lo pido, amén.

Oración para un prisionero

Mi Padre clemente y amoroso:

Vengo a ti ahora mismo en oración. Te agradezco, Dios, que aunque he cometido muchos errores en mi vida, eres un Dios de perdón. Hoy te pido que me perdones y me comprometo a dedicarte mi vida, a hacer tu voluntad, y seguir tu plan y mi propósito para mí.

Padre, sé que me has perdonado todas mis malas acciones, pero estoy teniendo problemas para perdonarme a mí mismo. Ayúdame, Dios, a entender que no puedo cambiar lo que ya sucedió, pero puedo cambiar lo que sucederá en mi futuro.

En este momento, rindo toda mi amargura, soledad y mi baja autoestima a ti, Padre. Perdono a todos los que me han lastimado, y me perdono por mis errores y pecados del pasado.

Por tu gracia, Señor, usaré este tiempo de encarcelamiento como un período de estudio, oración y compromiso personal contigo. En lugar de permitir que este momento de mi vida sea el golpe aplastante de la derrota, lo usaré como un trampolín para logros más elevados. También te pido que me prepares para afrontar la sociedad y asumir la responsabilidad cuando me liberen, como alguien que aprendió su lección y sacó provecho de sus errores.

Sobre todo, gracias, Dios, por amarme y mirar más allá de mis faltas para ver mi necesidad. En el nombre de Jesús, amén.

Oración para el hombre de negocios

Amado Señor:

Hoy te pido que me brindes sabiduría en todas mis decisiones, conocimiento en todas mis transacciones y comprensión en todos mis tratos en lo que respecta a mi negocio. Guárdame, Dios, de ser engañado en transacciones ilegales, y dispongo mi corazón para andar en integridad, sin importar el potencial monetario disponible. Sé que la única forma en que puedo ser un hombre de negocios próspero es permaneciendo puro en mis motivos y dirigiendo mi negocio de acuerdo con tu Palabra. Me comprometo a hacer eso ahora, Señor.

Ayúdame a alejarme de todas las tentaciones para subir la escalera del éxito al pisar a los demás mientras subo. Te ruego que nunca me involucre tanto con mi trabajo que olvide mi propósito principal en ti: ministrar a los que me rodean. Te agradezco por tu fuerza sobrenatural obrando en mí que supera todo el estrés y la ansiedad.

Por último, te agradezco, Dios, por bendecir mi negocio. Sé que al ponerte a ti primero en todos los aspectos de mi vida, así como de mi profesión, tú y yo estamos juntos en una relación de pacto. Debido a que tú y yo somos socios, espero que se abran oportunidades en mi negocio y que tus grandes bendiciones se extiendan en mi vida. Entonces, puedo bendecir a otros, y contribuir a la predicación y la enseñanza del evangelio.

¡Gracias por ayudarme a ver esta gran verdad! En el nombre de Jesús, amén.

Oración para el descarriado

Amado Señor:

Hoy vengo a ti agradeciéndote por tu amorosa bondad. Te agradezco que, aunque haya tomado algunas decisiones equivocadas en mi vida que me han alejado de ti y me han hecho infiel, tu fe sigue en mí y tú me amas aún.

Aunque mi comunión se ha roto contigo, Jesús sigue siendo mi Señor y Salvador. Lamento todos mis pecados. Estoy cansado de vivir en remordimiento por lo que he hecho, y me arrepiento de mis pecados y te pido perdón. Te agradezco que tu perdón y misericordia no dependan de mis buenas obras, sino que están disponibles para mí solo a través de tu gracia. ¡Me alegra mucho que tus misericordias jamás terminen y sean nuevas cada mañana!

Gracias, Dios, por perdonarme y recibirme de nuevo en comunión contigo. Me comprometo de todo corazón contigo y con tu Palabra en este día. Gracias por darme tu Espíritu, que me da la fuerza y la gracia divinas para alejarme de esas cosas en mi vida que me hicieron caer antes.

Ayúdame a tomar un día a la vez, confiando en tu gracia y misericordia para verme a través de cada momento, cada tentación y cada prueba. Gracias por restaurar la plenitud de tu gozo en mi corazón y alma. Al caminar en comunión contigo, sé que cada aspecto débil en el que me siento inseguro e insatisfecho se fortalecerá con tu valor y sabiduría.

Gracias, Dios, por la restauración de nuestra comunión y por devolverme mi gozo como hijo. En el nombre de Jesús, amén.

ORACIÓN PARA EL HOMBRE SOLTERO

Muy misericordioso y amante Padre celestial:

Vengo hoy a tu presencia para agradecerte que sea «alguien» a tus ojos. Te agradezco que sea feliz y próspero como hombre soltero por tu favor y bendición en mi vida.

Te pido, Señor, que satures por completo mi vida con tu presencia, que me orientes y que me ayudes a encontrar mi propósito en ti. Siento un destino y un futuro en lo profundo de mí que está esperando para manifestarse en mi vida, y estoy por entero seguro y confiado en quién soy en ti.

Te agradezco, Padre, por tu Santo Espíritu, que vive dentro de mí y me da la fuerza sobrenatural para abstenerme de cualquier tipo de relación sexual prematrimonial, que solo destruiría la intimidad y la comunión que disfruto contigo y obstaculizaría mi futura relación con mi esposa.

Ayúdame a ser siempre de mente abierta con respecto a todas las relaciones y a encontrar tu voluntad y hacer lo adecuado en las mismas, sobre todo en la relación matrimonial. Te ruego que si llega el día en que me case, me traigas la esposa que quieres que tenga, tal como le trajiste a Eva a Adán.

Hasta ese día, Padre, te agradezco que cada vez que me sienta solo pueda hablar contigo en oración y leer tu Palabra. ¡Gracias, Dios, por ser mi amigo! En el nombre de Jesús te lo pido, amén.

«¡DESATAD A ESE HOMBRE... Y DEJADLE IR!»

HOMBRE, ¡ERES LIBRE!

CUADERNO DE EJERCICIOS

Cómo usar este cuaderno de ejercicios

Esta guía de estudio se preparó de forma única para el uso personal del estudiante adulto o de grupos pequeños. Su contenido se desarrolló a fin de que vaya de la mano con el libro *Hombre, ¡eres libre!* de T.D. Jakes. Si se usa en un entorno grupal, querrás tener tiempo para que la discusión y la aplicación del grupo ayuden al crecimiento espiritual de todos.

PAUTAS PARA EL CUADERNO DE EJERCICIOS

1. Necesitarás tu Biblia y un bolígrafo o lápiz.
2. Lee cada capítulo y busca los pasajes de las Escrituras que no aparezcan en el libro. También usa una concordancia para verificar otros versículos relacionados con los que se estudiaron. Hacer esto aumentará tu profundidad de conocimiento y comprensión.
3. Responde las preguntas lo mejor que puedas según se proveen en el cuaderno de ejercicios. La «Guía de respuestas» comienza en la página 279. Las respuestas personales las puedes comentar con otros a tu discreción. Comentar y escuchar a los demás también aumentará tu comprensión a medida que aprendes a celebrar tu masculinidad de acuerdo con los conceptos en este libro y en la Palabra de Dios.

Esperamos y oramos que te beneficies en gran medida del proceso de aprendizaje y que uses el conocimiento que obtengas para el reino de Dios.

*Que el Señor te dé la gracia para afrontar cada
día renovando tu mente por la Palabra de Dios,
que nos promete que todo lo podemos por
medio de Cristo que nos fortalece.*

CAPÍTULO UNO

Cuando yo era niño

Preguntas:

1. Nuestro desarrollo como hombres lo moldean las cosas que encontramos como _____.

2. Nuestros padres son nuestra primera _____ y _____ de masculinidad.

3. Un mal ejemplo puede hacer que un niño equipare la masculinidad con el _____, la _____, el _____ o la _____ .

4. Enumera cuatro cosas que al escuchar a un niño haces por él.

   a._____

   b._____

   c._____

   d._____

5. Enumera cuatro cosas que pueden resultar de no escuchar a un niño.

   a._____

b._____

c._____

d._____

6. ¿Hubo alguien en tu niñez que de veras se tomó el tiempo para escucharte? _____Si es así, ¿quién? _____
¿Cómo te afectó? _____
_____
_____

7. Verdadero o falso. Muchos hombres pierden su capacidad de comunicarse durante la infancia. _____

8. La única emoción que muchos hombres se permiten expresar es el _____.

9. Muchas veces el enojo de los hombres lo alimenta la incapacidad de convertir los _____ en _____.

10. Es crucial que los hombres puedan expresar_____ y _____ de manera segura a través de los canales apropiados.

11. Las percepciones y conclusiones distorsionadas de la infancia a menudo resultan en pensamientos paralizantes de _____ _____y producen una vida de _____.

12. Lo que es normal para un niño puede ser mortal para un hombre que todavía razona como niño. A pesar de su tamaño, su comprensión infantil lo está _____
_____.

13. Verdadero o falso. Muchos hombres adultos recrean escenarios de su infancia marcada y retorcida en sus fantasías adultas. _____

14. Cuando la mente de un niño está estresada con problemas severos como el abuso sexual, el maltrato o la violencia doméstica, esto le marca de manera permanente su _____.

15. Muchos jóvenes han seguido los pasos de sus padres hacia la promiscuidad, pensando que es natural definir su masculinidad por la _____.

16. Los sentimientos reprimidos de dolor de la infancia nunca nos dejan. Nos hacemos mayores y aprendemos a _____ mejor nuestros _____, pero por dentro el niño se siente intimidado aún.

17. Para comprender por completo el comportamiento errático de un hombre, ¿qué deben aprender a hacer las esposas, los hijos, los pastores, los jefes y quienes lo rodean? _____

_____

_____.

OTRO RETO: ¿Qué características de tu propio padre te han ayudado en tu desarrollo como hombre piadoso? _____

_____

_____

¿Hay alguna característica que quizá te lo impidiera? _____

_____

CAPÍTULO DOS

Dejen a los niños

Preguntas:

1. Jesús dijo: «Cualquiera que no reciba el reino de Dios como un niño jamás entrará en él». ¿Qué quiso decir con esta declaración? (encierra en un círculo la letra de tu respuesta):

   a. Solo los niños pueden ser salvos.

   b. Dentro de cada uno de nosotros hay un niño que debe venir a Dios para recibir sanidad.

   c. El reino de Dios es una colección de perdedores inmaduros.

2. a. ¿Quién es Mefiboset? _____

   b. ¿Qué posición debió ocupar?_____

   c. ¿Qué suceso le impidió lograr esta posición? _____
   _____

3. a. ¿Qué significa «Lodebar»?_____
   _____

   b. ¿Qué se entiende por la declaración «La tragedia y el quebrantamiento pueden dejarnos en Lodebar»? _____
   _____

4. El hecho de que Mefiboset no pudiera venir por su cuenta a la mesa del rey David por lo que tuvieron que enviar a Siba para «traerlo», ilustra la verdad de que algunas veces estamos tan _____ y _____ por nuestro propio quebrantamiento que escuchamos la voz, pero no podemos levantarnos. Alguien debe venir para _____.

5. Siba es un tipo del _____.

6. Algo le sucedió a Mefiboset siendo niño de lo que nunca se recuperó. Alguien hizo que cayera. ¿Alguna vez te has sentido como si «alguien te hubiera hecho caer» y eso, sin ser culpa tuya, cambió tu vida para siempre? ¿Qué sucedió? _____

_____

_____

7. El hecho de que Mefiboset nunca se sanara ilustra la verdad de que... (encierra en un círculo la letra de tu respuesta):
   a. Algunas heridas permanecerán con nosotros toda la vida.
   b. Mefiboset no era digno de sentarse a la mesa de David.
   c. La sanidad divina nunca ocurrió en el Antiguo Testamento.

8. Les hemos hecho daño a muchos hombres al decirles: «¡Ven al altar, hermano, y todo estará bien!», lo que implica que alguien podría imponerles las manos y limpiar sus heridas de la infancia para siempre. ¿Has estado decepcionado con el cristianismo por esta razón? _____

_____

_____

9. La buena noticia sobre Mefiboset es que al menos _____

   a la _____.

10. Esto ilustra que a pesar de que seguimos con un _____,

    _____todavía pertenecemos a la mesa con el

    resto de los hijos del Rey.

11. La iglesia ha sido _____con respecto a la forma en que

    ve y trata a sus líderes muy humanos.

12. Los hombres se sienten _____ porque

    estamos en posiciones que no nos permiten admitir que tenemos

    condiciones con nuestras esposas, nuestras familias y dentro de

    nosotros mismos.

13. En la iglesia necesitamos la libertad para decir: «Sí, estoy en esta

    _____, pero todavía tengo esta

    _____».

14. Debido a sus posiciones, muchos hombres intentan ocultar sus

    _____, _____

    y _____.

15. A menudo los hombres toman decisiones permanentes sobre

    circunstancias temporales, porque su condición es muy deses-

    perada. Un mejor curso de acción es confiar en un _____

    _____, pedirle ayuda y darte tiempo para

    _____ tus _____.

OTRO RETO: ¿Tienes un hermano en el Señor en el que sientes que puedes confiar? ¿Alguna vez le has confiado o le has permitido ayudarte a resolver las cosas? ¿Alguna vez ha venido a ti cuando necesitó ayuda?

_____

_____

_____

_____

_____

_____

CAPÍTULO TRES

Hazle frente al niño en ti

Preguntas:

1. ¿Hay alguien exento de obstáculos? _____

   Explica. _____

   _____

   _____

2. Solo _____ puede guiarnos a través de la barrera del tiempo y ayudarnos a sentirnos cómodos con nuestras partes incómodas.

3. Nunca puedes convertirte en lo que quieres ser hasta que puedas dejar caer quien _____.

4. Verdadero o falso. Tu mayor enemigo es el enemigo interno.

   _____

5. ¿Qué juicio pronunció Dios en Romanos 1:21, 28 sobre quienes no lo glorificaron como Dios? _____

   _____

   _____

   _____

6. Dejados a nuestros propios recursos, podemos sorprendernos al descubrir cuán _____ somos en realidad.

7. En circunstancias difíciles, nuestras _____ pueden estallar con resultados terribles.

8. Nos volvemos vulnerables a la manipulación cada vez que no sabemos y no entendemos nuestros _____ y nuestro _____.

9. A menos que afrontes tus propias _____ e identifiques tus _____, nunca estarás preparado para los ataques en esas esferas.

10. Verdadero o falso. Dios hizo una inversión tan costosa y personal en cada uno de nosotros que no se desanima con facilidad de lo que dijo acerca de nosotros en su Palabra. _____

11. ¿Por qué Dios no teme «[llamar] a las cosas que no existen, como si existieran»? _____

_____

_____

12. ¿Alguna vez fuiste consciente de que Dios dispondrá cosas en tu vida tal vez para llevarte a un lugar donde Él pudiera ministrarte o liberarte de complicaciones que te distraerían? _____. Si es así, ¿qué sucedió? _____

_____

_____

13. Estoy solo cada vez que tengo que poner una fachada o _____ lo que soy en realidad.

14. Dios quiere que experimentes estar a solas con Él a fin de que pueda _____

    _____

    _____

15. ¿Cuál es el significado del siguiente versículo: «Fieles son las heridas del amigo»?

    _____

    _____

    _____

16. Dios está dispuesto a confrontarte antes de que pierdas tu bien más preciado: la _____.

17. Enumera cuatro logros que pueden resultar de «luchar con Dios».

    a. _____

    b. _____

    c. _____

    d. _____

18. Verdadero o falso. Cuando Dios ve que su hombre se está quedando sin tiempo, intensifica la lucha. _____

19. ¿Alguna vez te has preguntado por qué tu vida se ha preservado, por qué has conseguido todo lo que has logrado? _____

    _____

20. Verdadero o falso. En última instancia, tú eres lo que otros dicen que eres. _____

21. A los ojos de Dios, tú eres un_____, un hijo del Rey.

22. Si afrontas cada _____, Dios te librará. Si afrontas tu _____ porque deseas tu futuro, Dios abrirá las ventanas del cielo y te derramará bendiciones.

23. ¿Qué sucedería si los hombres comenzaran a orar los unos por los otros? _____

_____

¿Qué sucedería si no lo hacemos? _____

_____

_____

OTRO RETO: Pregúntale a un hermano de confianza si puedes orar por él con respecto a un problema con el que está luchando. Luego, ORA por él y fortalécelo en su punto débil.

CAPÍTULO CUATRO

Cuando llegué a
ser hombre

Preguntas:

1. Cada hombre debe dejar una marca en su vida que declare su «rito de iniciación» hacia la _____ y los _____ de _____.

2. Al igual que Abraham ofreció a su pequeño hijo, también debemos ofrecer nuestra propia _____.

3. ¿Quién es el único que puede ofrecerle tus cosas de niño a Dios?
   _____

4. ¿Por qué algunos hombres nunca «hacen el cruce» hacia la masculinidad? _____

   _____

5. Nuestras acciones y apariencias parecen demostrar que no _____ de ser hombres. Es más, le damos un mal nombre a la masculinidad al hacerla que se vea _____.

6. Verdadero o falso. La mayoría de los hombres tienen mucho conocimiento sobre cómo el envejecimiento afecta sus cuerpos, por lo que están preparados por completo cuando se producen cambios en su rendimiento físico y sexual. _____

7. Verdadero o falso. Si bien el paso de una joven a la edad adulta es claro y drástico, los cambios físicos de un joven se producen de manera dispersa y casi al azar. _____

8. Los judíos requieren que los candidatos del *bar mitzvá* aprendan y se comprometan con los _____ de la _____ antes de que se les reconozcan como adultos.

9. Necesitamos _____ la adultez masculina aprendiendo lo que significa y lo que se necesita para ser hombres de verdad.

10. ¡Necesitamos _____ nuestra _____ a través de todos los ritos y experiencias de noviazgo, matrimonio, crianza de los hijos y hasta de abuelos!

11. Si celebramos la virilidad con toda nuestra fuerza y corazón, y honramos a Dios como hombres que aprecian su masculinidad, ¡descubriremos que las _____ en nuestra vida lo celebrarán también!

12. Muchos hombres viven con un tremendo remordimiento y arrepentimiento porque sienten que «es demasiado tarde». Temen que estén condenados a ser menos que un hombre porque perdieron la _____ de _____.

13. El rito de iniciación a la verdadera condición de hombre no es una cuestión de cambiar los «_____» ni los «_____» de la vida, sino un cambio del «_____» en la vida.

14. El proceso comienza en el interior, cuando miramos el _____ de _____ y nos transformamos.

15. Un ejemplo de un hombre que celebró su virilidad es _____
    _____.

16. Enumera algunas de las cosas sobre David que le dieron una buena
    imagen de lo que debería ser un hombre. _____

    _____

    _____

17. Cuando un oso y un león tomaban cada uno un cordero
    del rebaño de David, él no se ponía a pensar en qué hacer. Se
    _____ al Espíritu de Dios que se levantaba en él.

18. Verdadero o falso. En su justo enojo, David no se detenía hasta
    que mataba a sus enemigos y terminaba para siempre con su
    habilidad de causar estragos en su rebaño. _____

19. La fortaleza y el entrenamiento de David vinieron de _____
    _____.

20. Un _____ en manos de un Dios poderoso
    puede liberar a cualquier nación, iglesia o familia.

21. Verdadero o falso. Cada verdadero hombre de Dios es un pastor
    en su interior. _____

22. Como David, la única manera en que puedes ser un hombre real
    es siendo un hombre _____ al ____
    _____ de Dios.

23. David aprendió a ser un hombre al comunicarse con Dios en las
    colinas. Después _____ en todos los
    lugares a los que iba.

24. La virilidad no tiene que ocurrir a una edad en particular; tiene que ocurrir en una _____ en particular.

25. Enumera tres indicadores de que estás listo para convertirte en hombre:

   a. _____

   b. _____

   c. _____

26. Debe haber un león y un cordero en cada hombre. El arte es tener ambos y saber _____ ser _____.

27. Jesús demostró un _____ perfecto en la naturaleza doble de un hombre.

28. Los verdaderos hombres no pueden avergonzarse de ninguno de los lados de su _____.

29. La verdadera definición de mansedumbre es la _____ _____.

30. Debes caminar por la cuerda floja entre ser un león y un cordero, y solo el _____ puede darte un verdadero equilibrio en esa caminata.

OTRO RETO: Tal vez seas uno de los muchos hombres que se encuentran balanceándose en el barco de la mediocridad cuando podrías haber cruzado hacia la abundancia, la satisfacción y la tranquilidad. ¿Estás al tanto de algunas «cosas de niño» que el Señor te ha estado pidiendo que le ofrezcas? ¿Estás listo para actuar ahora? Si es así, enuméralas y entrégaselas a Dios en oración.

CAPÍTULO CINCO

La fiesta está en marcha

Preguntas:

1. En la historia del hijo pródigo, el joven quebrantó la lealtad con su padre y se «acercó» a un ciudadano de un país lejano. ¿Qué resultó de esta asociación?_____

_____

2. Los amigos impíos socavarán los propósitos de Dios para nuestras vidas y, a menudo, nos obligarán a hacer las mismas cosas que más

_____ y _____.

3. El Salmo 1:1 nos dice: «¡Cuán bienaventurado es el hombre que no anda en el _____ de los impíos!».

4. La mayoría de los amoríos comienzan (encierra en un círculo la letra de tu respuesta):
   a. Cuando se presenta una oportunidad y una mujer fácil toma por sorpresa al hombre.
   b. Por los pensamientos que poco a poco engullen las pasiones y alteran los juicios de sus víctimas.

5. Si quieres ser bienaventurado, ten cuidado con la manipulación de hombres _____ o de hombres de Dios que operan con _____.

6. Una vez que nos arrepentimos, y el Espíritu de Dios nos restaura los sentidos, la alabanza de Dios es fuerte en nuestra boca porque podemos ver cómo escapamos _____.

7. Cuando el hijo pródigo regresa, es hora de darse un festín en la mesa del Padre y deleitarnos con nuestra recién descubierta _____ y masculinidad _____.

8. Verdadero o falso. En medio de tu regocijo, es poco común que el enemigo te desanime. _____

9. Cuando David regresó a casa triunfante con el arca del pacto, se regocijó en gran medida. ¿A quién usó el diablo para tratar de causarle dolor y sufrimiento? _____

_____

10. ¿Todos nuestros compañeros y amigos se regocijan cuando elegimos regresar a nuestro lugar legítimo como hijo de Dios?

_____

11. Cuando el hijo menor afrontaba su pecado, se arrepentía de su maldad y se lanzaba a los amorosos brazos de su padre, el hermano mayor se mantuvo terco ante sus _____ y

_____.

12. Los _____ a veces impedirán que tus seres queridos y personas en las que confías no se regocijen contigo.

13. La virilidad requiere liderazgo, y el liderazgo requiere el _____ de liderar, aunque algunos nunca lo _____.

14. Cuando experimentas la liberación y la restauración de la mano del Padre, lo importante es _____, ¡incluso si nadie más te acompaña! ¡Entra en el _____ de tu Padre y nunca mires atrás!

15. La Biblia registra a muchos otros hombres de Dios que afrontaron emociones hostiles y, a veces, ataques fatales de sus propios hermanos, familiares, esposas, compatriotas o compañeros de trabajo. Nombra algunos de estos: _____

_____

16. La Biblia nos dice que Jesús soportó la cruz «por el gozo puesto delante de Él». ¿Cuáles han sido los resultados para la virilidad debido a que los hombres que mencionaste antes no dudaron de su destino de masculinidad en el propósito de Dios?

_____

_____

_____

17. Tu virilidad traerá nueva salud y bendición a tu vida, a tu hogar, a tu matrimonio y a las _____ que te siguen.

OTRO RETO: ¿Alguna vez has sentido el desprecio y el rechazo de tus seres queridos y compañeros más cercanos? ¿Estás decidido a seguir la dirección de Dios sin importar lo que cueste? ¿Cómo «el gozo puesto delante de ti» te ayudará a mantener tu determinación?

_____

_____

_____

CAPÍTULO SEIS

Cuando el yugo no es fácil

Preguntas:

1. Muchos hombres se pueden desanimar con facilidad cuando sienten _____ o _____ en sus parejas.

2. La mayoría de los hombres prefieren explorar campos que no han conquistado, en lugar de _____ algo que sienten que ya atraparon o lograron.

3. Verdadero o falso. Una vez que el hombre enciende la llama del amor de su esposa, puede sentarse junto a ese fuego durante muchos años. _____

4. Dios quiere que a menudo cortejes y ganes el corazón de tu esposa, así como Él continuamente corteja a _____.

5. Nuestro desafío como hombres es superar nuestra reputación de no poder o no querer _____ en nuestras relaciones.

6. Una vez que sabemos que el problema existe, tenemos que superar nuestra tendencia a _____ su solución.

7. A la mayoría de los hombres se les _____ _____ cuando perciben que han cambiado, pero la mujer no acepta el cambio en su vida.

8. Una vez que la mujer desconfía de las acciones o motivos de su esposo, se necesita un _____ del Espíritu de Dios para que cambie de opinión.

9. El gozo de una gran victoria o éxito en la carrera de un hombre se puede neutralizar al instante con un comentario desdeñoso de una _____ celosa o amargada.

10. Si tu esposa comienza a sentir que tu carrera o ministerio le ha robado tu _____ , tu _____ o tu _____ , reaccionará como una mujer rechazada y una esposa traicionada.

11. Todo hombre debe tratar de mantener a su esposa _____ _____ en las cosas más importantes que hace sin ella.

12. Verdadero o falso. Tu esposa apreciará el liderazgo y la unción que manifiestas en otros lugares, ¡si muestras liderazgo y amor por ella en casa! _____

13. Dado que los hombres y las mujeres a menudo tienen diferentes ideas sobre qué es el éxito, es importante que tú _____ lo que significa el éxito para tu esposa.

14. La disposición del hombre para _____ , y revisar sus _____ y_____ demuestra su sistema de valores personales y de cuánto aprecia a su esposa.

15. Si a tu esposa la motiva una cosa y a ti te motiva otra, es hora de construir un puente sobre la base de otro_____.

16. Enumera tres aspectos de gozo común o intereses comunes que podrías desarrollar y que los acercarían a ti y a tu esposa:

a. _____

b. _____

c. _____

17. Si no mantienes a tu esposa al tanto de los _____ dentro de ti, continuará dándote lo que solías necesitar y se preguntará por qué ya no da resultado.

18. Cuando la esposa de David, Mical, se enfrentó a su esposo para «ponerlo en su lugar», ¿de qué no se dio cuenta? _____

_____

19. Cuando Mical eligió amargarse en lugar de mejorar, adoptó tres actitudes y pecados mortales. ¿Cuáles fueron?

a. _____

b. _____

c. _____

20. La tragedia llega a nuestros matrimonios cuando no analizamos nuestro _____ en lugar de hablar de la _____.

21. ¿Cuál es la diferencia entre análisis y discusión? _____

_____

_____

_____

22. Otra forma de decirlo es: «Toqué mi música y perdiste la entrada»

_____

_____

23. Un simple paso que el hombre puede dar para mejorar la comunicación con su esposa es ir más allá de los _____

_____ y _____ .

24. Verdadero o falso. Tu esposa puede «escuchar» tu mente.

_____

OTRO RETO: A menudo hay razones subyacentes para la resistencia de nuestras esposas a las que no les hemos prestado atención. Estas desafían el enfoque intelectual, pues son asuntos del corazón. Examina en oración tus conflictos matrimoniales, escríbelos y pídele al Señor que te revele las motivaciones y necesidades más profundas de tu esposa. Medita en lo que Él te dice.

_____

_____

_____

_____

_____

_____

_____

CAPÍTULO SIETE

Matrimonio:
¿Misioneros u hombres?

Preguntas:

1. Muchos hombres le temen en secreto al _____:
   están traumatizados y paralizados en su dolor.

2. La presión del rendimiento es el resultado de nuestros elaborados
   esfuerzos para _____.

3. Debajo de todas nuestras fachadas masculinas, cada uno de
   nosotros tiene un niño pequeño dentro que se pregunta:
   «¿_____?».

4. ¿Qué es un «misionero del matrimonio»? _____

   _____

   _____

5. En la relación matrimonial, a menudo no hay un camino adecuado
   ni uno equivocado, solo _____.

6. Como hombres temerosos, tratamos de controlar nuestros entornos al intentar «apilar los bloques» a nuestro alrededor para crear
   un _____ en medio de nuestros
   temores.

7. Los hombres son lo suficientemente fuertes como para compartir su mundo con otros que son _____.

8. Verdadero o falso. Dios quería una uniformidad insípida, así que dividió a la especie humana en los géneros masculino y femenino.

   _____

9. Si continuamente intentamos cambiar a nuestras esposas a nuestra imagen, seremos _____ y estaremos _____ con preocupaciones por el resto de nuestros días.

10. Si sientes que necesitas cambiar en lo personal a tu esposa a fin de conformarla a tus propios estándares «superiores», tienes garantizados el _____ y la _____

    _____.

11. Cuando tratas siempre de _____ a tu esposa, ella se sentirá frustrada y resentida.

12. Verdadero o falso. Dios plantó algunas cosas en tu esposa que necesitas tener con urgencia en tu vida. _____

13. Como hombres, todos tenemos una gran confianza en hacer las cosas «a nuestra manera». Al volver la vista atrás, ¿puedes ver los momentos en que Dios intervino y usó a tu esposa para evitar las consecuencias perjudiciales de hacer las cosas a tu manera? _____

    _____

    _____

    _____

_____

_____

_____

14. Los polos opuestos se atraen e interactúan de manera eficaz, pero cuando se trata de las motivaciones y los impulsos más profundos del corazón, debe haber _____.

15. ¿Por qué los hombres caen en la trampa de elegir deprisa a una pareja? _____

_____

16. Dios usa el yugo del _____ para obrar cosas en nosotros que tal vez no se logren hacer de otra manera.

17. ¿Qué puedes hacer si sientes que sin darte cuenta te casaste con la persona equivocada? _____

18. El patrón que nos da Jesús para amar a nuestras esposas incluye el _____ y la _____.

19. Tú quizá seas un experto en dar cosas, pero tu esposa no necesita más cosas, te necesita _____ .

20. Tu atención personal, tu afecto amoroso y tu gentil seguridad pueden despertar la _____ de una relación desahuciada.

21. Verdadero o falto. Debido a que Dios es soberano, Él puede hacer un milagro de un error. _____

22. ¿Dónde aparece el milagro del matrimonio? _____

_____

_____

_____

_____

OTRO RETO: ¿Qué cambios podrías hacer para darte a ti mismo a tu esposa? Enumera diez maneras en que podrías comenzar a compartir tu vida con la única persona que Dios te dio para amar. (Incluye las barreras que necesitas derribar).

1. _____

_____

2. _____

_____

3. _____

_____

4. _____

_____

5. _____

_____

6. _____

_____

7. _____

_____

8. _____

_____

9. _____

_____

10. _____

_____

Enumera algunas actividades específicas que podrías hacer para desarrollar sus intereses comunes. (Márcalas, una por una, ¡a medida que las hagas!).

1. _____

_____

2. _____

_____

3. _____

_____

4. _____

_____

5. _____

_____

6. _____

_____

7. _____

_____

8. _____

_____

9. _____

_____

10. _____

_____

CAPÍTULO OCHO

Hasta los hombres fuertes
necesitan descanso

Preguntas:

1. El cansancio y la fatiga del hombre moderno lo están llevando a buscar un lugar de _____.

2. Estamos demasiado cansados para luchar contra la _____ _____, y estamos demasiado cansados para superar nuestra fatiga.

3. Necesitamos vacaciones del _____ de la actividad y la responsabilidad cotidianas.

4. La _____ continua de nuestra necesidad de descanso nos está llevando al límite, como se ejemplifica en los temperamentos furiosos y la violencia doméstica salvaje.

5. ¿Adónde miraba David cuando su corazón desmayaba? _____

   _____

   _____

6. Cada niño que afronta la prueba e intenta ser un hombre, de inmediato se da cuenta de que la _____es mayor que la _____.

7. Verdadero o falso. Un verdadero hombre puede afrontar lo que venga y nunca sentirse cansado._____

8. Cada creyente debe dejarse _____de modo que sepa dónde puede encontrar descanso en _____.

9. Sansón cayó en pecado porque fue al _____para descansar.

10. Da dos razones por las que los Sansones de nuestra época están casi desaparecidos:
    a. _____

    b. _____

11. El éxito no tiene éxito sin un _____.

12. Para que nuestra nación vuelva a Dios, necesitamos un resurgimiento de _____luchadores cuya valentía similar a la de Sansón no la destruyan la _____ ni el _____.

13. La seductora Dalila asesina al exitoso a través de su propio cansancio, adormecimiento y _____.

14. Un hombre cansado es un hombre _____que habla mucho.

15. Muchos hombres poderosos han caído presa del asesino del enemigo porque pensaron: «_____» y eran demasiado_____ para reconocer su peligro.

16. Tu «Dalila» puede ser cualquier cosa que venga a tu vida para agotar tus _____. Puede ser una relación, tu _____ o un _____.

17. Tu «Dalila» te promete un refugio, un escape y un placer duradero, pero solo quiere _____.

18. ¿Qué efecto tiene la fatiga en nuestros juicios, emociones y creatividad?_____

    _____

19. Incluso, las cosas buenas, como el trabajo duro, son peligrosas si se «_____».

20. Algunos huimos de nuestro terror al fracaso, olvidando que el _____ es lo opuesto a la fe.

21. Muchos trabajan duro y juegan poco debido a una necesidad interna de establecer su valor ante los ojos de sus críticos. Explica por qué este es un esfuerzo tan infructuoso: _____

    _____

    _____

    _____

    _____

22. Dios envía diferentes tipos de personas a nuestra vida para ___

    _____.

23. Verdadero o falso. Hay un lugar seguro de descanso para el hombre de Dios hoy. _____

24. ¿Cómo podemos encontrar ese descanso? _____

    _____

_____

_____

25. No importa cuán difícil quizá sea su voluntad, hay un seguro
    consuelo que proviene de _____ y

    _____ su propósito.

OTRO RETO: Al lugar que nos dirigimos en busca de alivio
identifica y define quiénes somos en realidad. ¿Qué haces cuando estás
demasiado estresado? ¿Te conviertes de forma automática en comida,
bebida, drogas o sexo para hacerte sentir mejor? ¿Qué puedes hacer para
romper este patrón y prepararte para volverte a Dios a fin de renovarte?

_____

_____

_____

_____

_____

_____

CAPÍTULO NUEVE

¡Todavía eres mi hijo!

Preguntas:

1. Dios me ha dado la oportunidad de ser todo lo que quería que otra persona fuera para mí. ¿Cuál es esta oportunidad?_____
_____

2. Sin la dirección de Dios, ayudándome y preparándome, no puedo
_____ a mi hijo como debería.

3. ¿Qué anhelan todos los hijos para escuchar a su padre? _____
_____

4. Verdadero o falso. Más hombres en nuestra sociedad sufren por sus madres o sus esposas que por afligirse y extrañar a sus padres.

_____

5. Un padre es una _____ del _____ de un joven, un testimonio viviente de lo que puede pasar con el tiempo.

6. ¿Qué fuerzas en nuestra sociedad están preparadas para «llenar el vacío» dejado por los padres ausentes e irresponsables?_____

7. Jesús es un verdadero ejemplo de héroe: lo bastante tierno como para _____ en el funeral de su amigo, ¡pero lo bastante _____como para llamarlo desde la tumba!

8. Jesús sintió compasión por las mujeres que amaba, ¡pero luego se secó las lágrimas y _____ la _____ de cambiar las circunstancias que crearon el dolor!

9. Si todavía estamos vivos, nos_____los unos a los otros.

10. Si nuestro amor no puede superar la decepción, moriremos __

    _____,

    _____ y _____ .

11. Verdadero o falso. Si tu ser querido aún está vivo, no es demasiado tarde para restaurar la relación. _____

12. A fin de restaurar la relación con tu hijo adulto, debes dejar de _____. Llámalo _____ti, no lo eches de ti.

13. Si vamos a tener familias, debemos dejar que el_____ nos lleve más allá de las _____ que nos separan.

14. ¿Qué sabía el padre del hijo pródigo que le hizo evitar el discurso de «Te lo dije»? _____

    _____

    _____

    _____

    _____

15. Verdadero o falso. El único vislumbre del Dios a quien sirves puede llegarle a tu hijo pródigo en el momento en que sienta tus brazos paternales a su alrededor. _____

OTRO RETO: ¿Tu relación con tu padre o con tu hijo te está causando dolor? Si todavía están vivos, ¿qué paso puedes dar para comenzar una restauración?

_____

_____

_____

_____

_____

Si fallecieron, ¿qué pasos puedes dar para superar tu pérdida y restaurar lo que falta?

_____

_____

_____

_____

_____

CAPÍTULO DIEZ

Padres sustitutos

Preguntas:

1. ¿Qué le sucede a un niño cuando alguien a quien admira hace algo que detesta? _____

   _____

   _____

   _____

2. En algún lugar profundo del hombre atormentado hay un niño atormentado que se siente _____ a _____ a los demás.

3. Verdadero o falso. El amor de Cristo aún saca a los hombres quebrantados de sus tumbas de dolor, pero cuando emergen, todavía están atados, atrapados y envueltos en el mal olor de la descomposición. _____

4. Si a estos hombres recién resucitados se les debe desatar, ¿quiénes tendrán que hacerlo? _____

   _____

   _____

   _____

5. El miedo al _____ puede evitar que los llamados de Dios avancen hacia la integridad total.

6. Algunos hombres necesitan con urgencia que los _____ _____ un padre sustituto, pues les hace falta experimentar una relación que nunca tuvieron en su infancia.

7. El vínculo entre Eliseo y Elías nació de su necesidad _____ de una relación de_____.

8. Un padre sustituto debe ser alguien que respetes, o su _____ _____ no significará nada para ti.

9. Una palmadita o una sonrisa de un pastor pueden darles a los hombres tranquilidad, sentido de orgullo y _____.

10. La atención personalizada de un pastor es importante para el nivel de _____ y el _____ de los hombres en su rebaño.

11. Si quieres escalar de lo mediocre a lo sobrenatural, encuentra a alguien que esté haciendo lo que quieres hacer y _____ _____.

12. Verdadero o falso. Nunca estarás completo a menos que aprendas a servir a alguien que no seas tú mismo. _____

13. Si has alcanzado algún nivel de éxito, ¡_____ en otra persona!

14. Cinco cosas que la atención de un padre sustituto puede hacer por ti son: mostrarte tus propias_____ y habilidades; sanar las _____ de tu infancia; reconstruir tu _____

_____; _____

tu existencia; y dejarte con un manto dado de excelencia y poder.

15. Verdadero o falso. Para que un padre sustituto marque una verdadera diferencia en la vida de un hombre se requiere un compromiso a largo plazo y años de atención. _____

16. Verdadero o falso. Para ser un padre sustituto eficiente, el hombre debe ser impecable. _____

17. El mayor cumplido que puedes darle a un padre es _____ _____ lo que te dio y seguir adelante.

18. Cuando sientes que Dios te envía un hombre para impartirte algo, ¿qué debes hacer? (encierra en un círculo la letra de tu respuesta):

a. Habla rápido, quiere de manera intensa y dale gracias.

b. Aférrate a él con cada pizca de fuerza que tengas.

c. Ambas cosas.

19. ¿Alguna vez alguien fue «como un padre» para ti? Si es así, ¿cómo se llamaba y cómo te ayudó? _____

_____

_____

_____

_____

_____

_____

OTRO RETO: ¿Hay alguien en tu vida ahora con quien deseas desarrollar una relación de «padre»? Si es así, escribe lo que podrías hacer para fomentar tal vínculo.

_____

_____

_____

_____

_____

_____

_____

Comienza hoy a cultivar esta relación.

CAPÍTULO ONCE

El mejor Amigo del hombre

Preguntas:

1. Conocer a Dios es lo que transforma nuestra miseria en _____ _____, ¡pero no podemos conocerlo cuando nos _____ o huimos de Él!

2. El pecado de Adán abrió la cerradura y permitió que la muerte entrara por la puerta de su fracaso, trayendo consigo la _____ generacional del _____ sobre su descendencia.

3. Ese fuego consumidor de pecado y muerte ardió fuera de control hasta el pie de la _____ de _____.

4. Jesús rompió la maldición y destruyó para siempre el poder que desató la _____.

5. ¿Qué hizo Adán después que pecó? _____

6. Enumera cuatro pérdidas que resultan del hábito del hombre de ocultar debilidades, amor y miedo.

   a. _____

   b. _____

c. _____

d _____

7. Verdadero o falso. Incluso a los hombres confiados los intimidan la voz o el reproche de esos a quienes aman o respetan. _____

8. Los hombres buscan la seguridad del disfraz y se esconden en las sombras para evitar la _____ de cualquier forma, ya sea física, emocional o financiera.

9. ¿Por qué muchos hombres se sienten incómodos con la adoración?

_____

_____

10. Adán no pudo lidiar como debía su relación con su esposa: uniéndosele en su fracaso en lugar de actuar para _____

_____.

11. Dios quiere hombres fuertes que _____ en lugar de hombres débiles que solo _____.

12. Es aterrador estar desnudo ante Dios, pero Él nunca puede _____lo que temes _____.

13. Verdadero o falso. El hombre que golpea a su esposa también se golpea a sí mismo, porque en lo más profundo de su alma sabe que su vida está fuera de control. _____

14. Menciona algunos ejemplos de los temores internos que los hombres afrontan hoy: _____

_____

_____

_____

_____

15. Nuestras propias acciones, tomadas como resultado de nuestros
    _____, nos han eliminado del proceso de toma de
    _____ en nuestros propios hogares.

16. Dios quiere _____, y Él te ha estado llamando a
    través de los problemas que has estado experimentando.

17. Verdadero o falso. Dios no ama a los hombres caídos y temerosos
    tanto como a los hombres que lo «tienen todo bajo control». ____

    _____

18. Dios es tu única _____, tu última
    _____ y tu única _____.

19. Dios quiere revelar el _____ tú.

20. La mayoría de tus trabajos y relaciones se basaron en tu desempeño
    y logros personales, pero todo lo que Dios quiere es a _____
    _____, completo con tu vergüenza, tus
    fracasos, tu miedo y tus rodillas raspadas.

21. Dios es tu mejor Amigo y tú puedes _____ con Él.

22. Una vez que sales de tu escondite descubrirás cuán _____
    _____ es ser perdonado y aceptado por quien eres
    en realidad.

23. La bendición de Dios no se logra por nuestros _____,
    sino por su _____.

OTRO RETO: ¿Te has convertido en un padre ausente en tu propia casa? ¿Estás listo para decir: «No, diablo»? ¿Qué pasos específicos puedes dar hoy para cambiar tu nivel de participación con tu esposa?

_____

_____

_____

¿Con tus hijos? _____

_____

_____

_____

_____

Recuerda, ¡no es demasiado tarde!

CAPÍTULO DOCE

El síndrome de Saúl

Preguntas:

1. El secreto para disfrutar cada etapa de tu vida es que cuando Dios dice: «¡Libéralo!», ¡necesitas _____ a Él!

2. Nos volvemos vulnerables al «síndrome de Saúl» cuando perdemos elasticidad, y nos volvemos _____ y le tememos al _____.

3. No tengo el llamado a _____ con ellos; tengo el llamado a _____.

4. Verdadero o falso. Cada etapa de la vida tiene diferentes ventajas y desventajas de otras etapas. _____

5. Aprende a _____ las diversas etapas de la vida en lugar de _____.

6. Enumera dos cosas que pueden disfrutar los hombres de mediana edad: _____

_____

_____

_____

7. Enumera dos cosas que pueden disfrutar los hombres mayores:

_____

_____

_____

8. Nos espera en otra etapa la sonrisa de _____ que mostraremos si lidiamos con esta etapa como es debido.

9. Un buen consejo para los cristianos que están en el mejor momento de la vida es: «Vive en santidad como si Jesús viniera mañana, pero prepárate y construye como si no fuera así».

10. Dios quiere que su pueblo construya su _____ y _____ su sabiduría de generación en generación.

11. Si te atreves a involucrarte con la próxima generación, ¡siempre serás _____ de su éxito en lugar de que esto te _____ _____!

12. La marca de un hombre egocéntrico es que es un mejor _____ _____ que un inversor.

13. Verdadero o falso. Quienquiera que venga detrás de ti debería tenerlo más fácil que tú porque las personas bendecidas siempre dejan una bendición._____

14. Debes tener cuidado de amar más a tu Dador que a tu _____ _____.

15. Verdadero o falso. El liderazgo excelente nunca es en sí una tarea.

_____

16. Siempre debemos estar preparando y enseñando hasta que un día pasemos de la tarea a la _____.

17. ¿Cuál es el enemigo del avance? _____

18. Las personas solo se aferran a algo cuando creen que _____ _____vendrá.

19. Explica la declaración: «Dar frutos y marchitarse las hojas son dos cosas diferentes por completo»: _____

_____

_____

_____

20. Si les permitimos a los hombres mayores que planeen la estrategia, pelearemos la guerra armados con la _____ de los ancianos y la _____ferviente de los jóvenes.

OTRO RETO: ¿Tienes un plan realista que permita las edades y etapas cambiantes de tu virilidad? Busca a Dios por sabiduría y gracia para construir una base en el mejor momento de tu fortaleza y productividad de modo que puedas descansar en tus últimos años. Escribe cinco ideas clave que te ayudarán a crear un plan que te permita ser guiado por Dios, no guiado por la necesidad.

_____

_____

_____

_____

CAPÍTULO TRECE

¡Cuando la ropa que nos hacen no nos queda bien!

Preguntas:

1. Incluso después que te levantan de una tumba de fracaso o debilidad, seguirás enredado con las vendas sucias, cicatrices recientes, emociones alteradas y asuntos desagradables que deben desatar _____.

2. ¿Qué les dijo Jesús a las personas que amaban a Lázaro que hicieran? _____

   _____

3. Si has pasado por un cambio radical o una recuperación moral, necesitas ser _____ con tu familia.

4. Una vez que se daña la confianza, el impulso para sobrevivir dificulta que las personas vuelvan a _____ en quienes las lastiman.

5. A fin de sanar por completo, una esposa necesita _____ _____ y _____.

6. El «período de prueba» se puede considerar como un _____ _____ para un hombre que se ha esforzado al máximo por regresar a su hogar.

7. El mismo Dios que te dio la _____ de sobrevivir y renacer te ayudará también a resolver los efectos _____ de tus problemas originales.

8. Los síntomas de los pecados residuales que se aferran a nuestra vida son señales de que «Puede que Lázaro _____, pero de seguro que no está _____».

9. Si te encuentras en la posición de Lázaro, es bueno que sepas que Dios no te habría _____ de tu sueño si Él no tuviera un _____ para tu vida.

10. Al igual que Lázaro, si vamos a sobrevivir, debemos ser capaces de _____ a Dios cuando Él llama y _____ cuando escuchamos.

11. Verdadero o falso. Dios está buscando hombres radicales que se muevan de repente cuando su libertad corra peligro. _____

12. La tumba de Lázaro representa un aspecto de tu vida en el que te _____ quienes te rodeaban y se dieron por vencidos en tu _____.

13. Verdadero o falso. Los que te aman deben viajar en la montaña rusa de tu recuperación, ya sea que quieran o no. La diferencia es que sus decisiones no crearon el viaje. _____

14. Verdadero o falso. Nunca podrás recuperarte si los demás no creen en ti._____

15. Verdadero o falso. Debes creer en ti mismo, porque si vas a resucitar de la muerte en tu vida, tus pies deben saltar. _____

16. Por mucho que desees el apoyo de otros, recuerda que lo más importante que puedes hacer en esta parte práctica del proceso es _____ y _____ tú mismo.

17. Los matrimonios a menudo colapsan al final de una gran prueba, uno de los dos solo dice: «¡Me voy!». ¿Por qué crees que sucede esto? _____

    _____

    _____

18. Si descubres que los demás no son tan resistentes como tú con respecto a los cambios repentinos en la vida, recuerda _____ en lugar de _____.

19. Verdadero o falso. La mayoría de las veces, todas las personas dolidas y heridas necesitan el reconocimiento de su derecho a sufrir. _____

20. Cuando te sientas atrapado por las opiniones de otros, reserva el derecho de _____ el sudario que crearon para ti, ¡y _____ viviendo!

21. Pon un ejemplo de cómo el «sudario» puede hacer que un hombre cambiado vuelva a caer en la misma rutina de la que acaba de salir: _____

    _____

    _____

22. El cambio del corazón resucita a los muertos, pero la _____ _____ de la mente es quitarse el sudario.

23. Verdadero o falso. Si Dios te da la gracia para escapar de la tumba,
Él puede darte la gracia para cambiarte de ropa. _____

OTRO RETO: Si te liberaron de un hábito pecaminoso o adictivo,
¿has examinado tu sudario? ¿Hay alguna parte de tu estilo de vida anterior
que todavía se aferra a ti? Si es así, escríbelo. ¿Qué debes hacer para
liberarte de estas influencias a fin de que tu mente pueda reajustarse a la
integridad?

_____

_____

_____

_____

_____

CAPÍTULO CATORCE

¡No golpeen más abajo de mis rodillas!

Preguntas:

1. Verdadero o falso. La oración es el recurso más descuidado y subutilizada en el reino de Dios. _____

2. La oración puede ser un desafío especial para los hombres debido a su tendencia hacia la _____.

3. ¿Qué tres cosas requiere la oración que hagamos?

   a. _____

   b. _____

   c. _____

4. Los hombres evitamos exteriorizar nuestro deseo porque le tememos a la _____.

5. La oración es una lucha para las personas que necesitan _____ pública; la gran oración solo surge después que nos desprendamos de los _____ de otros.

6. Verdadero o falso. La oración profunda se puede hacer en público si eres lo suficiente elocuente o expresivo. _____

_____

7. Verdadero o falso. Dios hace lo que sea si tienes fe suficiente para creerle a Él y lo que sea si tienes el valor suficiente para suplicarle.

_____

8. La oración reconstruye lo que _____la vida.

9. Las verdaderas oraciones son peticiones _____ de hombres llenos de fe a un Dios poderoso que _____ _____y_____.

10. Si no aprendemos el arte sanador de la _____, practicaremos el espantoso hábito de la_____.

11. Nuestro vociferante y delirante enojo es solo una señal reveladora de _____

_____

_____

12. La oración no es debilidad; es el maravilloso privilegio de entregarle nuestra _____ a una _____ superior.

13. Verdadero o falso. La oración es un cumplido a Dios. Él se siente halagado y bendecido cuando oras. _____

14. Cuando un hombre tiene el espíritu herido, desaparece su _____ por la vida, golpeado por el estrés, el vacío, la frustración y la soledad.

15. Si necesitas un avivamiento de tu pasión, entusiasmo e intensidad, debes orar por un _____.

16. Cuando asumes la responsabilidad por las decisiones de otras personas, te cansas porque _____a ser Dios.

17. Verdadero o falso. La oración cambia la vida y es mejor que la consejería o la terapia. _____

18. Debemos vivir lo suficientemente cerca de Dios para escuchar sus _____ de peligro que te espera y lo bastante cerca de nuestras familias para que _____ en lo que nos dijo Él.

19. Puedes ganarte el _____ de tu esposa y tus hijos al convertirte en un hombre de oración.

20. Literalmente, puede cambiar la dirección de toda tu familia, sin _____ ni _____, ¡solo a través de la oración tradicional!

21. Cuando nos arrodillamos para orar... (encierra en un círculo la letra de tu respuesta):
    a. Pidámosle a Dios que los arregle a «ellos».
    b. Pidámosle a Dios que nos arregle a «nosotros».

22. El pecado manifiesto es un obstáculo para un estilo de vida de oración. Nombra algunos otros factores que evitan que un hombre ore: _____

    _____

23. Verdadero o falso. La oración es la forma más elevada de alabanza a Dios. _____

24. Verdadero o falso. Nunca te sanarás confesando las faltas de los demás. _____

25. Una de las primeras cosas que los hombres necesitamos recuperar de lo que agarró el diablo ladrón es nuestra _____ en nuestros _____.

26. Solo la oración puede ayudarnos a desarrollar tres importantes funciones bíblicas: _____

   a._____

   b._____

   c._____

27. Las mujeres a menudo asumen el papel dominante en los matrimonios porque sus esposos no le presentan a la familia una _____.

28. Los hombres han estado «en punto muerto» durante tanto tiempo que las mujeres han llenado el vacío del _____.

29. Esto ha hecho que los hombres sean aún más _____ y las mujeres estén aún más _____, _____ y _____.

30. Verdadero o falso. Para ser «cabeza de familia», el hombre debe ser dominante y autoritario. _____

31. Los hombres tienen la responsabilidad de establecer planes _____ _____ y de ser lo suficientemente _____ para mantener encaminadas a sus familias.

32. ¿Qué dos pasos deben dar los hombres para guiar a sus familias?

   a. _____

   b. _____

33. Dios es progresivo, y siempre se está moviendo, por lo que tú y yo debemos esperar un _____en nuestras vidas y hogares.

34. Si no influyo en mi familia de una manera positiva, ¡mi presencia en el hogar es una _____ para Dios!

35. ¿Qué significa esta declaración: «Los hombres están para cubrir o ceñir a sus familias»? _____

_____

_____

_____

_____

36. Cuando el desafío de proveer y cuidar a tu familia parece abrumador, ¿qué debes hacer? _____

_____

_____

_____

_____

37. Muchos hombres están listos para defender a su familia de agresores _____, pero pocos hombres están preparados para defender a su familia contra ataques _____.

38. Los hombres plagados de culpa y problemas morales están mal equipados para construir _____ contra la depresión, el suicidio, el abuso infantil u otros espíritus que puedan atacar su hogar.

39. El diablo detesta ver que la oración se produce entre los hombres, pues sabe que cuidamos nuestros hogares mediante la _____

_____.

40. ¿Cuál es la diferencia entre una buena idea y una «idea de Dios»?

_____

_____

_____

41. Una vez que sepas que tienes una «idea de Dios», niégate a permitir que alguien te intimide con la _____.

42. Dos cosas que puedes hacer para transmitirles tu fe a tus hijos es asegurarte de que _____ con claridad la fe y de que se la _____ a los demás.

43. Una herencia piadosa traspasada de su padre pone a Dios en lo _____ de un hijo, y no lo conmoverán con facilidad.

44. ¿Qué herencia puedes traspasarles a tus hijos? ¿Hay algún milagro en tu vida? ¿Hay algo que sabes que Dios hizo por ti? Escribe al menos dos: _____

_____

_____

_____

45. «Guarda tu corazón» significa que siempre reserves la parte más profunda e íntima de tu _____ y _____ para Dios.

46. Verdadero o falso. La paz divina es uno de los mejores sistemas de seguridad que puedes usar para guardar tu corazón. _____

47. Nada de lo que leas sustituirá la experiencia personal que se desarrolla a partir de la oración, la alabanza y del tiempo dedicado

para _____ a _____ al

Dios en el que cree tu corazón.

OTRO RETO: ¿Cómo puedes adecuar un tiempo de oración en tu vida? Disponte a sacrificarte para encontrar ese tiempo y hacer del mismo un hábito. La recompensa bien vale el esfuerzo. Considera y anota un tiempo que en este momento está lleno de otras actividades. Empieza con quince minutos.

_____

_____

_____

_____

_____

La vida como un hombre desatado

Preguntas:

1. Lázaro es «una prueba positiva» de que Dios puede producir un «_____» para cada contratiempo.

2. Cada vez que _____ venía a la ciudad, Lázaro se aseguraba de estar allí.

3. Si te han dado una segunda oportunidad, no puedes permitirte volver al mismo _____ que perpetuó el problema.

4. Debes evitar las _____ que ayudaron al enemigo a atacarte.

5. «Solo preséntate ante Jesús» significa: «Si no es para su _____ _____, no te involucres».

6. ¡Dar es una oportunidad para compartir los frutos de tu bendición _____ con un Dios _____ que ha sido misericordioso contigo!

7. «Solo me siento seguro cuando estoy en su _____» es una actitud que tienen todos los que han sentido que su _____ mano los sostiene fuerte cuando sus propios nervios les fallan.

8. Verdadero o falso. Tú puedes «encontrar otras cosas que hacer» y dejar de «recibir tratamientos» solo porque tu condición ha mejorado. _____

9. La presencia de Jesús tiende a preservar nuestra _____.

10. Un hombre desatado necesita la _____ como el drogadicto necesita la droga.

11. No nos sentimos atraídos a Él solo por lo _____ que recibimos en su presencia, sino por el _____ que experimentamos separados de Él.

12. Verdadero o falso. Si vamos a rehabilitar a los hombres heridos que nos rodean, debemos enseñarles a adorar. _____

13. La adoración te permite aplicar la presencia amorosa de Dios hasta que su _____ quede grabada en tu _____.

14. «Siéntate en su presencia» significa descansar en Jesús, echando sobre Él todas tus _____, ansiedades y _____.

15. Un hombre desatado es un hombre de carrera endurecido por el _____ con cicatrices de batallas, monumentos y _____ de tu supervivencia personal.

16. Una vez que desarrollas la _____ para _____, estás listo para hacer grandes cosas por Dios.

17. Verdadero o falso. La resurrección cambia la forma en que reaccionas ante el miedo y la muerte: un hombre desatado nunca volverá a temer. _____

18. Un hombre desatado es una voz de la tumba del _____ enviada para hablarle a su _____.

19. Verdadero o falso. El hombre desatado se conoce a sí mismo mejor que otros hombres. _____

20. La fuerza del hombre desatado no está en su _____; brota del _____ de su vientre.

21. Verdadero o falso. Lázaro afrontó muchos ataques desagradables porque su predicación fue un catalizador que causó que muchos hombres buscaran a Jesús. _____

22. ¿Por qué el enemigo no quiso rendir a Lázaro sin luchar? _____

_____

_____

23. Si haces todo lo posible para sobrevivir la crisis en tu vida, puedes saber por lo _____ estás pasando. Sin embargo, ¡solo en retrospectiva es que entenderás _____ lo estás pasando!

24. Muéstrame a un hombre que haya influido en gran medida en su generación, y te mostraré a un hombre que ha sentido el _____ y el _____ de las cadenas y la tribulación.

25. Cuando Dios habla acerca de tu destino, Él nunca dice «_____», siempre dice «_____».

26. Tu misión ahora es ir y traer a otros hombres a la luz. Te vieron en tu frustración, ahora deja que vean tu resurrección.

27. Verdadero o falso. Un hombre desatado siempre alcanza a otros.

_____

28. La liberación sin evangelización solo es _____.

29. Soportaste ataques extremos para pagar el precio de la cosecha... es
hora de _____ las _____.

OTRO RETO: ¿Has estado allí por el Señor que estuvo allí por ti?
¿Has estado dispuesto a tocar al que está al borde de una tumba? Sabes
cómo era y conoces el poder de la voluntad de tu Maestro. ¿Hay alguien
a quien sientes que el Señor te está pidiendo que lo «alcances»? ¿Qué
primer paso podrías dar para obedecer este llamado? Escribe el nombre
de la persona y lo que podrías hacer en un principio:

_____

_____

_____

_____

_____

Guía de respuestas

CAPÍTULO UNO
1. Niños
2. Definición; demostración.
3. El abandono, la irresponsabilidad, el silencio sombrío o la violencia.
4. a. Le demuestra que importa y que sus opiniones son importantes.
   b. Enriqueces su proceso de pensamiento.
   c. Edificas su autoestima.
   d. Estimulas su creatividad
5. a. Violencia.
   b. Introversión.
   c. Perversión.
   d. Autodestrucción absoluta.
6. Respuesta personal.
7. Verdadero.
8. Enojo.
9. Pensamientos; palabras.
10. Emociones; frustraciones.
11. Insuficiencia; inseguridad.
12. Empequeñeciendo.
13. Verdadero.
14. Carácter.
15. La extrema sexualidad.
16. Esconder; sentimientos.
17. Desarrollar empatía por el niño pequeño que hay en él.

CAPÍTULO DOS
1. b.
2. a. El nieto de Saúl, el primer rey de Israel.
   b. Debió ser rey de Israel.
   c. Saúl y Jonatán murieron en la batalla y Mefiboset resultó lisiado, quedando cojo de ambos pies.
3. a. «Lugar de no comunicación».
   b. La tragedia puede impedirnos alcanzar nuestro potencial y encarcelarnos en un lugar silencioso donde nadie puede escuchar nuestro dolor ni aliviar nuestra tristeza.
4. Distraídos; lisiados; buscarnos.
5. Espíritu Santo.
6. Respuesta personal.
7. a.
8. Respuesta personal
9. Llegó; mesa.
10. Problema.
11. Hipócrita.
12. Frustrados.
13. Posición; condición.
14. Heridas; cicatrices de la infancia; quebrantamientos.
15. Hermano confiable; superar; circunstancias.

CAPÍTULO TRES
1. No. Análisis del lector.
2. Jesucristo.
3. Solías ser.
4. Verdadero.
5. Él los entregó a una mente reprobada o los entregó a ellos mismos.
6. Corruptos.
7. Debilidades secretas.
8. Objetivos; propósito.
9. Debilidades; vulnerabilidades.
10. Verdadero.
11. Porque Él sabe que tiene el poder de hacer que se conviertan en lo que dice que serán.
12. Respuesta personal.
13. Camuflar.
14. Operar o hacer una operación.
15. Un verdadero amigo te ama lo suficiente como para confrontarte. Te hace frente.
16. Vida.
17. a. Mostrarte que estás desperdiciando tu vida.
    b. Hacerte apreciar la esposa que te dio.
    c. Hacerte entender lo bendecido que eres.
    d. Darte la posibilidad de mantener un trabajo, incluso cuando parece que no va a ninguna parte.
18. Verdadero.
19. Respuesta personal.
20. Falso.
21. Príncipe.
22. Librará; pasado.
23. Respuesta personal.

CAPÍTULO CUATRO
1. Condición de hombre; propósitos; Dios.
2. Inmadurez.
3. Tú.
4. Análisis del lector.
5. Disfrutamos; aburrida.
6. Falso.
7. Verdadero.
8. Deberes bíblicos; condición de hombre.
9. Celebrar.
10. Continuar; educación.
11. Mujeres.
12. Oportunidad; cambiar.
13. Qués; cómos; quién.
14. Rostro; Dios.
15. David.
16. Análisis del lector.
17. Entregaba.
18. Verdadero.
19. Saber quién es Dios.
20. Verdadero pastor.
21. Verdadero.
22. Conforme; corazón.
23. Inspiró la hombría.
24. Etapa.

25. a. Cuando superaste tus viejos pensamientos y conocimientos anteriores.
    b. Cuando lo que una vez fue sabiduría para ti, ahora parece una tontería.
    c. Cuando los juguetes viejos no son tan agradables como antes.
26. Cuándo; cuál.
27. Equilibrio.
28. Naturaleza.
29. Fuerza bajo control.
30. Espíritu Santo.

CAPÍTULO CINCO
1. Análisis del lector.
2. Detestamos; despreciamos.
3. Consejo.
4. b.
5. Impíos; motivos impíos.
6. En el último instante.
7. Virilidad; centradas en Dios.
8. Falso.
9. Su esposa Mical.
10. No.
11. Derechos; justicia propia.
12. Celos.
13. Compromiso; sigan.
14. Celebrar; gozo.
15. Abel, Isaac, Israel, José, Moisés, Aarón, David, Salomón, Jesucristo y el apóstol Pablo.
16. Análisis del lector.
17. Generaciones.

CAPÍTULO SEIS
1. Rechazo; apatía.
2. Mantener.
3. Falso.
4. Su Novia.
5. Reconocer problemas.
6. Dejar para después.
7. Hiere sus sentimientos.
8. Movimiento sobrenatural.
9. Esposa.
10. Atención; afecto; tiempo.
11. Involucrada.
12. Verdadero.
13. Descubras.
14. Llegar a un acuerdo; percepciones; comportamiento.
15. Gozo o interés comunes.
16. Respuesta personal.
17. Cambios.
18. Que su esposo estaba en el lugar donde Dios quería que estuviera.
19. Apatía; celos; desprecio.
20. Desaliento; culpa.
21. Un análisis ventila los problemas, pero una discusión formula cargos y señala culpas.

22. Análisis del lector.
23. Gruñidos; gestos.
24. Falso.

CAPÍTULO SIETE
1. Rechazo.
2. Impresionar.
3. «¿Soy suficiente?».
4. Un hombre que piensa que tiene el llamado a cambiar a su esposa en lugar de entenderla.
5. Perspectivas diferentes.
6. Lugar seguro.
7. Diferentes.
8. Falso.
9. Desdichados; agobiados.
10. Fracaso; frustración.
11. Cambiar.
12. Verdadero.
13. Respuesta personal.
14. Compatibilidad.
15. Porque luchan en contra de la soledad o la lujuria, y les aterroriza estar solos.
16. Pacto matrimonial.
17. Orar por tu matrimonio, pedirle a Jesús que te enseñe a amarla de manera incondicional.
18. Sacrificio propio; sumisión.
19. A ti.
20. Redención.
21. Verdadero.
22. En el renacimiento del amor, en el reavivamiento de la llama, en la capacidad de perdonar.

CAPÍTULO OCHO
1. Descanso.
2. Injusticia.
3. Estrés.
4. Negación.
5. A Dios o a «la Roca que es más alta que yo».
6. Necesidad; provisión.
7. Falso.
8. Enseñar; forma segura.
9. Lugar equivocado.
10. Tienden a la autodestrucción, además fracasan en pasarle sus dones a la próxima generación.
11. Sucesor.
12. Padres; fatiga; fracaso moral.
13. Vacío interior.
14. Vulnerable.
15. Puedo encargarme de esto; orgullosos.
16. Fuerzas; carrera; hábito.
17. Destruirte.
18. Análisis del lector.
19. Pierde el equilibrio.
20. Miedo.
21. Análisis del lector.
22. Equilibrarnos.

23. Verdadero.
24. En los brazos del Espíritu de Dios, en su presencia, en su voluntad.
25. Comprender; cumplir.

CAPÍTULO NUEVE
1. Ser padre.
2. Criar.
3. Análisis del lector.
4. Falso.
5. Imagen; destino.
6. La comunidad gay; las pandillas; los narcotraficantes.
7. Llorar; fuerte.
8. Asumió; responsabilidad.
9. Decepcionaremos.
10. Solos; amargados; rebeldes.
11. Verdadero.
12. Sermonearlo; hacia.
13. Amor; heridas.
14. Análisis del lector.
15. Verdadero.

CAPÍTULO DIEZ
1. Análisis del lector.
2. Condenado; atormentar.
3. Verdadero.
4. Análisis del lector.
5. Fracaso.
6. Adopten.
7. Mutua; pacto.
8. Aprobación.
9. Afirmación.
10. Rendimiento; bienestar.
11. Sírvelo.
12. Verdadero.
13. Viértelo.
14. Fortalezas; cicatrices; autoestima; dignificar; manto.
15. Falso.
16. Falso.
17. Tomar.
18. a.
19. Respuesta personal.

CAPÍTULO ONCE
1. Justicia; escondemos.
2. Maldición; pecado.
3. Cruz; Jesús.
4. Desobediencia.
5. Se escondió de Dios.
6. a. Destruye nuestros hogares.
   b. Priva a nuestras esposas de la intimidad.
   c. Aleja a nuestros hijos.
   d. Frustra nuestra relación con Dios.
7. Verdadero.
8. Vulnerabilidad.

9. La verdadera adoración requiere que nos volvamos vulnerables al expresar nuestra necesidad de Dios.
10. Salvarla.
11. Guíen; siguen.
12. Sanar; revelar.
13. Verdadero.
14. Análisis del lector.
15. Temores; decisiones.
16. Confrontarte.
17. Falso.
18. Esperanza; oportunidad; solución.
19. Verdadero.
20. A ti.
21. Relajarte.
22. Refrescante.
23. Esfuerzos; bondad.

CAPÍTULO DOCE
1. Dárselo todo.
2. Posesivos; cambio.
3. Competir; cultivarlos.
4. Verdadero.
5. Apreciar; temerlas.
6. Independencia, la capacidad de tomar sus propias decisiones.
7. Descartar los deberes diarios y las preocupaciones de la crianza de los hijos en su hogar, ya no es necesario luchar para mantenerlos.
8. Satisfacción.
9. Prepárate.
10. Riqueza; sabiduría.
11. Parte; intimide.
12. Consumidor.
13. Verdadero.
14. Tarea.
15. Falso.
16. Recompensa.
17. El estancamiento.
18. Nada más.
19. Análisis del lector.
20. Sabiduría; ferviente.

CAPÍTULO TRECE
1. Otras personas.
2. «¡Desatadle, y dejadle ir!».
3. Paciente.
4. Confiar.
5. Tiempo; oración.
6. Insulto.
7. Gracia; secundarios.
8. Resucitara; desatado.
9. Despertado; plan.
10. Escuchar; saltar.
11. Verdadero.
12. Enterraron; recuperación.
13. Verdadero.

14. Falso.
15. Verdadero.
16. Apoyarte; alentarte.
17. Análisis del lector.
18. Consolar; criticar.
19. Verdadero.
20. Cambiar; sigue.
21. Análisis del lector.
22. Renovación.
23. Verdadero.

CAPÍTULO CATORCE
1. Verdadero.
2. Comunicación no verbal.
3. Requiere que expongamos nuestra necesidad, expresemos nuestro dolor y describamos nuestro deseo.
4. Decepción.
5. Afirmación; elogios.
6. Falso.
7. Verdadero.
8. Agota.
9. Espontáneas; escucha; responde.
10. Oración; preocupación.
11. Cuánto tiempo ha pasado desde que tuvimos una oración ferviente.
12. Humanidad; autoridad.
13. Verdadero.
14. Entusiasmo.
15. Avivamiento.
16. Juegas.
17. Verdadero.
18. Advertencias; confíen.
19. Respeto.
20. Argumentos; discusiones.
21. b.
22. Dilación, ocupaciones, abrumado en perseguir cosas, consciente de los problemas, consciente de sí mismo.
23. Falso. (Es la obediencia).
24. Verdadero.
25. Posición; hogares.
26. a. Guiar.
    b. Cubrir o ceñir.
    c. Guardar.
27. Agenda ordenada por Dios.
28. Liderazgo.
29. Inseguros; estresadas; deprimidas; amargadas.
30. Falso.

31. Progresivos; firmes.
32. Orar lo bastante como para escuchar a Dios; comunicar con claridad la visión.
33. Progreso continuo.
34. Desgracia.
35. Análisis del lector.
36. Respuesta personal.
37. Físicos; espirituales.
38. Defensas.
39. Intercesión.
40. Análisis del lector.
41. Sabiduría terrenal.
42. Entiendes; comuniques.
43. Profundo del ser.
44. Respuesta personal.
45. Corazón; confianza.
46. Verdadero.
47. Aprender; conocer.

CAPÍTULO QUINCE
1. Regreso.
2. Jesús.
3. Entorno.
4. Asociaciones.
5. Gloria.
6. Inmerecida; merecedor.
7. Voluntad; tranquilizadora.
8. Falso.
9. Resurrección.
10. Adoración.
11. Mucho; dolor.
12. Verdadero.
13. Impresión; carácter.
14. Preocupaciones; frustraciones.
15. Combate; trofeos.
16. Tenacidad; sobrevivir.
17. Falso.
18. Fracaso; generación.
19. Verdadero.
20. Cuerpo; fuego sagrado.
21. Falso.
22. Análisis del lector.
23. Que; por qué.
24. Dolor; confinamiento.
25. Si; cuando.
26. Frustración; resurrección.
27. Verdadero.
28. Egoísmo.
29. Cosechar; recompensas.